KB037632

지적 대화를 위한

교양인의
현대철학

지적 대화를 위한 교양인의 현대 철학

초판 1쇄 인쇄 2024년 8월 20일
초판 1쇄 발행 2024년 8월 27일

지은이 이병창
펴낸이 박세현
펴낸곳 팬덤북스

기획 편집 곽병완
디자인 김민주
마케팅 전창열
SNS 홍보 신현아

주소 (우)14557 경기도 부천시 조마루로 385번길 92 부천테크노밸리유1센터 1110호
전화 070-8821-4312 | **팩스** 02-6008-4318
이메일 fandombooks@naver.com
블로그 http://blog.naver.com/fandombooks

출판등록 2009년 7월 9일(제386-251002009000081호)

ISBN 979-11-6169-307-1 03100

지적 대화를 위한

교양인의
현대 철학

팬덤북스

　근대 이후 우리가 사는 지금 시대를 현대라 한다면 '현대를 어떻게 보느냐'는 간단하게 대답할 수 없는 문제이다. 수많은 관점이 이 문제에 관해 제시될 것은 틀림없다. 누구든 지극히 주관적인 판단을 내릴 수밖에 없을 것이다. 필자도 마찬가지로 주관적 판단이 될 위험을 무릅쓰고 현대를 규정하고자 한다.

　필자가 지닌 관점은 앞으로 다가올 미래를 통해 현대를 소급해 보자는 것이다. 필자는 머지않은 미래 사회에는 모든 인민이 평등하게 살아가는 공동체 사회가 도래할 것으로 믿는다. 이런 관점에서 규정해 보자면 현대란 인류의 수백만 년 역사 이래 마침내 노동하는 인민이 세계 도처에서 착취와 억압에서 벗어나려고 몸부림치는 시대로 규정할 수 있을 것이다. 저항은 자본주의가 발전한 서구뿐만 아니라 서구 열강의 식민지로 전락한 제3세계에서도 일어났다.

필자는 현대를 이와 같은 관점에서 규정하면서 현대 철학사를 서술하고자 했다. 시기만으로 본다면 대체로 20세기라 하겠는데, 20세기에는 이 책에 담긴 철학 이상으로 많은 철학이 존재한다. 필자는 현대에 대한 나름의 관점을 바탕으로, 노동하는 인민이 자기를 해방하기 위한 투쟁 속에서 발전시킨 철학만을 선택적으로 담아 보려 했다.

흔히 노동하는 인민의 해방 철학은 무정부주의나 마르크스주의와 연관되고, 사회사상을 다루는 사회 철학으로 한정된다. 사회주의 철학은 대체로 이성적 인식의 가능성을 믿으며, 사회를 물질적 이해를 중심으로 파악하려 한다. 이런 사회주의 철학은 현대에 등장한 그람시, 루카치, 알튀세르와 같은 유로코뮌주의나 마르쿠제, 아도르노와 같은 비판 철학, 최근의 아감벤이나 지젝까지 확장될 수 있을 것이다.

하지만 필자는 현시대의 더욱 다양한 철학이 노동하는 인민의 해방을 위한 투쟁에 기여해 왔다고 생각한다. 그 가운데 대표적인 철학이 모더니즘과 포스트모더니즘이다. 모더니즘 철학이라면 베르그송, 사르트르, 하이데거, 메를로퐁티, 아도르노, 마르쿠제의 철학을 들 수 있다. 포스트모더니즘 철학에는 푸코와 데리다, 보드리야르, 들뢰즈 등이 들어갈 것이다. 필자는 이 철학들을 모두 묶어서 아방가르드 철학이라 간주한다.

아방가르드주의는 본래 현대 예술에서 나타나는 사조로, 예술 기법상의 실험에 그치지 않고 예술을 통해 사회를 변화시키려는 목표를 가지고 있었다. 예술의 아방가르드주의는 노동하는 인민의 해방 투쟁에 기여했다. 그것은 단순히 해방 투쟁을 측면에서 지원한다는 간접적 또는 수단적인 의미에서의 기여는 아니었다. 오히려 아방가르드주의는 예술적 직관을 통해 해방 이념을 직접적으로 인식할 수 있으며, 예술이 그 어떤 실천보다도 강력한 실천적 힘을 가지고 있다고 믿었다.

필자는 아방가르드 예술과 긴밀하게 관련되어 있는 철학을 아방가르드 철학이라 부르겠다. 아방가르드 철학은 한편으로 새로운 아방가르드적인 예술 실험을 토대로 하면서 출현했고, 다른 한편으로는 아방가르드 예술의 가능성을 모색하고 길을 여는 데 주도적인 역할을 수행했다. 겉으로 보기에는 사회보다 예술에 많은 관심을 가졌으며, 직관을 매우 강조하면서 실존이나 개인의 정신적 삶에 더 많은 관심을 가졌다. 그러나 그 속에는 인민의 해방 투쟁과 관련해서 감추어진, 아니 어쩌면 매우 노골적으로 함축된 의미가 들어 있었다.

아방가르드 철학과 사회주의 철학은 서로 대립하고, 심지어 서로 용납할 수 없는 원수지간처럼 보이기도 한다. 그런데도 아방가르드 철학과 사회주의 철학은 상호 밀접하게 영향을 주고받아 왔다. 루카치가 실존주의에 영향을 받았으며, 알튀세르가 구조주의에 영향을 받은 것을 생각해 보자. 예술에서 아방가르드주의는 초창기의 사회주의 문예 운동을 이끌기도 했다. 마찬가지로 아방 가르드 철학도 마르크스주의나 무정부주의 사상을 원천으로 하였던 경우가 많다. 사르트르가 공산당의 동반 작가임을 주장하고, 푸코가 관료주의 비판을 마르크스의 소외 이론과 연관하여 발전시켰으며, 지젝이 레닌주의를 표방하고 나선 것 등도 같은 예로 보인다. 특히 최근에 이르면 푸코나 보드리야르, 지젝이나 아감 벤처럼 사회주의 철학에 속하는지, 아방가르드 철학에 속하는지 잘 구분되지 않는 철학도 많다.

《지적 대화를 위한 교양인의 현대 철학》에서는 사회주의 철학과 아방가르드 철학을 동시에 포함하려 했다. 따로따로 놓기보다는 차라리 한데 묶어 놓으면 서로의 역할과 의미가 더 잘 드러날 것으로 보았기 때문이다. 오히려 필자는 사회주의 철학과 아방가르드 철학을 구분하는 것 못지않게 중요한 구분은 모더니즘과 포스트모더니즘의 구분이라고 생각한다. 20세기 초에 시작하여 1970년대 말까지 전개되는 모더니즘 철학과 1950년대 들어 이미 등장했지만 1980년대에 본격적으로 출현하는 포스트모더니즘 철학을 구분하는 것은 아방가르드 철학의 의미와 영향을 알기에 매우 적절한 시도로 보인다.

여기서 어려운 문제가 대두한다. 그렇다면 모더니즘과 포스트모더니즘을 어떻게 구분할 수 있는가? 양자를 구분하는 문제 역시 수많은 논쟁이 전개되는 전투장이다. 필자는 가설적이기는 하지만 나름대로 고유한 입장을 제시하려 한다.

모더니즘은 일반적으로 진리가 나타나는 근원적인 주관성을 상정한다. 모더니즘에서 신비주의는 진리의 직관적인 인식과 직결되어 있다. 모더니즘에서 직관적으로 인식된 진리는 음악적인 원리나 몽타주 기법을 통해 표현된다.

포스트모더니즘에서는 진리가 나타나는 근원적인 주관성이 존재하지 않는다. 포스트모더니즘에서 하나의 텍스트는 다른 텍스트들과 상호 관계를 지니고 있다. 각각의 텍스트들은 그 자체로 해독되지 않으며, 다른 텍스트들과의 관계 속에서 해독된다. 만일 알레고리라는 개념을 상호 텍스트적인 의미로 규정한다면 포스트모더니즘의 기본적인 기법은 알레고리(또는 혼성 모방)에 있다고 보겠다.

진리에 대한 확신 유무에 따라 모더니즘과 포스트모더니즘은 구분된다. 그런데도 이 두 가지는 다른 한편 이성보다는 직관을 강조하고 물질적 이해보다는 정신적 삶을 강조한다는 공통적 요소를 가지며, 예술적 실험을 통해 사회적 혁명에 기여하려는 예술적 의식도 공통적이다. 또한 예술적 실험 기법에서 모더니즘과 포스트모더니즘은 공통 요소를 아주 많이 가지고 있다. 몽타주 기법과 혼성 모방의 유사성은 말할 것도 없다. 더구나 뒤샹과 마그리트처럼 모더니즘 작가가 포스트모더니즘의 발전에 직접적으로 영향을 준 경우도 많다.

예술에서 아방가르드라는 말은 1950년대에 집중적으로 사용된다. 당시 예술은 모더니즘과 포스트모더니즘 사이에 있는 이행의 예술이며, 두 사조가 중첩되어 있었던 것으로 보인다. 필자는 둘을 묶어 아방가르드주의라 하면서 하나의 연속적인 흐름이 지니는 두 단계로 파악하고자 했다. 또한 철학의 흐름도 같은 관점에서 파악하려 했다.

더 세부적으로 들여다보면 모더니즘 시대는 크게 두 시기로 나뉘지 않을까 한다. 모더니즘은 1910~1930년 사이의 좁은 의미에서의 모더니즘(본서의 1부)과 1950~1960년 사이의 좁은 의미에서의 아방가르드주의(본서의 2부)로 구분된다. 전자와 후자는 서로 착종되어 있어서 엄격하게 나누기 힘들다. 20세기 초 모더니즘이 근원적인 주관성 속에서 진리를 직접 경험하려는 열망에 사로잡혀 있었다면, 20세기 중반의 아방가르드주의는 물화된 주관성 자체의 의미나 역할을 근본적으로 전환하려는 자기 파괴에 더 치중했다. 전자가 좀 더 초월 지향적이었다면 후자는 좀 더 내향적이었다. 그런 차이는 다만 동전의 양면처럼 서로 관련되어 있어서 정도나 강조점의 차이일 뿐 배타적인 측면은 아니었다고 생각된다.

필자는 포스트모더니즘도 시기적으로 구분된다고 본다. 최근 포스트모더니즘 이후를 논하는 사람들이 많아졌다. 이라크 전쟁과 세계 경제의 위기는 포스트모더니즘의 한계를 표현하는 것으로 보인다. 이후 포스트모더니즘 속에서 다시 모더니즘적인 경향을 지니고 진리의 가능성을 모색하는 철학이 등장하기 시작했다. 필자는 이런 경향을 탈포스트모더니즘 철학이라 규정하고 본래의 포스트모더니즘(본서의 3부), 즉 진리를 거부하는 철학과 구별했다. 비록 탈포스트모더니즘 철학(본서의 4부)이 등장했다고 하더라도 포스트모더니즘의 성향에서 완전히 결별한 것은 아니라는 점에서 포스트모더니즘의 새로운 단계로 보는 것이 좋다고 생각한다.

이상 필자가 현대 철학사에서 다루려는 내용이 대체로 어떤 것인가를 소개했지만, 아무래도 주관적인 입장이 반영되어 있다는 점을 부정하기 힘들다. 현대 철학사라는 방대한 책을 서술하기 위한 가설적 시도라 여기고 너그럽게 보아 주기 바란다. 이런 시도는 현대철학사를 이해하는 데 조금이라도 기여하는 점이 있다면 용서받을 수 있을 것으로 믿는다.

책을 서술하면서 필자는 철학과 역사, 철학과 예술의 관계에 주목했다. 시대를 개념적으로 파악한 것이 철학이라고 헤겔이 주장한 이래로 철학은 시대와 밀접하게 연관되어 있다는 점은 누구나 인정하는 사실이다. 따라서 철학을 이해하기 위해 시대의 흐름을 이해하고 그 속에서 철학의 의미를 찾는 것은 필수적이라 하겠다. 마찬가지로 철학은 예술과의 관계에서도 서로 영향을 주고받아 왔다. 철학은 예술에서 영감을 얻었으며, 거꾸로 막 등장한 예술은 철학을 지주로 삼아 자기의 길을 개척했다. 철학은 예술을 개념화했으며, 예술은 철학적 진리를 직관적으로 표현했다. 철학을 이해하려면 당대의 예술과 예술에 대한 자기의식을 살펴보는 것 역시 불가피하다 하겠다.

난해한 현대 철학을 가능한 한 쉽게 이해하도록 많은 예를 들어 보고자 했지만, 여전히 어렵다는 비판을 피할 수 없을 것 같다. 물론 이런 비판은 전적으로 필자의 책임이다. 독자는 다만 철학이 어려운 것은 원래 철학의 본분이기도 하다는 주장을 한번 상기해 주었으면 한다. 당신의 철학은 왜 어렵냐고 누가 묻자 아도르노는 이렇게 말했다고 한다. 철학이 어렵지 않으면 어디에다 쓰겠느냐고! 약간의 조크겠지만 그의 말에는 감추어진 진실이 있다.

철학은 자기 시대가 지닌 상식을 깨는 작업이다. 상식은 쉽지만 상식에 직접 부딪히는 것은 어렵게 느껴진다. 현대 예술도 똑같은 비판이 적용된다. 현대 예술은 인간을 바꾸려 한다. 당대에 사는 사람의 영혼 자체를 뜯어고치려 하니까 당연히 어려울 수밖에 없다. 철학의 본분이 상식과의 투쟁에 있으니, 어렵다는 것은 철학의 본질적인 특성 중의 하나가 된다. 독자는 어렵더라도 발상을 한번 바꾸어 생각해 보기를 감히 청하고자 한다. 그렇다해도 제대로 설명하지 못하는 부분은 철학사를 쓰는 필자의 책임이라는 점을 다시 한 번 밝힌다.

책을 쓰면서 많은 사람들의 도움을 받았다. 특히 한국철학사상

연구회에 속하는 동료, 선후배들과의 토론이 없었다면 책이 나오기 힘들었을 것이다. 필자의 책이 그들의 도움에 대한 작은 보답이 되기를 기대해 마지않는다. 아울러 편집하고 교열하느라 애쓴 출판사 편집자에게 진심으로 고마움을 표시한다. 덕분에 조악한 문장이 그래도 읽을 만한 문장으로 바뀌었다.

1960년대의 아방가르드 사상

제3장 1980년대의 포스트모더니즘

제4장 20세기 말의 포스트모더니즘 이후

◆ 제1장 ◆

20세기 초의
모더니즘

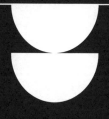

파리 코뮌과
새로운 세기

사물의 순간적인 인상을 포착하려는 인상파의 시선은
프로테스탄트 윤리를 벗어난 부르주아가 누리는
오후의 나른한 시선을 닮은 것으로 보인다.

파리 코뮌

1870년 7월 프랑스와 프로이센 사이에 보불전쟁이 일어났다. 나폴레옹 3세가 직접 이끌었던 프랑스군은 1870년 9월 2일 스당에서 프로이센군에 포위되어 항복하였다. 항복 소식을 전해 들은 파리 시민들은 1870년 9월 4일 제2제정을 폐지하고 공화국을 선언하였다. 파리 시민들은 부르주아 공화파가 중심이 되어 '국방 정부'를 세우고 파리를 포위한 프로이센군에 저항했다. 열렬한 애국 공화파인 강베타Léon Gambetta의 노력에도 불구하고 전황은 호전되지 못하였다. 이즈음 국방 정부의 무능에 실망한 사회주의자들이 혁명을 일으킬 기미가 나타나자 국방 정부는 1871년 1월 28일 프로이센에 항복하고 말았다.

1871년 2월 8일 프로이센군의 점령 아래에서 총선거가 치러졌다. 왕당파가 지방을 중심으로 승리하고 부르주아 보수주의자 티에르Adolphe Thiers가 행정 수반으로 취임하여 군주제를 재확립하려 했다. 그러자 1871년 3월 28일 파리에서 노동자들이 국민

방위군 중앙위원회를 중심으로 혁명을 일으켰다. 노동자들은 당시 베르사유에 체류하던 국방 정부를 거부하고 파리 시청에서 파리 코뮌을 세웠다.

마르크스Karl Heinrich Marx에 의하면 파리 코뮌은 역사상 최초의 노동자 정부이다. 파리 코뮌은 항복한 국방 정부를 대신하여 프로이센군에 대한 저항을 선언하고, 동시에 사회주의적인 개혁을 시작하였다.

"코뮌이 선언되는 날, 그것은 혁명적이고 애국적인 축제의 날, …… 도취와 장엄함 그리고 위대함과 환희에 넘치는 축제의 날이다. …… 오늘이야말로 사상과 혁명이 결혼하는 축전이다. 내일은, 시민병 제군, 어제 밤 환호로 맞아들여 결혼한 코뮌이 아기를 낳도록, …… 승리의 시가 끝나고 노동의 산문이 시작된다."[1]

파리 코뮌은 단명하였다. 티에르는 지방군 및 프로이센군에 포로로 잡혔던 프랑스군을 중심으로 파리를 공격하여 1871년 5월 21일 파리 코뮌의 저항을 분쇄하였고, 이어 피의 숙청을 단행하였다. 2만여 명이 사망하고 4만여 명이 체포되었다. 7,500여 명의 사회주의자들은 누벨칼레도니 섬으로 유형에 처해졌다.

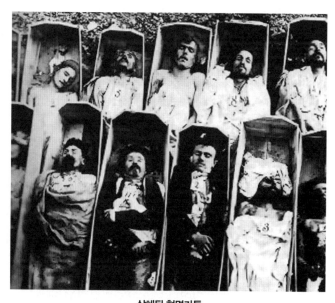

살해된 혁명가들
파리 코뮌에서 살해된 혁명가들의 사진. 여기 죽어 있는 사람들은
파리 코뮌의 전사가 아니다.
바로 혁명을 배반한 부르주아들이다.

부르주아의 타락

파리 코뮌은 프랑스 공화파 부르주아의 마지막 혁명이었다.
1789년의 프랑스 혁명 이래로 공화파 부르주아는 애국적인 민중
과 연합하여 민주 혁명을 이끌어 왔다. 1870년 9월 공화국을 선
언할 때도 같은 구도가 반복되었다. 그러나 공화파 부르주아가

프로이센군에 항복하고, 애국적인 민중이 세운 파리 코뮌을 보수파(귀족과 상층 부르주아)의 힘을 빌려 타도하자, 공화파 부르주아와 애국적인 민중의 연합은 영영 깨지고 말았다. 이로써 프랑스에서 혁명적인 부르주아는 사라졌다. 이제 부르주아는 보수파의 손을 잡고 체제 내 안주를 택하였다.

그 후 프랑스에서 공화파 부르주아는 왕당파의 도전을 물리치고 부르주아 공화국을 확립했다. 정치적 안정을 바탕으로 자본주의도 눈부시게 발전했다. 자본주의는 철도 부설을 지렛대로 삼아 성장하였고 철강, 조선 등으로 파급되었다. 곳곳에서 대규모 공장들이 들어섰다. 공장 도시가 형성되고 부르주아는 물질적 번영을 누렸다. 사회의 세속화가 일어나 이혼이 합법화되고, 교육도 교회의 손을 벗어나 세속 국가의 지배 아래 들어갔다.

정치적 안정과 물질적 번영, 반교권적인 세속화와 더불어 부르주아의 엄격한 프로테스탄트 윤리도 점차 망각되었다. 부르주아는 더 이상 근면 성실하게 일하거나 엄격한 도덕 속에 갇혀 지내지 않았다. 부르주아는 약간의 사치를 즐기고 여유 있는 삶을 누리기를 기대하며 도덕적 무장을 서서히 풀어놓기 시작했다. 나른한 삶, 약간의 바람기, 은밀한 쾌락과 오락이 부르주아의 삶을 좀먹어 들어갔다. 부르주아에게는 정말로 '좋은 시대La Belle Époque'[2]였다.

초기 인상파 회화는 이 시기의 프랑스 도시 부르주아의 삶과 문화를 가장 잘 드러낸다. 인상파 회화의 주요 소재들은 부르주아의

마네, 풀밭 위의 식사, 1862년

삶이다. 떠들썩한 유흥 오락장, 캉캉 춤을 추는 무희들, 강가나 해
변에서의 휴식 등이 소재로 다루어졌다. 심지어 부르주아의 은밀
한 바람기나 성적 쾌락이 다루어지기도 했다. 인상파 회화는 당시
대중에게는 충격적이었지만, 사실은 이미 오래전부터 진행됐던
삶과 문화의 표현이었다. 인상파의 활동을 지켜보았던 시인 말라
르메Stéphane Mallarmé가 쓴 1876년 글에서 사실을 확인할 수 있다.

"오랫동안 감추어져 왔던 그 무엇인가가 느닷없이 모습을 드
러냈을 때 우리 모두는 깜짝 놀랐다. 송두리째 넋을 빼앗으면서

도 동시에 혐오감을 불러일으키는 이 새롭고 기묘한 회화 형식
이 우리가 영위하는 순환적인 삶의 영역에 꼭 필요한 것이 아닌
가 여겨진다."[3]

사물의 순간적인 인상을 포착하려는 인상파의 시선은 관습에
서 벗어나 사물의 근원적인 인식에 도달하려 함으로써 장차 새
로운 모더니즘 문화를 잉태한다. 하지만 우선 당장은 프로테스탄
트 윤리를 벗어난 부르주아가 누리는 오후의 나른한 시선을 닮
은 것으로 보인다.

니체와
유럽 가치의 전도

허무감을 직시하기 위해서는 지금까지
인간이 덮어쓰고 있던 온갖 거추장스러운
자기기만을 벗어던져야만 한다.

1859년 다윈Charles Robert Darwin의 《종의 기원》이 발간되어 서구 사상사에 가공할 만한 영향을 미쳤다. 충격을 누구보다도 예민하게 느꼈던 사상가가 니체Friedrich Wilhelm Nietzsche였다. 니체 사상은 근대 형이상학의 체계를 일거에 무너뜨리고 20세기 아방가르드 정신의 기초를 놓았다.

뼈에 사무치는 허무감

근대 자연 과학의 근본 틀은 기계적인 인과론이다. 데카르트René Descartes와 뉴턴Isaac Newton은 기계적인 인과론을 통해 역학의 세계를 해명하였다. 기계적인 인과론에 대항하여 라이프니츠Gottfried Wilhelm Leibniz와 괴테Johann Wolfgang von Goethe, 그리고 독일 낭만주의는 자연 세계에 신이 존재함을 입증하려 안간힘을 썼다. 역학적으로 설명되지 않던 생명의 세계는 신의 존재를 마지막까지 입증해 왔다. 그런데 생명의 세계에 관한 다윈의 진화론이 출현했다. 다윈의 진화론은 생존 경쟁, 적자생존 이론에 기초한다. 근대 역학적 세계관을 생명의 세계에까지 적용한 것이다. 다윈은 신의 존재를 세계로부터 최종적으로 제거해 버렸다.

기계적인 인과론이 단순한 세계인 역학의 세계에 적용되면 일정한 자연법칙을 보장하지만, 복잡한 생명의 세계에 적용되면 상호 충돌하는 무수한 인과적 힘들의 복합체만을 남긴다. 인간은 그 힘들이 앞으로 어떻게 전개될지 예측할 수 없었다. 세계는 모호

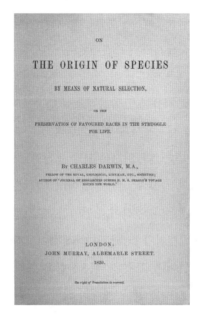

종의 기원

하고 불가해할 뿐이다. 진화론의 결과로 신의 존재가 사라지면서 세계는 맹목과 우연성이 지배하는 세계로 되었다.

세계가 그렇다면 인간은? 기독교에 의하면 인간은 신의 모상이다. 신으로부터 세계의 주인이라는 소명을 받은 인간은 신적인 이성의 한 조각을 가지고 세계의 질서를 파악하고, 자유의지로 신의 섭리를 따르는 도덕적인 존재이다. 이와 같은 기독교 인간관은 근대 형이상학에서 그대로 계승되었다. 다만 정신이 신의 명령을 대신한다. 정신은 독립적으로 실재하면서 신체를 지배하는 자유로운 힘을 가진다고 가정된다. 또한 정신은 세계의 본질을 인식하는 이성적 능력을 가진다. 정신은 이 힘과 능력을 통해 자신의 신체를 넘어서서 세계까지도 지배한다. 근대 형이상학적인 인간관은 기독교 인간관과 다를 바 없다. 인간은 여전히 세계의 주인이며, 도덕적으로 자유롭고 합리적으로 행동한다.

진화론은 신을 세계에서 추방함으로써 인간에 대한 해석을 근본적으로 바꾸어 놓았다. 인간이 정말 세계의 주인일까? 다른 생물체 역시 진화의 가장 발전된 산물이며, 인간은 다른 생물체와 나란히 존재할 뿐이다. 인간이 주인이라고? 그런 믿음은 니체의 표현대로 숲속의 개미가 스스로 숲의 목적이고 의도라고 믿는 것처럼 어리석은 일이다. 그것을 믿는 사람은 그 이외의 모든 존재가 퍼붓는 조소를 받을 만한 '세계의 희극 배우'이다.

인간에게 도덕을 따르는 자유의지가 존재하는 것일까? 자유의

지의 가능성은 결국 정신이 신체를 지배할 수 있는가에 달려 있는데, 이것은 신의 존재에 근거한다. 신이 추방된다면 정신의 지배도, 자유의지도 가능하지 않다. 남은 것은 맹목적인 충동일 뿐이다. 맹목적인 충동은 다른 생물체와 마찬가지로 신체적인 생존을 지속하고 확장하려는 의지에 지나지 않는다.

그렇다면 인간의 이성은? 인식의 능력인 이성도 신의 죽음과 더불어 사라진다. 남아 있는 지성은 그저 신체의 '도구이며 놀이 기구'이다. 지성은 생존을 위해 필요한 정보를 수집한다. 인간은 지성을 통해 세계에 대한 풍부한 정보를 획득하여 다른 생물체보다 탁월한 생존 가능성을 얻는다. 그러나 이런 지성은 매우 불확실한 수단이다. 세계는 끊임없이 변화하는 복잡한 체계인데, 지성은 세계의 단면을 잘라 내어 고집하기 때문이다. 그러기에 지성은 늘 스스로 기만당하기 마련이다.

다윈 이후로 어떤 질서도 없는 세계와 어떤 의미도 없는 삶만이 인간에게 남겨져 있다. 인간에게는 이 무지막지한 맹목의 세계를 벗어날 비상의 날개가 없다. 인간은 영원한 맹목의 동굴에 갇혀 버렸다. 차디찬 동굴 속에서 인간은 절망하면서 '뼈에 사무치는 허무감'을 느낄 뿐이다.

니체에게 허무감은 다윈의 세계관으로부터 논리적으로 도출된 것만은 아닐 것이다. 오히려 그의 허무감은 이미 시대에 만연했던 허무감을 입증해 주는 것이 아닐까? 부르주아는 혁명의 열정과 준엄한 모럴moral을 상실했다. 풍요와 안일 속에서 은밀하게 추구된 쾌락, 박애라는 이름 아래 은폐된 부르주아의 위선과 태도는 이미 기독교 신과 도덕에 대한 배반과 기만이었다. 이런 부르주아의 삶의 태도에서 허무감이 잉태됐던 것이 아닐까? 다윈의 진화론은 울고 싶은 사람의 뺨을 때려 준 것에 불과하지 않을까?

그렇다면 니체는 허무감을 극복하기 위해 무엇을 가르치려 하는가? 니체는 허무감을 극복할 어떤 신비한 능력을 가르쳐 주려

니체

하지 않는다. 그는 허무감을 있는 그대로 직시하자고 한다. 허무감을 직시하기 위해서는 지금까지 인간이 덮어쓰고 있던 온갖 거추장스러운 자기기만을 벗어던져야만 한다. 그것이 바로 도덕과 진리의 의지를 니체가 냉혹하게 비판한 이유라 하겠다.

도덕의 전도

원초적인 허무감은 니체가 쓴 《도덕의 계보학》의 출발점이다. 도덕에 관해 니체가 문제 삼는 것은 특정한 도덕의 정당성이 아니라 도덕의식 그 자체이다. 모든 도덕의 바탕에는 인간의 도덕의식이 있다. 도덕의식이란 자신의 삶을 도덕에 의해 인도되도록 하려는 의식이다. 동물은 도덕의식이 없다. 도덕의식은 오직 인간에게만 있는 특유한 것이다. 인간의 도덕의식은 참으로 끈질기고, 때로 엄청나게 가혹할 때도 있다. 왜 인간에게 도덕의식이 발생했는가? 니체의 계보학은 바로 이 물음을 던지고 있다.

니체는 인간의 도덕의식이 생존 경쟁에서 패배한 노예의 삶에 원천을 두고 있다고 본다. 최초의 세계는 생존 경쟁의 세계였을 것이다. 이 세계에서는 생물계에서와 마찬가지로 강한 자가 승리하고 유약한 자는 패배하기 마련이다. 생존 경쟁에서 패배한 자들, 즉 노예들은 삶에 무력감을 느꼈다. 무력감으로부터 금욕과 황야로의 도피, 자기 최면(죽음에의 갈망)이라는 삶의 태도가 나왔다. 패배한 노예들은 승리한 귀족들에게 깊은 원한을 가지고 복수를 꿈꾸었다. 그들은 실제 삶에서 복수할 수는 없었으므로 가상적인 복수로 스스로를 위로했다. 그것은 자신의 무력감에서 나온 삶의 태도를 도덕적인 선으로 규정하는 것이었다.

무력감을 선으로 규정하는 것은 다양한 효과를 지닌다. 가장 큰 효과는 자신의 패배를 기만할 수 있다는 것이다. 노예들은 마

Zur

Genealogie der Moral.

Eine Streitschrift

von

Friedrich Nietzsche.

LEIPZIG
Verlag von C. G. Naumann.
1887.

니체, 《도덕의 계보》

치 사랑의 패배자가 패배를 감추기 위해 늘 사랑하기 때문에 떠난다고 말하듯이 중얼거린다. 나는 힘이 없어서 패배한 것이 아니다. 스스로 패배하고 싶어서 패배한 것이며, 이것은 스스로 선택한 길이다.

더구나 '선하다'라는 언어는 독특한 힘을 가진다. 타인을 설득하고 타인에게 권유하는 힘이 이런 언어에서 나온다. 어떤 노예들이 자신의 무력한 삶의 태도를 선이라 말하자 패배한 다른 노예들이 위안을 받는다. 다른 노예들이 동조하자 처음 말했던 노예들은 더욱 힘을 얻는다. 그들은 서로가 서로의 피에 독을 타는 줄도 모른 채 도덕적인 언어를 통해 하나의 무리를 짓는다. 그들은 무리 속에서 서로 등을 비비면서 무리를 통해 승리자에게 대항할 발판을 얻을 수 있다고 생각한다. 마침내 무력함에서 나온 삶의 태도가 사랑과 연민의 도덕이라는 신비롭고 저항하기 어려운 유혹으로 포장된다.

그러나 사랑의 도덕이 자신의 원천인 원한을 감출 수 있을까? 니체는 그리스도의 사랑(신약)이 이집트 노예인 유대인들의 원한(구약)과 같은 뿌리에서 나왔음을 입증한다. 아들에 대한 어머니의 사랑에는 남편에 대한 여인의 원한이 서려 있지 않을까? 남편에 대한 한이 깊을수록 아이에 대한 사랑도 깊어만 간다. 아이를 사랑하면 할수록 남편은 더욱 미워진다. 지하철 속에서 사랑을 외치는 전도사의 쉰 목소리에서 세상을 향한 전도사의 원한이 들리지 않는가? 너희가 나를 버리려 하느냐, 너희가 이토록 나를 소홀히 대접하느냐 하는 원한 때문에 그의 목소리는 쉬어 버렸던 것이다. 그의 목소리가 쉬면 쉴수록 세상에 대한 애정은 더욱 깊어만 간다. 그리하여 지하철에서 그는 외친다. 회개하라! 심판의 날이 더욱 가까워졌느니……

원래 귀족들은 활기차고 자유로운 삶, 쾌활한 행동, 지배하는 의지, 자신에 감사하는 삶의 태도를 지녔다. 그들은 도덕 언어를 알지 못했다. 노예들의 뼈에 사무친 원한과 증오에서 도덕 언어가 발생한다. 이로부터 삶에 대한 도덕의 반란이 일어났던 것이다.

선악의 경계가 출현한 이상, 도덕을 정당화하기 위해서는 신의 존재가 필요하게 된다. 도덕의 최고 근거는 신의 명령일 수밖에 없다. 신이 세계에 현존하지 않는다면 도덕을 따르는 자유의지가 있을 수 없기 때문이다. 신이 없다면 신이 만들어져야 했다. 특히 최고의 신, 즉 모든 것의 토대가 되고 영원하고 부동하며 유일한 존재가 필요했다. 인간이 창조한 신은 결코 피안에서 온 것이 아니다. 신은 '인간의 재와 타는 불'인 원한과 증오로부터 만들어졌다.

근대 세계로 들어와 계몽주의의 비판에 의해 신의 존재는 부정되었다. 하지만 계몽주의조차 신을 없앨 수는 없어서 대신 정신이란 개념을 만들었다. 계몽주의로 들어와 초월적인 신은 내재하는 신으로 변모되었을 뿐이다. 니체는 초월적인 신이든 내재하는 신이든 모든 도덕적인 열정은 근본적으로 원한과 증오를 전제한다고 했다.

진리에의 의지와 공리주의

도덕의식을 발생론적으로 해체하여 버린 니체는 이어서 근대 자연 과학의 진리를 향한 의지조차 해체하려 한다. 여기서도 니체의 무기는 발생론이다.

근대 자연 과학에서 진리 인식은 그 자체로 가치가 있다. 오직 진리를 위한 진리 추구가 '진리에의 의지'이다. 근대 자연 과학에는 진리에의 의지를 보여 주는 예들로 가득하다. 교회의 압력을 견디지 못해 뒤돌아서서 '지구는 둥글다'라고 중얼거리지 않을 수 없었던 갈릴레이Galileo Galilei, 인간의 집단 심리를 냉정하게 파악하면서 정치와 권력이라는 필요악의 세계에 접근했던 마키아벨리Niccoló Machiavelli, 자신의 삶을 파탄으로 이끌어 가면서도 저주받은 악마의 세계로 간주했던 성과 욕망의 심연에 도달하고자 했던 사드Donatien Alphonse François Sade 백작 등이 바로 진리를 향한 의지의 영웅들이다.

진리에의 의지는 의식 밖에 존재하는 객관적인 실재를 전제로 한다. 진리란 의식이 객관적인 실재와 일치하는 것을 말한다. 과연 객관적인 실재가 정말로 있는가? 진리에의 의지가 안타까이 도달하려 했던 객관적인 실재란 어쩌면 만들어진 것이 아닐까?

예를 들어 의처증 환자가 증거를 찾기 위해 어떻게 노력하는가 보자. 그는 장롱 속에 숨어들기도 하고, 자동차 트렁크 속에 기어들기도 한다. 아마 가능하다면 전화기 속의 녹음기라도 되고 싶을 것이다. 그는 왜 이토록 눈물겹게 노력하는가? 그는 부인의 부정을 의심하고 있다. 그가 얻고자 하는 것은 증거이다. 그는 어떤 사실이라도 부인의 부정을 입증할 증거로 간주한다. 그는 이미 수없는 증거를 끌어모았지만, 여전히 결정적인 증거를 찾으려 한다.

그는 결코 결정적인 증거에 도달할 수 없다. 그의 의심은 결정적인 증거가 도래하는 것을 영구히 지연시키기 때문이다. 결정적인 증거에 도달할 수 없으니까 그의 의심은 더욱 강화된다. 그는 자신의 의심을 즐기고 있다. 그에게 의심처럼 달콤한 것은 없다. 의심을 즐기는 그는 더욱더 철저하게 증거를 찾으려고 광분한다. 결정적인 증거란 그가 도달하지 못할 먼 거리에 만들어 놓은 병적인 환상일 뿐이다.

마찬가지로 근대 자연 과학에서 객관적인 실재란 절대로 도달할 수 없는 것이라면, 그런 거리에 있도록 만들어졌기 때문이 아닐까? 진리에의 의지는 본래 도달할 수 없도록 만들어진 무언가에 도달하기 위해 온몸을 불사르는 것이 아닐까? 진리에의 의지는 진리에 도달하는 것이 아니라, 진리의 도래를 영원히 뒤로 미루는 데 목표가 있지 않을까? 그는 다만 자기의 의지 자체를 즐기기를 원하는 것이 아닐까? 의처증이 달콤하듯 진리에의 의지도 달콤한 질병이 아닐까? 그렇다면 진리에의 의지는 어디서부터 발생한 질병인가?

니체의 원근법perspective 이론에 따르자면 인식은 삶의 수단이다. 인식이 삶의 수단이라면 인식에는 항상 삶의 요구와 해석이 들어가 있다. 그런데 근대 자연 과학적 인식에서 나타나는 진리에의 의지, 즉 객관적인 인식은 인식 주관의 요구와 해석을 전적으로 배제하고자 한다. 그것은 순수한 인식을 위한 인식이다. 인식에서 삶의 요구와 해석을 빼면 인식을 위한 동기와 힘이 발생하지 않는다. 마치 도덕적으로 되기 위해 인간에게서 욕망을 제거해 버리면 도덕적인 행위를 위한 동기나 힘이 없어지는 것과 같다. 따라서 객관적인 인식은 원천적으로 불가능하다.

불가능함을 잘 알면서도 자연 과학이 객관적인 인식을 요구한다면 니체는 오직 하나의 이유 때문이라고 설명한다. 속임을 당하지 않고 손해와 화를 피하려는 소극적인 삶 때문이다. 순수 인식에의 갈망에는 자기를 보존하려는 위축된 의지, 나약한 의지가 전제되어 있다. 나약한 생의 의지로부터 객관적인 인식에 대한 요구가 등장하자, 원천적으로 불가능한 객관적인 인식을 위해 객관적인 실재가 허구적으로 상정된다. 도달할 수 없는 객관적인 실재 때문에 진리를 향한 의지가 발생한다.

나약한 의지가 요구하는 것은 실재의 인식이 아니다. 그렇게 되면 행동에 나서야 하지만, 그가 피하려는 것이 바로 행동이다. 나약한 의지에서 진리의 도래는 영원히 지연될 뿐이다. 진리가 지연되면 진리에의 의지는 더욱 강화된다. 나약한 생의 의지는 진리에의 의지를 즐긴다. 니체는 진리에의 의지에 관해 '어떤 지성에 대한 스토아주의, 냉철한 사실 앞에 내내 서 있으려는 저 의욕', '저 조그마한 사실의 숙명주의'라고 한탄한다.

기독교 및 근대 형이상학의 도덕의식과 근대 자연 과학의 진리에의 의지가 결합하여 공리주의 도덕이 출현했다. 공리주의 도덕은 '최대 다수의 최대 행복'이 도덕의 기준이라고 말한다. 공리주의의 밑바닥에는 도덕에 관한 쾌락주의가 존재한다. 쾌락이 곧 선이다. 쾌락을 최대한으로 증대하는 덕이 곧 정의이다. 최대의 쾌락을 계산할 수 있는 능력이 이성이다.

그렇다면 누구의 쾌락인가? 자기의 쾌락이다. 벤담Jeremy Bentham에게서 쾌락은 물질적이고 양적인 차이만을 갖지만, 밀James Mill에게서 쾌락은 질적으로 구분된다. 양적이든 질적이든 쾌락은 개인이 느끼는 주관적인 것이다.

니체는 공리주의 도덕 속에서 어떤 영리한 쥐새끼 같은 교활함을 발견했다. 자기 보존을 위해 인간은 영리하게도 쾌락을 제한한다. 모두에게 쾌락이 되는 한에서만, 아니 타인에게 해를 끼치지 않는 한에서만 자기의 쾌락을 추구한다. 자기의 쾌락을 버리지도 못하고, 권력의지로 타인을 지배할 줄도 모른다. 타인도 자기처럼 행동하기를 바란다. 타인 역시 자신 외의 타인에게 해를 끼치지 않는 한에서만 자기의 쾌락을 추구하기를 바란다. 타인보다 앞서서 타인에게 친절을 베푼다. 그러면 타인도 자신에게 친절을 베풀 것이라고 생각하면서 말이다. 바로 이것이 공리주의 도덕의 교활함이다.

공리주의 도덕이 바라는 것은 안일이다. 각자 조그마한 자기 굴을 파고 들어가 산다. 이런 굴들이 모여 한 사회를 이룬다. 사회 속에서 그들은 서로 등을 비비고 체온을 확인한다. 체온은 항상 36도 5부이다. 그 이상도 이하도 아니다. 그들이 입은 누더기 같은 천 쪼가리, 겨우 자기 앞만 가린 천 쪼가리가 그들의 정의이다. 누구도 해치지 않고, 누구도 나를 해칠 수 없다는 듯이. 도대체 얇은 천 쪼가리로 무엇을 가리겠는가. 그래도 조그만 굴에서 그들은 행복을 누린다.

자기 새끼를 아끼지 않는 동물이 있는가? 동물적인 애정을 그들은 인간적인 사랑이라 착각한다. 그들의 도덕과 정의와 사랑에서 제일 무서운 것은 무리를 떠나는 상황이다. 이단자란 그들이 가린 천 쪼가리를 들추는 사람이다. 그들은 이 사람을 미친놈이니, 범죄자니 하면서 정신 병원과 교도소에 가둔다. 그럼으로써 그들은 다시 평화와 행복을 되찾는다. 그것이 공리주의 도덕이며, 니체에 의하면 인간을 '작게 만드는 덕'이다. 니체는 이런 인간을 '종말인'이라 하였다. 가장 추악한 인간들은 서로 등을 비

벼 대어 발생한 체온을 가지고 이제는 신의 존재가 필요 없다고
까지 떠들었다. 그들이 바로 신을 살해한 자들이다.

"작은 행복을 소심스럽게 껴안는 것-그것을 그들은 인종忍從이
라 부른다. 그리고 그와 동시에 그들은 새로운 작은 행복을 소심
스럽게 훔쳐본다. …… 그들은 본래 우직하게 한 가지만을 원한
다. 아무에게서도 해를 입지 않기를. 그러므로 그들은 누구에게
나 선수를 쳐서 친절을 베푼다. 그러니 이것은 비겁함이다. 그것
이 비록 덕이라 불릴지라도. …… 그리고 그들 소인들이 드세게
말할 때라도 나는 거기서 다만 쉰 목소리만 들을 뿐이니-곧 바람
만 들어와도 그들의 목소리는 쉬어 버리는 것이다."⁴

결국 니체는 어떻게 보면 자연적이고 세속적인 공리주의 도덕
이 실상은 기독교 도덕과 맞닿아 있음을 발견했다. 전자는 생의
의지가 위축되면서 나오는 소심한 도덕이라면, 후자는 패배의 무
력감에서 나오는 증오의 도덕이다.

위버멘쉬

니체가 도덕의식과 진리에의 의지에서 발견했던 것은 원초적 허무감을 피하기 위한 위선적인 시도이었다. 위선적인 시도는 모두 생의 무력감과 의지의 위축을 원천으로 했다. 기독교와 자연 과학이 도피하려 한 지점에서 니체는 다시 출발한다. 니체는 여기서 원초적 허무감을 긍정하는 새로운 인간의 도래를 선언한다. 그것이 바로 '위버멘쉬Übermensch, 초인'이다. 위버멘쉬의 개념은 니체 철학에서 가장 난해한 개념이다. 니체는 위버멘쉬의 근본 특징을 권력의지라고 규정한다. 그럼 권력의지란 무엇일까?

니체가 말한 권력의지는 모든 동물과 인간에게 공통된 생生에의 의지이다. 그 의지는 자기 밖에 있는 어떤 다른 목적을 가지지 않는다. 오직 자기를 목표로 삼는다. 다시 말하자면 자기 자신을 끊임없이 확대하는 것만을 목표로 한다. 순수한 '의지로서의 의지'이다. 니체는 초인은 끊임없는 과정 중에 있으며, 자기를 초극하는 존재라고 말한다. 니체는 이 의지를 권력의지로 명명한다.[5]

니체의 권력의지 개념을 거슬러 올라가면 낭만주의 철학에서 나오는 양심 개념과 만나게 된다. 근대 철학에서 홉스Thomas Hobbes 와 같은 철학자는 인간에게 존재하는 의지는 자기를 보존하는 본능이라 규정했다. 자기 보존 본능은 물체에 존재하는 관성의 힘에서 유추된 개념이었다. 근대 철학에서 인간의 본질은 자기 보존 본능이라는 개념에 기초한다. 낭만주의 철학은 홉스적인 자기 보존 본능에 대립하여 양심 개념을 내세웠다. 양심은 도덕적인 선을 지향하지만, 칸트Immanuel Kant의 주장처럼 의무감으로 행하는 것이 아니라, 자발적으로 의욕하는 것이다.

낭만주의 철학은 나중에 양심의 자발성을 강조하면서 이른바 순수의지라는 개념에 도달했다. 순수의지는 자기가 원하는 것을 무조건적으로 의욕하는 의지이다. 도덕적인 선악의 판단을 넘어서는 의지이다. 자기 자신에게 충실하기를 목표로 한다. 낭만주의 철학자 셸링Friedrich Wilhelm Joseph Schelling은 순수의지를 '근원적

홉스

인 어두운 충동'이라 규정했다. 낭만주의의 순수의지 개념은 쇼펜하우어Arthur Schopenhauer의 맹목적인 의지 개념으로 이어졌고, 결국 니체의 권력의지까지 이어졌다.[6] 그러면서 20세기 철학에 아주 깊은 영향을 미쳤다.

니체의 권력의지는 방종하고 쾌활하며 도취적이다. 권력의지는 대립을 부정하고 새로운 것의 창조를 지향하지만, 때로는 자기의 몰락을 경험할 수도 있다. 권력의지는 몰락을 운명으로 받아들인다. 권력의지는 우연과 무의미를 인정할 뿐만 아니라 오히려 사랑하며, 불행을 두려워하지 않고 견디면서 성장하는 의지이다. 그것은 곧 운명애이다. 권력의지에는 최종 도달점이 없다. 항상 자기를 넘어서는 과정이어서 하나의 밧줄과 같다. 밧줄 위에서는 뒤로 가도 위험하고, 앞으로 가도 위험하며, 멈추어 서도 위험하다. 오직 지나가는 수밖에 없다.

니체 철학에서 특히 위버멘쉬 개념은 오늘날에도 두려움을 느끼지 않고서는 이해되지 않는다. 어쩌면 도스토옙스키Fyodor Mikhailovich Dostoevsky의 소설《악령》에서 묘사된 순수의지의 인간인 '악령'으로 이해될 수도 있다. 니체의 위버멘쉬 개념에 가장 가까운 철학적인 표현은 마르쿠제Herbert Marcuse가 말한 에로스 개념이나, 들뢰즈Gilles Deleuze가 말하는 욕망 개념이 아닐까 한다.

주요한 점은 니체로부터 하나의 바다가 열렸다는 것이다. 니체 사상이 바다에서 어디로 갈지는 모른다. 어떤 무서운 결과가 나타날지도 모른다. 니체는 자기 사상의 결과가 얼마나 두려운지를 잘 알고 있었다. 그는 자신이 너무 일찍 오지 않았는지 두려워했다. 그는 '오는 세기의 첫아이'였으며 '조숙아'였다. 그런데도 그는 닥쳐올 암흑과 일식의 예언자이기를 담담하게 받아들였다. 니체는 자유의 바다로 새로운 배를 띄웠던 것이다.

"비록 온통 밝지는 않다 하더라도 드디어 수평선은 다시 자유롭게 나타났던 것이다. 기다리고 기다린 끝에 우리의 배는 다시 모험을 떠날 것이다. 위험을 무릅쓸 것이다. 인식을 사랑하는 자의 모든 무모성이 다시 허용된다. 바다, 우리의 바다가 다시 열리고 있다. 아마도 이와 같은 자유의 바다가 아직 없었으리라."[7]

이렇게 하여 위험을 무릅쓴 모험, 20세기 아방가르드의 바다가 열렸다.

프루동과 아나코생디칼리즘

인민의 분노를 바탕으로 사회주의 사상이 출현했으며, 일차적인 물음은 사회적 불평등이 어떻게 가능한가 하는 문제였다. 초기 공상적 사회주의자들에게 영향을 받은 프루동은 불평등 문제를 체계적으로 분석하면서 결론적으로 소유는 도둑질이라는 주장을 제시했다.

20세기 초의 제국주의

서구 사회는 1880년 이후 급속하게 변화하였다. 1860년대 서구 자본주의는 새로운 기술 혁신을 바탕으로 비약적으로 발전했다. 그러다 1880년 이후 서구 자본주의는 거듭되는 경제 공황으로 위기에 부딪혔다. 경제 공황의 결과로 중소 자본은 몰락하였고, 대규모 독점 자본(트러스트, 콘체른 등)이 지배하게 되었다. 독점 자본에게 거대한 시설 투자비를 조달해 주었던 금융 자본가가 경제의 중심에 서게 되었다. 유럽 경제 체제의 근간인 자유 무역 체제가 무너졌다. 각국은 보호 관세를 도입하여 자국 산업을 보호했다.

경제적 변화로 사회 전반에도 변화가 일어났다. 거대 공장 체제가 등장하면서 노동자의 형태도 변화하게 되었다. 이전의 소공장 체제에서 지배적인 노동자의 형태는 장인과 직인이었다. 장인이나 직인은 경험을 통해 기술을 갖춘 노동자였다. 이제 거대 공장에서 단순한 육체적 노동에 종사하는 노동자들이 등장했다. 특별한 숙련이 요구되지 않아서 시골에서 막 올라온 농민의 아이들이 곧바로 노동자가 되었다.

새로 생긴 노동자들을 중심으로 공장 도시가 형성되었으며, 대중적인 하위문화가 발전하였다. 그들의 삶은 곤궁하고 비참했다. 장시간 노동, 비인간적인 착취로 많은 노동자들이 죽어 갔다. 소년과 부녀들도 예외 없이 착취되었다. 다행히 착취 속에서도 희망은 자라났다. 자연스럽게 노동자들의 자발적 조직인 노동조합이 생겨났고, 적절하게 힘을 행사하는 법을 배웠다. 그들의 힘은 전진했다. 곧 유럽의 정치 판도가 변화되었다.

많은 변화 앞에서 의회 민주주의도 도전을 받았다. 증대된 노동자들의 압력 하에 좌파 사회주의자들이 의회에 진출했다. 의회 정치의 테두리 안에서 좌파는 노동 입법을 위해 부르주아 급진파와 협력했으나, 부르주아 급진파는 취약했다. 부르주아 급진파의 정치적 동요 때문에 그들과 협력한 좌파 의회주의자들은 항상 내부 비판에 시달렸다. 부르주아 급진파의 동요에도 사정이 있었다. 중소 자본과 장인 노동자층의 몰락과 더불어 부르주아 급진파의 독자적인 지반이 사라졌고, 경제적 위기를 헤쳐나가기 위해 보수파의 힘을 빌리지 않을 수 없었기 때문이다. 그러나 부르주아 급진파는 의회민주제를 옹호하기 위해 좌파와 협력하지 않을 수 없었다.

반면 19세기에 걸쳐서 급진파와 대결해 왔던 부르주아 보수파는 독점 자본과 타협했고 결탁했다. 그들은 의회 민주제를 원치 않았다. 정치적 추문들은 부르주아 보수파의 숨통을 죄어 놓았다. 좌파, 부르주아 급진파, 부르주아 보수파, 그 어느 편도 확고한 정치적 세력을 형성하여 경제 사회적 변화에 능동적으로 대처하지 못했다. 의회 민주주의는 시대에 뒤떨어진 것처럼 보였다.

사회 개혁이 지체되는 동안 자본주의는 자본의 잉여라는 위기를 해소하지 못했다. 신흥 자본주의 국가, 특히 미국과 일본의 비약적 발전도 위기를 가속시킨 원인이었다. 저하되는 이윤율을 회복하기 위하여 자본은 값싼 노동력과 원료를 이용할 식민지로 탈출하기 시작했다. 상품 수출과 달리 자본 수출의 경우는 식민지 사회의 근본적인 변화, 자본주의적 변화 없이는 불가능했다. 그 결과 서구의 식민지 지배 방식의 변화, 제국주의적 침략이 발생했다.

1871년 보불전쟁에서 패전한 이후 프랑스에 발생했던 반독일 감정은 각종 민족주의적 운동을 일으켰다. 이는 보수파의 정치적 힘이 되었다. 독일에서는 자국의 식민지 진출을 유럽 열강이 가로막고 있다는 위기감이 증대되었다. 독일에도 민족주의 열광이 불어닥쳤다. 두 나라는 모로코 위기에서 부딪혔다. 프랑스는 러시아와 협력하여 독일을 포위했고, 독일은 오스트리아와 손잡고 대항했다. 이미 예상된 전쟁을 둘러싸고 군비가 증강되었다. 군비 증강은 자본의 잉여 위기를 해결하는 군수 산업의 방책이기도 했다. 언론은 민족주의적 열광을 선전하고, 서로에 대한 적대감을 고취했다. 마침내 발칸의 세르비아를 둘러싼 오스트리아와 러시아의 각축으로 오스트리아 황태자가 암살되자, 1914년 8월 온 유럽이 기다렸던 제1차 세계대전이 벌어졌다. 유럽 각국의 국민은 고대해 마지않던 전쟁 발발을 축하했다.

당시 성장하는 노동 계급을 바탕으로 다양한 사상들이 등장했다. 그중 가장 영향력이 큰 것들만 들어 보자면 아나코생디칼리즘anarchosyndicalisme, 마르크스의 사회민주주의, 레닌Vladimir Il'ich Ul'yanov Lenin의 혁명 이론일 것이다. 우선 아나코생디칼리즘을 살펴보자.

프루동의 소유이론

아나코생디칼리즘이란 다양한 노동조합에 바탕을 둔 무정부주의 운동을 말한다. 아나코생디칼리즘은 대두하는 노동 계급의 사상으로 무시할 수 없는 영향을 미쳤다. 특히 프랑스, 이탈리아, 스페인과 같은 라틴 국가에서 그러했다. 이곳에서는 일찍부터 무정부주의 혁명가 바쿠닌Mikhail Aleksandrovich Bakunin이 활동해 와서 무정부주의의 뿌리가 깊었다. 또한 이곳에는 대공장 체제가 아직 확산되지 못하고 소공장 체제가 지배적이어서 여전히 직인 노동자들이 노동 운동에서 강한 세력을 형성하고 있었다. 무정부주의는 직인들의 심정에 부합하는 사상이었다.

무정부주의 사상의 기초는 19세기 중엽 프루동Pierre Joseph Proud-hon이 놓았다. 근대 자본주의 초기에는 아직 상업적 교환이 발달하지 않았다. 초기 자본가는 이런 상태를 이용하여 고율의 이윤을 획득했는데, 주로 사기를 통해 가격을 기만하는 방식을 사용했다. 경제학에서는 원시적 축적이라고 말하기도 하는 기만 방식은 인민이 분노하는 대상이 되었다. 인민의 분노를 바탕으로 사회주의 사상이 출현했으며, 일차적인 물음은 사회적 불평등이 어떻게 가능한가 하는 문제였다. 초기 공상적 사회주의자들에게서 영향을 받은 프루동은 불평등 문제를 체계적으로 분석하면서

프루동

결론적으로 소유는 도둑질이라는 주장을 제시했다.

소유는 노동의 산물이라고 프루동은 생각했다. 스스로 노동하여 산출한 것만이 자기 것이라는 주장이다. 이것을 '노동 가치설'이라 한다. 노동 가치설은 부르주아 경제학자 애덤 스미스Adam Smith[8]가 이미 《국부론》에서 제시했던 이론이다. 그러나 애덤 스미스는 노동자의 노동과 기계의 노동을 구분하지 못했다. 노동자와 기계가 똑같이 노동한다고 보면서 자본(기계, 토지 등 생산 수단)의 몫으로 이자와 이윤, 지대가 정당화되었다. 이윤, 지대, 이자는 자본이 노동하여 얻은 결과로 간주된 것이다.

프루동은 자본은 노동하지 않는다고 보았다. 물론 자본은 노동에 의해 만들어진 것이지만, 스스로 새로운 가치를 생산하는 노동을 하지 않는다. 그저 생산하는 동안 소모된 만큼 자기의 가치를 생산물의 생산 비용 속에 이전시킬 뿐이다. 자본은 일종의 죽은 노동, 물질화된 노동, 더 이상 가치를 생산하지 않는 노동에 지나지 않는다. 이것이 프루동의 획기적인 주장이다. 후일 프루동을 비판한 마르크스도 이 점은 인정했다. 사실 프루동의 이론이 없었다면 마르크스의 더욱 발전된 노동가치 이론도 나오기 힘들었을 것이다.

자본의 몫은 없다. 자본에서 나오는 이윤, 토지에서 나오는 지대, 빌린 돈에서 나오는 이자 등은 모두 착취가 된다. 이윤이나 지대, 이자는 모두 도둑질이다. '소유는 도둑질'이라는 말이 있다. 생산 수단을 소유하는 자가 이자나 지대, 이윤을 가지고 간다면 그건 모두 노동자가 생산한 가치를 훔친 것이라는 주장이다.

프루동에게 소유는 두 가지이다. 하나는 자기의 노동에서 나오는 소유이고, 다른 하나는 죽은 물질에서 나오는 소유이다. 프루동은 모든 소유를 비난하지 않았다. 다만 타인의 노동을 착취하는 소유인 이자, 이윤, 지대를 비난한 것이다. 그는 죽은 노동인 자본에서 나오는 소유만 비판했다. 반면 노동에 의해 산출되는 소유, 자기 생산물을 자기가 즐기는 것은 개인의 권리라고 보았다. 그는 살아 있는 노동이 기여한 몫에 따라 철저하게 분배가 이루어져야 한다고 보았다.

노동만이 소유의 원천이라는 간단한 주장에서 프루동의 모든 사회사상이 전개된다. 그는 소규모 생산 수단을 소유하고 자기 노동에 기초하여 생산하는 소소유자를 인정한다. 농민이 대표적인 소소유자이다. 자본주의가 발전하면서 등장한 대규모 공장이나 집단 농장의 경우, 공동으로 노동하는 노동자들이 공동으로 소유하는 것이라 보았다. 노동하는 자에게만 소유권이 속한다. 여기서 공동 소유라는 개념이 나온다.

프루동의 소유권 이론의 핵심은 생산 수단과 자본을 이용하여 노동하는 자, 사용자가 바로 소유권자라는 주장이다. 오직 노동하는 자, 사용하는 자만이 소유한다는 주장은 독일의 대문호 괴테도 주장한 바가 있다. 아름다운 자연과 아름다운 예술품은 즐길 줄 아는 사람만이 소유하는 것이라고 괴테는 말했다. 프루동의 소유 개념은 아시아 사회에서 지식인을 지배하는 사상인 경자유전耕者有田 원칙과도 일맥상통한다. 경자유전도 농사를 짓는 사용자가 밭을 소유한다는 원칙이다.

코뮌의 자치

그렇다면 공동 소유가 지배하는 사회는 어떻게 구성되어야 할까? 초기 사회주의 사상가들은 공동 소유를 지반으로 하는 코뮌은 기본적으로 자급자족인 체제라고 보았으나, 필요상 일부분 다른 코뮌과 교환이 가능하다고 보았다. 단, 필요에 따른 교환만 인정할 뿐 상업적인 교환을 인정하는 것은 아니었다. 상업이란 어떤 이유로든 기만에 기초하므로 미래 사회에서는 반드시 배제되어야 할 것으로 보았다. 코뮌이 자급자족 체계여서 사회 전체를 구성하고 관리하고 통제하는 것은 전혀 불필요한 일이다. 공동 소유를 주장하는 사상은 불가피하게 아나키즘, 즉 무정부주의로 흐르게 된다. 기존의 모든 국가는 자본가의 기만을 정당화하기 위한 수단이라 단연코 폐지되어야 했다.

그러나 코뮌의 자급자족 체계는 이미 고도화된 생산력을 가지고 있는 자본주의 사회 이후에 일반화되기는 어렵다. 코뮌과 코뮌 사이에 불가피하게 일어나는 상업적 교환은 인정돼야 했다. 따라서 사회 전체를 어떻게 구성하고 관리하여 통제하는가 하는 정치 문제가 다시 대두되지 않을 수 없었다.

새로운 사회, 착취도 없고 억압도 없는 사회를 구성한다는 것은 불가능할까? 무정부주의 사상이 제시한 개념은 이른바 협업과 코뮌 연합이라는 개념이다. 무정부주의자가 지향했던 코뮌 연합을 개념적으로 분명하게 하려면, 자주 혼동되는 누 대립된 개념들인 협업과 분업의 개념, 민주와 자치의 개념이 명확하게 규정돼야 한다.[9]

분업이란 애덤 스미스가《국부론》에서 말했듯이 자본주의적인 생산에서 생산력 발전에 획기적인 기여를 했던 조직이다. 노동 과정을 세분화하고 각 노동자는 기능적인 최대치를 발휘하도록 배치된다. 결과적으로 분업은 최고의 효율성을 지닌 조직이 된다. 노동 과정의 내부 분업은 사회적 생산 전체의 분업과 어울리면서 자본주의 생산 과정의 기본 원리로 자리 잡았다.

분업은 사회 전반의 분업으로 확산된다. 경제는 경제, 정치는 정치, 문화는 문화라는 독자 영역이 발달하게 된다. 분업은 정치적으로는 관료 제도를 발전시킨다. 민주주의란 사회 관리를 전문 관료에게 맡기면서 외부적으로 이를 통제하기 위해 만들어지는 과정이다. 민주주의란 관료 제도와 분리 불가능하다.

이와 같은 분업의 원리는 내부적으로나 외부적으로 노동의 소

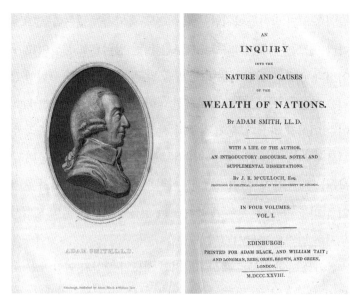

애덤 스미스, 《국부론》

외를 야기한다고 비판되었다. 노동이 전문화되면서 노동자는 신체적, 정신적으로 자신의 전문적 기능에 맞게 왜곡되고 만다. 그러면 노동자는 온전한 인격을 갖추기 어렵게 된다. 더구나 분업을 정당화했던 플라톤Platon의 정의론은 현자의 독재라는 명목으로 독재를 정당화하지 않았던가?

반면 무정부주의가 지향했던 사회는 협업 개념에 기초한다. 사회의 가장 기초적인 단위는 코뮌이다. 그 구성 원리는 자본주의적인 분업과 반대되는 협업이라는 방식이다. 협업은 분업이라는 방식을 일단 받아들이지만, 분업이 전문화되지는 않는다. 필요에 따라 때로는 이런 방식으로, 때로는 저런 방식으로 분업이 이루어진다. 때로는 어떤 사람이 이 일을 맡고, 때로는 다른 사람이 그일을 맡는 것이다. 쉽게 말하자면 돌아가면서 일을 나누는 방식이 협업이라 하겠다. 분업은 하되 전문화를 피한다면 두 마리 토끼를 동시에 잡을 수 있을 것이다. 한편으로는 분업화를 통해 생산성을 고조시킬 수 있다. 다른 한편으로는 분업이 야기하는 소외를 피할 수 있다. 모든 사람이 모든 일을 맡을 가능성이 생겨서 온전한 인격을 발달시킬 수 있다.

협업을 사회 전체로 확산시키려는 시도가 생산자 연합 또는 코뮌 연합이라는 개념이다. 코뮌 연합 역시 협업이라는 방식으로 조직된다. 협업이 정치적으로 전개되면 자치와 연결된다. 자치self -governance는 기본적으로 정부의 문제governance, 즉 집행권과 연관된다. 이 문제는 개념상 민주니 독재니 하는 주권의 문제와는 구분된다. 그러나 실제 자치라고 하는 말이 사용될 때는 민주적 주권을 전제한다. 독재의 경우 자치가 실행되기 어렵기 때문이다.

자본주의 사회의 민주는 주권만 다룬다. 정부는 기본적으로 관료에게 맡겨져 있다. 반면 무정부사회는 자치를 원칙으로 한다. 구성원이 자신의 일을 직접 처리해야 한다는 것이다.[10] 이런 의미에서 자치를 자주 관리, 또는 자율 정부autonomia라고 말하기도 한다.

크로폿킨의 협동 진화

　무정부주의 사상을 실천적인 투쟁으로 옮긴 사람은 앞에 말한 바쿠닌이다. 바쿠닌은 소규모 혁명적 음모 조직의 연대를 통하여 곳곳에서 봉기와 폭동을 일으킨다는 투쟁 전략을 세웠다. 하지만 과도한 음모적 조직은 소수 혁명가의 독재를 기초로 하기에 노동하는 인민의 반감을 사게 되었다.

　바쿠닌 이후 무정부주의의 문제점을 개선하고 무정부주의의 혁명 이론을 체계적으로 이론화한 사람은 러시아 사상가 크로폿킨

크로폿킨

Pyotr Alekseevich Kropotkin이었다. 그는 '아나코 코뮤니즘' 이론을 발전시켰다. 아나키즘에 대한 그의 사상적인 기여는 아나키즘을 철학적으로 정당화하려 시도했다는 점에서 찾을 수 있다.

협업이나 자치는 무척이나 이상적인 개념이지만, 철학적으로 정당화하기는 쉽지 않다. 두 가지 대립된 개념이 결합되어야 하기 때문이다. 그 두 가지 개념이란 한편으로 개별자의 자율성이며, 다른 한편으로는 전체의 연대 또는 공동체의 조화이다. 개별사의 자율성을 인정하면서도 공동체 전체가 조화하는 것이 가능한가?

이런 어려움은 기독교와 비교될 수 있다. 기독교는 개인의 자유를 인정하며 동시에 신의 섭리를 주장한다. 양자의 결합이 곧 신의 인간화, 인간신이라는 그리스도에 의해 상징된다. 합리적으로 이해하기 어렵기에 기독교는 신앙을 강조하게 된다.

사실 초기 코뮌주의의 대표자들은 철저한 기독교주의자, 특히 원시 기독교의 정신에 충실하고자 했던 철학자들이었다. 예를 들어 바쿠닌, 크로폿킨, 톨스토이Lev Nikolaevich Tolstoy 등이 모두 기독교인이다. 아마도 기독교의 이상과 코뮌주의의 이상이 서로 만나기 때문일 것이다.

바쿠닌의 영향을 받은 러시아 무정부주의자 크로폿킨은 무정부주의가 부딪힌 철학적인 문제점을 당시 유행하는 사회진화론을 수용하여 해결하려 했다. 다윈의 사회진화론은 경쟁에 의한 진화론이다. 크로폿킨은 생물학에 관한 자신의 연구를 바탕으로 한다. 그는 생물학적 진화를 통해 동물뿐만 아니라 인간에게서 경쟁보다는 협조가 더 자연적이며 일반적인 태도로 형성되었다고 주장했다. 쉽게 말해 개인에게는 협조 유전자가 있어서 자발적으로 타인과 연대하려 한다는 것이다. 협조 유전자라는 개념은 사랑 유전자, 천재 유전자, 예술 유전자처럼 과학적으로 확인하기 어려운 개념이다. 비록 철학적으로 정당화하기는 어렵지만, 개인의 자유와 사회적 연대라는 공산주의의 이상은 많은 이상적 지식인들을 감동시켰다.

무정부주의 운동의 발전

크로폿킨의 아나키즘은 이론적이었지만 실천력이 결여되었다. 박애와 사랑의 정신으로 부르주아의 노골적이고 야만적인 지배에 대항할 수는 없었다. 아나키스트들은 바쿠닌 식의 봉기가 가장 효과적인 선전 수단임을 주장하면서 아나키즘에 적극적인 행동주의 요소를 가미시켰다. 아나키스트들은 우선 농촌에서 봉기하여 농촌의 문맹 대중을 혁명적으로 추동시키려 하였으나 결국 실패했다. 실패 이후 아나키스트들은 개인적으로 활동하면서 테러에 호소하기 시작했다. 그들은 테러가 억압적 사회의 취약성을 입증하며, 테러리스트의 숭고한 자기희생이 대중을 고무시킨다고 믿었다.

1880년부터 1901년 사이에 오스트리아의 황후였던 엘리자베스Elisabeth, 프랑스 대통령 카르노Marie François Sadi Carnot, 미국 대통령 매킨리William McKinley, 스페인 수상 카스티요Antonio Cánovas del Castillo, 러시아의 차르 알렉산드르 2세AleksandrII 등이 아나키스트들에 의해 암살되었다. 하지만 기대했던 인민 봉기는 없었다. 개인적 테러는 한계에 부딪혔고, 그 후에는 스페인이나 러시아에서만 제한적으로 나타났다.

아나키스트들은 전통적으로 개인주의적이었다. 그들은 점차 개

바쿠닌

인주의의 과잉이 대중으로부터 혁명가들을 유리시킨다는 것을 발견했지만, 사상의 속성상 속수무책이었다. 1881년 아나키스트들의 국제회의가 런던에서 열렸지만, 세계적인 조직을 창조하지는 못했다. 국가적 차원에서도 조직은 취약했으며, 겨우 소그룹 형태로만 명맥을 유지했다. 20세기 들어와 프랑스에서 대중적 지지를 얻기 위한 노력이 경주되었다. 아나키스트들은 노동조합에 침투했으며, 특히 상호 부조 조직인 직업소개소에서 적극 활동했다. 1892년 직업소개소의 전국 연맹이 창립되었고, 1895년 펠루티에Fernand Léonce Émile Pelloutier의 주도로 '아나코생디칼리즘' 운동 이론이 형성되었다. 이론의 핵심은 다음과 같다.

- 노동조합의 경제적 이익과 정치적 권리를 위한 투쟁은 불충분하다. 노동조합은 자본주의와 억압적 국가의 파괴에 전투적이어야 한다.
- 노동자들은 공장과 시설을 접수하여 직접 경영하여야 한다 (자주 관리 노선).
- 노동조합은 현재의 조건 아래서는 투쟁 조직이지만, 혁명 이후에는 사회를 관리하는 조직의 근간이 되어야 한다.
- 전투적 분위기를 유지하기 위해 지속적인 선동과 투쟁의 분위기가 도출되어야 하며, 전국적으로 동시에 벌어지는 총파업이 자본주의와 국가를 최종적으로 해체할 수 있다.

이런 혁명은 소위 '연대에 의한 혁명the revolution of folded arms'이라고 불렸다. 아나코생디칼리즘은 무정부주의의 속성인 개인주의적 경향을 극복하고, 대중에게 반감을 불러일으키는 테러나 시대적 한계에 이른 봉기 방식을 지양했다. 아울러 아나코생디칼리즘은 공산주의라는 유토피아를 제시하면서 적극적 행동을 이끌어 낼 수 있었다. 당시 경제적 공황에 부딪혀 노동 조건이 악화되고 자본가가 잔인하게 노동조합을 탄압했던 상태에서 아나코생디칼리즘은 노동자들뿐만 아니라 지식인들에게도 매우 매력적이었다.

프랑스에서 아나코생디칼리즘이 주도하는 C.G.T(노동총동맹)가 1895년에 창립되었다. 1894년 드레퓌스 사건을 계기로 급진파와 지식인 사회주의자 사이에 연합이 이루어졌고, 1899년 6월에는 공화정을 방어하기 위한 연립 정부 구성으로 발전하였다. 1905년 통합사회당이 창립되어 C.G.T의 지원 하에 의회에 적극 진출하였다. 마침내 1930년대 이르러 레옹 블룸André Léon Blum을 지도자로 하는 인민 전선이 확립되어 프랑스에 대두하는 민족주의적 우파, 파시스트들의 준동을 방어할 수 있었다.

아나코생디칼리즘은 스페인의 바르셀로나를 중심으로 하는 카탈루냐에서도 성공적이었다. 1909년 총파업이 전개되었다. 1910년 스페인 노동조합 평의회가 열렸으며, C.N.T(전국노동자연맹)이 창립되었다. 그들이 중심이 되어 1935년 인민 정부가 세워졌으며, 프랑코의 쿠데타에 의해 벌어진 스페인 내전에서 가장 희생적으로 투쟁했다.

그러나 아나키즘의 본성 속에 녹아들어 있는 개인주의적 성향으로 전선은 분열되었다. 급진적인 사회 개혁과 토지 집단화는 인민 정부를 지지하던 소농과 프티 부르주아 계층을 혁명으로부터 이반시켰다. 결국 내전은 파시스트의 승리로 끝났다. 스페인 내전 이후 아나코생디칼리즘은 영향력을 잃었다. 그러다 1960년대에 새로운 노동자인 전문 기술 노동자가 노동자의 중심이 되면서 아나코생디칼리즘이 부활하였다.

마르크스와
역사적 유물론

그렇다면 각 정치적 분파의 계급 이해를 결정하는 것은 무엇인가? 계급이란 생산 관계에서 생산 수단과 노동 사이의 관계를 통해서 결정되는 것이다. 중세 영주와 농노의 관계나 근대 자본가와 노동자 사이의 관계도 모두 생산 관계에 의해 결정된다.

마르크스의 역사이론

사회주의 사상에 기여한 몫으로 본다면 마르크스에 비교될 사상가는 없다고 단정할 수 있다. 사회주의 사상은 모두 그로부터 흘러나오는 것이라 해도 과언이 아니다. 설혹 그를 비판하는 사상이라도 그를 비판하기 때문에 의미가 있다고 말해도 된다. 그만큼 중요한 사상가이다. 그의 사상은 철학에서 문학예술에 이르기까지 미치지 않은 구석이 없을 만큼 포괄적이다. 그가 남긴 전집만 해도 책장을 하나 가득 채울 정도이다.

마르크스의 다양한 사상을 전부 서술한다는 것은 불가능하다. 핵심적인 것만 들자면 우선 역사에 대한 그의 이해를 들 수 있다. 그의 역사 이론은 1846년 《독일 이데올로기》라는 책에서 전개되지만, 실제 구체적인 역사 이해는 1850년 《프랑스에서의 계급 투쟁》과 같은 역사서에서 엿볼 수 있다.

마르크스의 역사 이해의 출발점은 역사는 계급 투쟁이라는 주장이다. 그는 이 주장을 프랑스에서 일어난 혁명 투쟁을 통해서

마르크스

구체적으로 입증한다. 각각의 정치적 분파들이 투쟁했던 목표를 분석해 보면 그 배후에는 경제적인 계급 이해가 있다는 것이다. 정치적 권력을 위한 투쟁이 경제적인 이해를 목표로 한다는 것은 이미 오랫동안 상식이 되어 왔다. 마르크스 사상에서 고유한 것이 있다면 역사의 투쟁이 단순한 경제적인 이해가 아니라, 계급 이해라는 사실이다.

그렇다면 각 정치적 분파의 계급 이해를 결정하는 것은 무엇인가? 계급이란 생산 관계에서 생산 수단과 노동 사이의 관계를 통해서 결정되는 것이다. 중세 영주와 농노의 관계나 근대 자본가와 노동자 사이의 관계도 모두 생산 관계에 의해 결정된다. 중세의 경우 영주와 농노는 경제적 계약이 아니라 인격적 구속과 강제를 통해 관계를 맺는다. 이때 농노는 약간의 자기 생산 수단, 즉 토지를 소유하며, 영주의 토지와 자기의 토지에 노동을 분배한다. 반면 자본주의 사회에 들어오면 노동자에게는 어떠한 생산 수단도 존재하지 않는다. 노동자는 생산 수단을 전적으로 소유하는 자본가에게 자기의 노동을 판매한다. 노동 판매는 노동자와 자본가가 서로 인격적으로 자유로운 존재로서 상호 교환하는 관계라고 하겠다.

이러한 생산 관계는 한 사회에서 다양한 경제적 관계의 기초가 된다. 경제적 관계에는 생산뿐만 아니라 교환 및 분배의 관계도 존재하는데, 모든 관계는 기본적으로 생산 관계에서 결정된다는 것이다. 역사의 투쟁을 생산 관계로까지 소급해서 분석하는 마르크스의 시도는 1848년 2월 프랑스 혁명이나 1851년 12월 루이 보나파르트Charles Louis Napoléon Bonaparte의 쿠데타에 대한 분석을 통해서 올바른 역사 분석 방법으로 충분히 설득력 있게 제시되었다고 보겠다.

역사적 투쟁의 토대가 되는 생산 관계는 역사적으로 고정된 것이 아니고 끊임없이 변화한다. 마르크스는 이 변화를 초래하는 결정적 요인을 생산력에서 찾았다. 생산력은 노동이 생산 수단을 이용하여 얼마나 많은 생산물을 산출할 수 있는가로 측정되는데,

여기에 여러 가지 요인이 개입한다. 그런 요인으로서 노동의 숙련도나 분업 방식, 기계의 능력 등을 들 수 있다.

이런 사실은 중세와 근대를 비교하면 쉽게 이해된다. 중세의 노동이 개별적으로 이루어진 반면, 근대 자본주의의 출발점이 되는 공장제 수공업, 즉 매뉴팩처manufacture에서는 노동 분업이 전개되었다. 분업을 통한 생산력의 발전이 중세 체제를 무너뜨리고 근대 자본주의 체제를 발전시킨 원동력이었다.

인간의 노동력, 즉 숙련도보다는 생산 수단이 가지고 있는 기술적인 능력이 더 크게 생산력을 발전시킨다. 자본주의적 대공장 체제는 농촌에서 갓 올라와 아무런 숙련이 없는 농민공의 노동에 의존하지만, 고도로 발전된 생산 수단의 기술적 능력으로 엄청난 생산력을 얻을 수 있었다. 이렇게 해서 마르크스주의에서 정치적 계급 투쟁, 경제적 생산 관계에 의해 결정되는 계급 이해, 최종적으로 생산력이라는, 세 가지 수준 사이의 관계가 결정된다. 마르크스의 모든 사상적 발전은 계급 투쟁을 결정하는 생산 관계와 생산력의 개념을 과학적으로 정당화하려는 시도로 볼 수 있다.

마르크스의 경제 이론

마르크스는 자본주의를 넘어서 사회주의에 대한 새로운 전망을 제시했다. 마르크스 이전에 이미 사회주의에 관한 다양한 전망이 제시되었다. 초기 자본주의의 잔혹한 착취는 많은 이상주의적인 지식인이 사회주의 전망을 개척하는 데 관심을 갖도록 만들었다. 그런 사회주의 사상은 사회적 불평등의 해소라는 관점에서 제시되기는 했지만, 사회 역사가 실제로 발전하는 과정과는 무관한 지식인의 윤리적 관점을 반영하는 것이었다. 반면 마르크스는 이전 사회주의의 전망을 역사의 실제적 발전을 통해 객관적으로 규정하려 했다. 이때 매개 고리가 된 개념이 착취라는 개념이다.

마르크스 이전의 사회주의 사상은 자본주의 초기의 교환 관계에서 나타나는 사기와 강제에 착취의 원인이 있다고 보았다. 말하자면 착취란 약탈에 불과하다는 것이다. 이런 관점을 체계적으로 전개한 이론이 프루동의 《소유란 무엇인가》라는 책이다. 프루동은 소유란 도둑질이라고 말했다. 반면 마르크스는 착취의 개념을 다르게 파악했다. 그는 애덤 스미스와 리카르도의 정치경제학을 통해 발전된 노동 가치설을 근거로 했다. 착취는 모든 교환 관계에 내재하는 것이 아니라, 오직 자본가와 노동자 사이의 교환 관계에 고유한 특성이라 본 것이다.

여기서 자본가는 노동자에게 노동력의 가치를 지불하지만, 노동자가 노동을 통해 생산하는 것은 그보다 많은 교환 가치를 갖는다. 이 차이가 마르크스 착취론의 핵심인 잉여 가치라는 개념이다. 잉여 가치란 결국 자본과 노동 사이의 생산 관계에서 벌어지는 것이다. 착취를 제거하기 위해서는 생산 관계 자체의 근본적인 폐지가 필요하게 된다. 이 지점에서 마르크스의 착취론은 생산 관계를 중심으로 하는 역사 이론과 접목된다.

새로운 사회주의 사회의 건설은 이제 단순히 초기 자본주의 사회 도처에 만연하는 교환 관계의 불공정이나 강제를 제거하는 윤리적 문제가 아니다. 착취가 없는 사회주의 사회를 건설하기 위해서는 자본주의의 생산 관계 자체를 폐지하는 혁명이 요구된다. 혁명은 그저 윤리적으로 요청하는 것으로는 가능하지 않다. 사회적 생산력이 그에 걸맞도록 충분히 발전해야 한다. 생산력이 발전되면 사회주의는 실제 역사를 통해 출현할 수 있다.

마르크스의 사회주의 이론

그렇다면 사회주의 사회란 어떤 사회인가? 이전의 사회주의 사상은 이를 착취가 없는 사회로 규정하는 것으로 그쳤다. 그 전망을 처음으로 체계적으로 제시한 사람이 무정부주의자인 프루동이다. 프루동에 따르면 착취가 사라지기 위해서는 우선 자본가와 노동자 사이의 교환을 포함하여 모든 상품 교환을 폐지해야 한다. 그러면 생산자가 모든 생산수단을 공동으로 소유하는 소규모 코뮌이 등장하며, 전 사회는 코뮌의 연합체로 이루어진다.

마르크스는 프루동의 사회주의 사상을 비판했다. 프루동에게서 코뮌이 생산수단을 공동으로 소유한다지만 각 코뮌이 독립된 소유권을 가지고 있어서 사적 소유의 한계를 벗어나지 못한다는 것이다. 결국 공동 소유는 코뮌 사이의 경쟁으로 분화되어, 한쪽은 몰락하고 다른 쪽은 집중하는 자본주의적 발전의 길을 되풀이할 것이다. 프루동의 코뮌 연합체는 마치 자본주의 초기의 평등했던 자영농이 경쟁으로 몰락하여 자본과 노동으로 분화되는 것과 똑같은 길을 갈 것이다.

마르크스는 사적 소유에 대한 대안은 공동 소유가 아니라 모든 소유를 폐지하고 사회 전체가 모든 소유를 가지는 사회적 소유제를 주장하였다. 사회적 소유에 따르면 사회 전체가 사회적 소유권을 공동으로 행사한다. 당연히 사회 전체가 자체적으로 생산을 통제하는 자치가 확립되어야 한다. 자치는 독립된 코뮌 연합체의 자치가 아니며 사회 전체의 자치이다. 사회 전체가 생산과 분배를 합리적으로 계획하고 스스로의 힘으로 실현해 가는 것이다.

마르크스의 혁명 이론

자본주의의 생산 관계를 폐지하고 사회주의로 나가는 것은 어떻게 가능한가? 사회주의로의 나가는 것은 자본가와 노동자 사이의 계급 투쟁에 의해 결정된다. 노동자가 자본가에 대항하여 가장 효과적으로 투쟁하는 길은 무엇인가? 이런 질문과 관련하여 마르크스는 1848년 혁명 직후와 1860년 이후에 관점의 변화를 보여 준다.

마르크스는 1848년 혁명의 과정에서 노동 계급이 부르주아 혁명파를 지원해야 한다고 주장했다. 혁명이 실패한 이후 그는 혁명에 참가했던 부르주아의 배반에 실패의 원인이 있다고 생각했다. 이때부터 그는 부르주아 계급에 의존하지 않고 독자적인 정치 투쟁을 수행할 수 있는 노동 계급의 혁명 정당이 필요하다고 생각했다. 그는 혁명 정당을 건설하는 것을 우선적인 정치적 과제로 여겼다.

마르크스는 그가 망명한 영국에서 활발하게 벌어지는 노동 조합 운동을 보고 이미 노동자 계급의 역사적 투쟁 방식이 변화했다는 것을 발견했다. 19세기 초 유럽의 노동 운동은 몰락한 직인 노동자를 중심으로 하였다. 그들의 정치적 의식은 사라진 독립 소생산자 사회로의 복귀를 꿈꾸는 유토피아적인 것이었고, 행동은 봉기와 폭동이라는 방식을 취했다.

1860년대 들어 사회적 변화와 더불어 노동 운동에서의 변화가 야기되었다. 대공업 노동자가 출현했으며, 노동조합 운동이 성공적으로 발전했고, 국제적 연대도 도모되었다. 마르크스는 변화를 눈치채고 새로운 투쟁 방식을 개발했다. 1864년 마르크스가 창설

했던 제1차 국제노동자연맹(인터내셔널)은 노동조합 운동과 결합하여 정치적 권리를 획득하는 합법 노선을 전개했다. 그 덕분에 제차 인터내셔널은 엄청난 성공을 거두었다.

마르크스주의는 인터내셔널에 뒤이어 독일 사회민주당의 획기적 발전에 의해 노동 계급의 지도적 사상으로 등장하였다. 독일 사회민주당은 1875년 라살레Ferdinand Gottlieb Lassalle 중심의 노동조합주의와 마르크스 추종자들이 결합하여 만든 정당이었다.

독일 사회민주당의 부침

독일 사회민주당은 1875년 '고타Gotha 강령'에서 노조와 정당의 합법적 투쟁을 통하여 노동자의 사회 경제적 처지와 정치적 권리를 증진하며, 민족 국가의 역할을 인정하고, 노동자 계급의 해방은 노동자들 자신의 과업임을 선언하였다. 이 선언은 인터내셔널의 합법 노선을 충실히 답습한 선언이었다. 독일 사회민주당은 합법 대중 노선에 따라 비약적인 발전을 이루었으며, 1877년 선거에서 약 50만 표를 획득하고 12명의 의원을 배출했다.

1878년 독일 제국의 총리 비스마르크Otto Eduard Leopold Fürst von Bismarck는 보수적인 가톨릭 중앙당과 협력하여 사회주의 탄압법을 제정하였다. 독일 사회민주당의 집회, 조직, 신문이 금지되었

으며 1,500여 명이 투옥되고 900여 명이 추방되었다. 다행스럽게
도 독일 사회민주당 의원의 입후보와 의회 활동은 허용되었다. 비
스마르크는 노동자를 사회민주당으로부터 차단하기 위해 노동자
의 복지 정책을 포함하는 사회 입법도 서둘렀다. 독일 사회민주당
은 지하 활동과 의회 전술을 결합하여 탄압의 시대를 견디었다.

독일 경제가 2차 산업 혁명을 맞이하자 노동자들의 경제적, 정
치적 세력도 강해졌다. 결국 비스마르크도 탄압법을 폐지하지 않
을 수 없었다. 독일 사회민주당은 1890년 사회주의 탄압법 철폐
이후 비약했다. 독일 사회민주당은 1891년 에르푸르트에서 카
우츠키Karl Johann Kautsky가 작성한 혁명적 강령과 베른슈타인Eduard
Bernstein이 작성한 현실적 실천 방침을 교묘히 결합했다. 현존 국
가를 인정하고, 그 속에서 노동자들의 정치 사회적 상황을 개선
하는 것이 우선 과제였다. 일반 보통 선거권과 여성의 동등권, 교
육의 일반화, 광범위한 노동자 보호 입법, 단결권 보장 등이 당
면 목표가 되었다.

반면 자본주의 폐지, 모든 소유의 국유화, 노동자의 정치적 권
력 장악은 이념적으로 선언되었다. 혁명 노선은 미래에 다가올,
그것도 저절로 다가올 것으로 간주되어 당장의 실천은 연기되었
다. 독일 사회민주당은 마르크스주의를 자연적으로 실현될 자연
법칙처럼 이해했다. 자연법칙이 저절로 자기를 관철하듯이 역사
법칙도 필연적으로 자기를 관철할 것이라고 믿었다. 역사에 대

한 수동적 이해는 말뿐인 투쟁적 혁명 노선과 실제 합법적 실천 방침을 결합했다.

독일 사회민주당은 국가의 역할도 오해했다. 자본주의 국가나 사회주의 국가나 근본적으로 동일한 형태를 취한다고 보았다. 그것은 의회 민주주의라는 형태이다. 민주주의가 발전하면 노동자 계급은 굳이 혁명으로 자본주의 국가를 전복시킬 필요가 없다. 노동 계급은 민주주의적인 국가를 다수의 힘으로 장악하기만 하면 된다는 것이다. 평화적 이행 노선이 암암리에 승인되었다.

독일 사회민주당에 대해 '혁명적이나 혁명을 일으키지는 않는 당'이라는 비판이 있었지만, 성공은 눈을 멀게 했다. 1912년 선거에서 독일 사회민주당은 원내 제1당으로 부상하였다. 독일 사회민주당은 제국주의 전쟁이 일어나기 직전 혁명을 배신하고 말았다. 독일 사회민주당은 독일의 제국주의적 이익(노동 귀족화, 사회 입법)을 옹호했고, 부르주아 의회 민주주의 체제에 대한 환상에 의존했다. 권력을 장악하고 행사하는 방식에 무지했으며(합법적 전술의 한계), 그저 언젠가 자연 필연적으로 다가올 혁명을 기대하는 정치적 무기력을 보여 주었다.

그러니 1차 세계대전 직전에 나타난 대중의 광범위한 민족주의 열풍에 맞설 수 없었다. 전쟁이 일어나자 1914년 8월 4일 제국 의회에서 독일 사회민주당 의원들은 전쟁이 러시아 전제주의에 맞서는 방어전이고, 러시아의 승리는 독일 문화에 대한 위협이라고 기만하면서 전쟁 중 투쟁이나 반정부 활동, 노동 쟁의를 중지하기로 결정했다. 독일 사회민주당의 역사적 역할은 여기서 얼어붙어 버렸다. 1918년 1차 세계대전에서 패한 독일에 혁명이 일어나 황제를 퇴위시키고 바이마르 공화국이 등장하자 사회민주당이 정권을 인수했다. 하지만 사회민주당은 이미 혁명적 성격을 잃어버린 뒤였다.

레닌과
사회주의 국가

사회주의 국가는 기본적으로 자치제를 바탕으로 한다. 민주주의와 달리 관료제를 거부한다는 의미이다. 물론 사회주의 국가에서 관료제는 완전하게 철폐되지는 않지만, 역할은 민주주의 국가에 비해 상대적으로 축소되는 것이다.

레닌은 철학자라기보다는 정치 이론가이며 실천적인 투쟁가이다. 그가 아직 청소년인 시절에 인민주의자였던 형이 차르 알렉산드르 3세Aleksandr Ⅲ를 암살하는 계획에 연루되어 처형당했다. 형의 희생은 아무런 의미가 없었다. 이후 그는 공리공담에 빠지지 않기 위해 스스로 경계했고, 결과적으로 그의 이론은 무척이나 실천적인 면을 가지게 되었다.

레닌의 사상은 다양한 분야에 미치고 있지만, 아무래도 정치적 실천과 관련하여 빛을 냈다고 볼 수 있다. 정치적 실천과 관련된 그의 사상에서 핵심적인 것은 두 가지이다. 혁명 정당론과 국가 이론이다.

레닌의 혁명 정당론

러시아 마르크스주의의 아버지는 플레하노프Georgy Valentinovich Plekhanov이다. 플레하노프는 무정부주의적 인민주의자인 '토지와 자유당'이 1879년 말에 '인민의 자유당'과 '흑토 재분배당'으로 분열되자, 테러에 반대하고 농민 교육을 강조하는 '흑토 재분배당'에 가담했다. 1881년 3월 1일 알렉산드르 2세를 암살한 이후 정부의 압력을 받던 플레하노프는 스위스로 망명하여 마침 유럽에 불어닥친 마르크스주의를 수용하였다. 플레하노프는 1883년 9월 스위스에서 '노동자 해방단'을 조직하여 러시아에 마르크스주의적 정치 이념을 전파하였다.

러시아에서 자본주의가 미약하게나마 발전하면서 러시아의 혁명적 지식인들도 점차 인민주의를 떠나 마르크스주의로 전향하

레닌

게 되었다. 대표적인 사람이 바로 레닌이다. 레닌은 러시아 사회민주당을 해외에서 창립한다는 목표를 세우고 스위스로 탈출했다. 그는 스위스에서 혁명 신문《이스크라(불꽃)》를 창립하고 이를 중심으로 러시아 내 비밀 조직을 건설했으며, 선배 마르크스주의자 플레하노프의 '노동자 해방단'과 결합하여 1903년 '러시아 사회민주노동당'을 결성했다.

레닌의 마르크스주의가 지닌 첫 번째 특성은 정치적 계급 의식의 강조였다. 노동자 계급은 자본주의 사회에서 개인적, 조합적 이익에 몰두하게 된다. 이런 이익은 노동 계급의 운동을 현존 체제의 한계 내에 묶어 두기에 결코 혁명적이지 못하다. 레닌에 따르면 혁명을 위해 노동 계급은 정치적 계급 의식을 가져야 한다. 정치적 계급 의식이란 사회의 근본적인 변화, 즉 자본주의적 사회관계 자체를 전복한다는 인식과 전복을 위한 노동 계급의 구체적인 역사적 역할에 대한 자각을 말한다. 정치적 계급 의식은 노동자들의 제한된 인식 때문에 스스로의 힘으로는 가능하지 않으며, 노동자는 현실을 과학적으로 이해하는 지식인의 도움으로 계급의식을 가질 수 있다. 지식인들을 중심으로 당이 구성되어야 하며, 당이 노동 계급의 정치적 계급 의식을 고취해야 한다.

레닌은 한편으로 인민주의자와 투쟁하고, 다른 한편으로는 사회민주주의자와 대결했다. 레닌은 마르크스주의를 독자적으로 해석하여 역사의 필연적 발전 법칙을 전제로 하되, 대중의 실천

의지가 수행할 역할을 강조하였다. 당시 러시아는 대부분 아직 봉건적 체제 속에 있지만, 일부 대도시를 중심으로 대규모 독점 자본이 출현했다. 현 단계의 역사적 발전에서 우선적인 것은 봉건제를 폐지하고 자본주의적 민주주의를 발전시키는 부르주아 혁명이었다. 그는 부르주아 혁명은 러시아적 조건 하에서 사회주의 혁명으로 연속적으로 이행하는 것이 가능하다고 보았다.

레닌은 연속적 이행을 위해 부르주아 혁명에서도 봉건 계급에 타협적인 소수의 부르주아 계급을 대신해서 노동자가 주도적인 역할을 담당하는 것이 주요하다고 생각했다. 부르주아 혁명에서 노동자들이 토지 분배를 바라는 광범위한 농민들과 동맹을 맺는 것이 절대적 필요조건이라고 간주했다. 노동자를 전위로 한 노농 동맹 세력은 부르주아 혁명을 철저하게 전개함으로써 사회주의 혁명을 위한 유리한 조건을 창출할 것이다. 그는 유리한 조건을 적극적으로 이용한다면 러시아의 역사적 발전은 촉진될 수 있다고 믿었다.

레닌은 역사에서 인간 의지와 계급 의식의 적극적 역할을 강조하는데, 그것은 러시아 인민주의 전통이 미친 영향으로 간주할 수 있다. 레닌은 마르크스의 원전에 이미 적극 행동주의의 요소가 존재한다고 보았다. 하지만 레닌은 러시아 마르크스주의자들의 다수를 이루는 정통 마르크스주의 세력(독일 사회민주당의 노선을 신봉하는 세력)을 설득할 수 없었다. 러시아 사회민주당은 레닌이 이끄

는 볼셰비키Bol'sheviki들과 그에 대립하는 멘셰비키Men'sheviki 사이
의 갈등으로 점철되었다.

레닌의 국가이론

1905년 러일전쟁 패배는 이미 무너지고 있던 러시아의 차르 체
제에 결정적인 타격이 되었다. 1905년 1월 22일 차르에게 탄원하
러 행진하던 노동자들의 시위대에 군대가 발포했다. 이른바 피의
일요일 사건이다. 이후 러시아에는 광범위한 노동자 파업뿐만 아
니라 중간층들까지도 참여하는 총파업이 전개되었다. 병사들조
차 반란을 일으켜 도시에서 노동자들과 결합하여 평의회인 소비
에트를 결성했다. 농촌에서는 농민들이 지주의 집에 방화하고 곡
식을 약탈하고 토지를 점거했다.

마침내 그해 10월 30일, 차르 니콜라이 2세Nikolai Ⅱ는 10월 선
언을 통해서 의회 개설과 헌법을 약속했다. 그러나 차르의 약속
은 기만이었다. 시위대의 분열과 혼란을 이용하여 12월 10일 차
르는 소비에트 집행 위원들을 체포했다. 노동자들은 총파업으로
맞섰으나, 12월 27일 군대에 의해 강제적으로 진압되고 말았다.

1905년 혁명은 일종의 예비적 혁명의 성격을 가졌다. 혁명 세
력은 혁명의 성과와 진행, 결과를 분석하면서 다가오는 혁명을

준비해 나갔다. 새로운 기회는 1914년 제국주의 전쟁에서 주어졌다. 전쟁이 발발하자 유럽 마르크스주의자들 사이에 분열이 일어났다. 그때까지 지도적 입장에 있었던 독일 사회민주당의 대부분은(룩셈부르크Rosa Luxemburg나 리프크네히트Karl Liebknecht를 제외하고) 전쟁에 동조하고 말았다. 노동자의 국제적 단결을 부르짖고 제국주의 전쟁을 혁명전쟁으로 바꾸자고 약속했던 국제 마르크스주의자들의 약속을 배반하는 것이었다. 이때 레닌은 마르크스주의자의 약속에 충실하게 전쟁 반대와 혁명을 부르짖으면서 마르크스주의자들 사이에서 주도권을 장악할 수 있었다.

독일 사민당의 이론가들, 그들과 보조를 같이하던 러시아 사회민주당 내부의 멘셰비키 파와의 투쟁은 결국 자본주의 국가를 어떻게 보느냐 하는 문제와 관련되어 있다. 사회주의를 위해 국가를 장악할 것인가, 아니면 파괴하고 새로운 사회주의 국가를 건설할 것인가? 이것이 문제였다. 현실 사회주의 국가는 역사적 현실 속에서 스스로 형성되고 진화해 왔다. 철학자인 마르크스나 레닌은 머릿속이 아니라 사회주의 국가가 진화되는 역사적 현실 속에서 기본적인 원리를 찾아냈다.

마르크스와 엥겔스Friedrich Engels는 1871년 파리 코뮌이라는 역사적 현실을 보고 사회주의 국가의 기본 원리를 반성했다. 레닌은 마르크스 · 엥겔스의 이론에 기초를 두면서 1905년과 1917년 러시아에서 자연 발생적으로 발전한 소비에트 체제 속에서 마르

파리 코뮌, 1871년

크스의 원리를 정당화하려 했다. 레닌은 이를 통해 사회주의 국
가의 기본적 구성 원리를 확립했다. 레닌의 국가론은《국가와 혁
명》이라는 저서에 집약되어 있다.

생산자 연합으로서 국가

《국가와 혁명》은 레닌이 1917년 혁명의 와중에 작성했던 논쟁
적인 저서이다. 그는 이 저서에서 제국주의 전쟁에 참여하는 오
류를 범한 카우츠키를 비롯한 독일 사회민주당 이론가들의 국가

론을 비판했다. 동시에 이 저서는 러시아의 1917년 2월 혁명에서 10월 혁명으로 가는 초기에 지배적인 분파였던 멘셰비키의 주장을 비판하기 위한 것이다.

레닌은 카우츠키나, 멘셰비키 등의 국가론이 기본적으로 부르주아 국가를 장악하려는 이론이라는 점에 주목한다. 카우츠키나 멘셰비키 등은 부르주아 국가의 제도인 민주주의 선거를 이용하면 다수 대중인 프롤레타리아 계급이 국가 권력을 평화적으로 장악할 수 있다고 본다. 그렇게 얻은 국가의 힘을 이용하여 사회를 사회주의적으로 개조한다는 것이 그들의 야심이었다. 그들의 국가 장악론은 어떻게 본다면 누구나 쉽게 동의할 것 같다. 다수의 프롤레타리아들이 자유로운 선거에서 승리할 것은 자명하지 않은가?

이와 같은 국가 장악론을 레닌이 비판하는 이유는 무엇인가?[11] 근본적인 원인은 사회주의 국가가 자본주의 국가와는 형식적으로 다르기 때문이다. 그 차이는 간략하게 정리해 보자면 두 가지 측면으로 정리할 수 있다. 우선 사회적 토대가 사적 소유에서 국가적 소유제로 바뀜에 따라 국가의 형식도 근본적으로 달라진다. 생산이 국가적으로 조직되는 사회에서 민주적인 선거는 지역이나 시장에 기초하지 않는다. 선거는 공장이나 협동조합과 같은 생산 단위를 기반으로 실시된다.

또한 사회주의 국가는 기본적으로 자치제를 바탕으로 한다. 사회주의 국가는 자본주의와 달리 관료제를 거부한다. 사회주의 국가에서 관료제는 완전하게 철폐되지는 않지만, 역할은 자본주의 국가에 비해 상대적으로 축소된다. 자치라는 개념은 원래 무정부주의 사상에서 유래한 것이다. 국가 이론에 관한 무정부주의 사상을 받아들인 레닌은 당명을 사회민주당에서 공산당으로 바꾸기도 했다.

"계급의 소멸과 함께 국가도 불가피하게 소멸할 것이다. 생산자들의 자유롭고 평등한 결합에 기초하여 생산을 새로이 조직하는 사회는 모든 국가 기구를 …… 고대 박물관으로 보낼 것이다."[12]

"여기서 모든 시민이 무장한 노동자들로 이루어진 국가의 고용인이 된다. 모든 시민은 전체 인민을 포괄하는 하나의 국가 '신디케이트'의 고용인과 노동자가 된다. 문제는 그들 모두가 노동의 기준을 정확하게 지키며 평등하게 노동하고 평등하게 보수를 받도록 하는 것이다."[13]

잔존하는 국가

레닌의 사회주의 국가가 무정부주의 사회와 같은 것일까? 아니다. 차이가 있다. 차이는 지역 정부나 중앙 정부가 완전한 자치가 아니라는 것에서 발견된다. 다시 말해 일정 정도 전문화된 관료가 존재한다는 것이다. 사회주의 국가는 자본주의 국가에서 전적인 관료제와 무정부주의 사회의 완전한 자치 사이의 중간 형태를 취한다.

레닌은 왜 이렇게 관료제를 부분적으로 잔존시켰던 것일까? 국가는 일반적으로 계급 지배의 도구이며, 사회주의 사회에도 계급적인 대립이 여전히 존재하기 때문이다. 사회주의 사회에서 부르주아 계급은 권력을 상실했으나 여전히 물질적이거나 인적인 힘을 보유한다. 이로부터 계급 대립이 잔존한다. 계급 국가에서 계급 대립이 소수의 다수에 대한 지배이었으나, 사회주의 국가에서 계급 대립은 다수의 소수에 대한 지배이다. 여기서 억압은 부분적인 것에 그친다. 따라서 사회주의 국가는 더 이상 온전한 계급 국가가 아니며, 다만 사멸해가는 계급 국가이다. 관료제의 잔존은 사멸하는 국가라는 주장과 맞물려 있다.

레닌은 마르크스가 1871년 파리 코뮌의 역사를 반성하면서 제시했던 단서들을 엄밀하게 분석한다. 레닌이 《국가와 혁명》에서 강조한 것은 다음과 같다.

- 성직자 권력을 분쇄하고 법관의 독립적인 권력을 폐지한다.
- 대의 기구는 의회적인 단체가 아니라 일하는 단체이다. 행정과 입법, 사법을 동시에 담당한다.

- 여러 지역에서 보통 선거를 통해 책임지고, 항상 소환 가능한 대표자를 뽑는다.
- 상비군을 무장 인민의 자발적인 조직으로 변화시킨다.
- 경찰과 관료 조직을 유지하되, 노동자의 임금을 지불하며 특권을 폐지한다.
- 국가 기능을 단순화하고, 기록이나 부기 검사에 한정하며, 누구나 수행할 수 있다.

이상의 구절들은 사회주의 국가가 자본주의 국가와 달리 자치의 형식을 강화하고 있다는 것을 보여 준다. 국가 행정상 핵심적인 영역이거나 상급 영역은 각 코뮌에서 선출된 대표자들이 직접 담당한다. 그들은 선출된 기간 동안만 책임지는 자치제이며, 입법 기구 아래 존재하는 다양한 위원회에서 활동하면서 국가 행정을 집행한다. 이런 이유 때문에 사회주의 국가는 모든 권력을 입법 기구 산하에 종속시켰다. 그래도 군대나 경찰, 하급 국가 조직은 여전히 존재한다. 이런 조직들은 전문 관료들에 의해 담당된다.

레닌은 부르주아 국가가 억압적인 독재로 전락하는 것은 특권적인 관료들 때문이라고 본다. 아무리 철저한 민주주의가 시행된다 하더라도 관료가 전문화되어 있어서 독립적인 경우라면 민주주의는 관료 기구를 감독하는 정도에 그칠 뿐이다. 결국은 관료들의 권력이 감독 기능을 넘어설 것이며, 국가는 관료적 독재로 전락할 것이다.

사회주의 국가는 기본적으로 관료제를 거부한다. 자치의 개념에 가능한 한 충실하기 위해서다. 물론 이행기에 필요한 관료들이 여전히 존재하지만, 관료들에게 부여되는 특권은 철저하게 배제된다. 사회주의 국가는 중앙 집중화가 되더라도 특권적 관료들이 무력화되고 제거되어 독재적인 억압은 일어나지 않는다. 사회주의 국가는 인민의 독재이지, 소수 억압적인 기구가 되지 않는다는 것이다.

"즉 선거제뿐만 아니라 언제라도 소환할 수 있는 제도, 노동자의 임금을 초과하지 않는 급료 지불, 누구나 통제와 감독의 기능을 수행하고 누구나 일시적으로 관료들이 되며, 따라서 어느 누구도 관료가 될 수 없게 하는 데로 즉시 넘어가는 것이 그것이다."[14]

모든권력은소비에트로

1914년 전쟁에서 러시아는 기대와 달리 독일에 무기력하게 패배했다. 패배한 병사들은 대오도 없이 수도로 흘러들어 왔으며, 곡창을 상실한 대가로 수도는 극심한 경제난에 휩쓸리게 되었다. 혁명적 선동이 다시금 부활했다. 1917년 2월 마침내 총파업이 벌어지면서 무장한 병사들과 노동자들의 공격으로 차르는 체포되었다.

러시아에는 이제 이중적 권력이 발생했다. 합법적 권력은 지방 신분 의회(젬스트보zemstvo)를 지배했던 자유주의자들에게 주어졌다. 임시 정부에게는 권력을 강제할 무력이 없었다. 물론 전선에 나간 군대가 있었지만, 독일과의 전쟁에 묶여 있었다. 반면 노동자 병사들은 부기를 가지고 있었으며, 소비에드를 통해 조직되었다. 그들에게는 실질적 권력이 있었지만, 권력을 행사할 생각이나 방법이 없었다. 두 권력 사이에 불안한 균형이 유지되었다.

망명지 스위스에서 급히 돌아온 레닌은 4월 테제를 발표하여 모든 권력이 즉각 소비에트로 이전되어야 한다고 주장했다. 레닌은 자신의 국가 이론을 통해 혁명의 와중에서 자연적으로 발생한 소비에트가 사회주의 사회의 배아라는 것을 이해했다. 당시 다른 혁명가는 심지어 소비에트 스스로도 소비에트가 국가의 원형이라는 것을 이해하지 못했다. 레닌이 정권을 장악한 결정적인 원인은 소비에트가 국가라는 것을 이해했기 때문이다.

소비에트의 다수 세력은 여전히 임시 정부를 지지하고 있었다. 임시 정부는 노동자, 병사, 농민 들의 근본적인 요구를 이해하지 못했다. 그 요구란 전쟁 중지와 평화 회복, 토지 재분배였다. 1917년 4월 18일 임시 정부의 외무상이 동맹국(프랑스)과의 약속을 지키겠다는 비밀 각서를 체결했다. 이것이 노동자 병사들에게 알려지자 동요가 일었다. 그들의 압력으로 임시 정부가 재구성되었다. 새로운 내각에는 사회혁명당(인민주의자)과 멘셰비키가 참여했다. 정부 수반은 자유주의자가 맡았다.

6월 초 러시아 소비에트 대회는 여전히 레닌의 주장을 거부했다. 임시 정부의 지지안이 다수로 통과되었다. 레닌을 비롯한 혁명적 노동자들의 대대적 시위는 임시 정부의 힘에 의해 진압되었다. 레닌은 다시 핀란드로 망명했으며, 많은 노동자들이 감옥에 갇혔다. 임시 정부는 전쟁 승리를 통해 권력을 확립하려는 의도에서 독일군이 장악한 갈리치아 지역을 공격하라는 명령을 내렸으나 독일군에 패배하고 말았다. 실패의 책임을 지고 자유주의자 리보프Georgii Evgen'evich L'vov가 물러나고 사회혁명당의 케렌스키 Aleksandr Fyodorovich Kerensky가 정권을 장악했다.

사회혁명당은 원래 인민주의이며 전쟁도 반대하고 토지의 분배도 약속했으나, 케렌스키는 즉각 이행할 생각이 없었다. 케렌스키는 독일이 제안한 굴욕적인 휴전 조건을 받아들일 수 없다고 보았다. 더구나 토지 분배도 헌법 제정 이후에나 가능하다고 생각했다. 전쟁에 반대하고 토지 분배를 요구하는 노동자, 병사, 농민의 불만은 점점 높아 갔다. 심지어 임시 정부에 참여한 사회혁명당이나 멘셰비키 내부에서도 분열이 일어났다. 임시 정부의 힘은 더욱 취약해졌다.

그때 러시아 혁명의 전체 상황을 일거에 반전시키는 사건이 벌어졌다. 전선에서 구체제의 복귀를 기다려 왔던 러시아 장군 코르닐로프Lavr Georgyevich Kornilov가 반란을 일으켰던 것이다. 그는 군대를 기차에 실어 수도로 보냈다. 임시 정부의 케렌스키는 코르닐로프의 반란을 막을 수 없었다. 수도의 노동자, 병사 들이 자발적으로 일어나 코르닐로프의 반란군을 막았다. 결과적으로 임시 정부는 휴지조각에 불과하다는 사실이 드러났다.

점차 혁명의 기운이 무르익었다. 농민들도 더 이상 기다리지 않았다. 농민들은 자발적으로 봉기를 일으켜서 영주들을 추방하고 토지를 재분배했다. 레닌이 기다리던 노농 동맹의 가능성이 분명하게 되었다. 9월부터 '모든 권력을 소비에트로'라는 구호가 다시 나타났다. 레닌은 이미 독일 같은 유럽의 제국주의 국가에서 내부 반란이 일어나고 있다는 것을 감지하고 있었다. 10월에 레닌은 가면을 쓰고 수도로 잠복했으며, 볼셰비키를 조직하여 무장 혁명을 준비했다.

10월 17일 발생한 무장 혁명은 거의 저항 없이 싱겁게 승리할 수 있었다. 레닌은 소비에트 대회를 소집하여 무조건적 평화와 토지 분배를 약속했다. 세계에서 처음으로 사회주의 혁명이 성공했다. 러시아 혁명 성공 이후 레닌주의가 사회주의 운동의 정통 노선이 되었다.

19세기 초의 모더니즘 문화

기본음들 사이의 대비나 충돌, 그것으로부터 생산되는 감정이라는 음악의 원리가 20세기 모더니즘이 발견한 몽타주 기법의 단초였다.

앞에서 언급했듯이 19세기 후반은 부르주아가 보수화되면서 공장 노동자 계급이 세력화되었던 시대였다. 노동 계급은 다양한 사상의 기치 아래에서 사회주의 운동을 적극적으로 전개해 나갔다. 적어도 제1차 세계대전 전까지는 희망의 시기였다. 유럽 각국의 노동 계급은 괄목할 만한 정치적 지위를 획득했다. 프랑스, 독일, 러시아에서 노동 계급은 부르주아와 정권을 다투기에 이르렀다.

1914년 제1차 세계대전이 터졌다. 이 전쟁은 제국주의 자본가들의 전쟁이었지만 각국의 노동 계급을 대표하는 지도자들도 일단의 전쟁 책임을 면하지 못했다. 레닌이나 룩셈부르크를 제외한 프랑스, 독일의 사회민주주의 지도자들은 대중의 민족주의를 향한 열광 앞에서 지도자로서의 책임을 방기하고 말았다. 더구나 제1차 세계대전 이후 러시아의 사회주의 혁명에 자극을 받아 독일, 헝가리 등 전 유럽 차원에서 벌어진 혁명 운동은 모두 실패로 돌아가고 말았다. 전쟁과 관련된 책임과 혁명 실패는 20세기 초 유럽의 희망이었던 사회주의 운동에 대한 신뢰를 추락시켰다. 각국의 사회주의 지도자들은 새로운 세대에게 순수성은 물론 능력조차도 의심받는 존재로 전락했다.

1930년대 들어 유럽에는 의회 민주주의의 위기를 틈타서 파시즘이 등장했다. 파시즘은 노동 계급의 사회주의 운동을 폭력적으로 탄압하면서 노동 계급의 성장으로 위기감을 느끼는 부르주아 보수층을 자기편으로 끌어들였다. 파시즘은 교묘한 민족주의 선전과 좌우를 포괄하는 이데올로기를 통하여 가난한 실업자, 방황하는 군 제대자 들을 포섭했다. 문 앞까지 도달한 파시즘의 위협 앞에서 사회주의 운동은 새로운 활로를 모색해야 했다.

신뢰를 상실한 구사회주의 지도자들 대신 이번에는 젊은 예술가들이 전면에 나서면서 아방가르드 운동이 등장했다. 제1차 세계 대전에 대한 책임, 전후 혁명의 실패, 점증하는 파시스트의 위협 앞에서 아방가르드 예술가들은 현실의 사회주의 운동이 혁명성을 상실했다고 보거나, 심지어 근본적으로 결함이 있다고 간주하게 되었다. 그들은 더 급진적인 혁명 전망이 필요하며, 더 근원적인 혁명적 힘이 필요하다고 보았다.

진리의 인식과 표현

아방가르드 예술가들은 실증 과학이나 이성적인 개념이 아닌, 예술이야말로 급진적인 전망을 제공해 주고 혁명적인 힘을 만들어 낸다고 믿었다. 실증성이나 개념을 통해서는 더 이상 진리를 얻을 수 없다. 진리는 상상력과 공감과 무의식적인 영감을 통해 직관적으로 얻을 뿐이다. 예술은 모든 직관적인 방법들의 보고이다. 이런 신념에는 당대를 풍미했던 메시아적 기대감의 영향이 컸다.

예술은 진리를 인식해서 혁명 전망을 제시하는 것 이상의 의미를 지닌다. 예술은 그 자체로 혁명적인 힘을 가져야 한다. 현실적인 무기를 지니지 못한 예술이 어떻게 그런 힘을 가질 수 있을까? 여기서 음악의 힘에 주목해 보자.

음악처럼 인간의 혼을 뒤흔드는 예술이 있을까? 단 한 번의 진동으로 인간의 내면 깊숙이 침투하여 심금을 울린다. 음악의 엄청난 위력에 관해서는 록 페스티벌에 모여든 수십만 팬들을 생각해 보면 쉽게 이해할 수 있다. 음악은 어떻게 엄청난 위력을 가지게 되는가?

음악은 일찍부터 사물의 재현적인 형상화를 넘어서 발전했다. 이미 18세기에 이르면 형상화에 기초한 표제 음악은 사라지고 절대 음악만 남는다. 절대 음악은 음의 요소를 단순화하여 기본음들 사이의 대비나 충돌을 통해 감정을 표현한다. '도, 미, 솔' 하면 기쁨을 표현하며 '레, 파, 라' 하면 슬픔을 표현한다. 표현된 음들은 듣는 사람의 마음에 어떤 형상을 재현하지 않는다. 듣는 사람의 마음에 작용하면서 감정을 직접 생산한다. 그 작용은 마치 외부의 힘이 전달되어 물체의 운동이 야기되는 것과 같다.

기본음들 사이의 대비나 충돌, 그것으로부터 생산되는 감정이라는 음악의 원리가 20세기 모더니즘이 발견한 몽타주 기법의 단초였다. 모더니즘은 음악 원리를 시나 회화, 영화 등에 이르기까지 적극 적용했다. 아방가르드 예술가들은 몽타주 기법으로 예술의 힘을 발견하게 되었다. 예술은 형상화를 통해 인간에게 어떤 것을 재현함으로써가 아니라 예술 요소가 인간의 마음에서 생산하는 힘을 통해 작용한다. 예술의 표현은 생산적인 힘으로 인간의 마음을 감동하게 하고 전복하며 재구성한다.

예술과 혁명

아방가르드 예술가들은 예술의 문제를 주관성의 문제와 연관시켰다. 현실 사회주의 운동이 타락하고 파시즘에게 패배했던 결정적인 이유는 무엇인가? 노동자 대중들이 물질적인 이익에 사로잡혀 제국주의 열광에 빠졌기 때문이다. 그들이 혁명적인 계급의식을 상실하게 된 것은 주관성 자체가 이미 부르주아 체제의 요구에 적합하도록 구조화되어 있기 때문이 아닌가? 아방가르드는 이를 의식의 물화 또는 인간의 자기 소외라고 일컬어 왔다.

문제는 어떻게 경직되고 물화된 의식을 깨뜨리고 혁명 의식을 해방할 수 있는지다. 아방가르드는 예술이, 예술의 음악 원리가 야기하는 생산적인 힘이 그 가능성을 보여 준다고 생각했다. 아방가르드 예술가들에게 예술은 삶의 주변을 장식하는 형식적인 치장도 아니었으며, 과학적인 인식을 먹기 좋게 포장하는 감성적인 포장지도 아니었다. 그들은 예술에 있어서 고전주의도 리얼리즘도 반대했다. 그들에게 예술은 사회를 바꾸는 힘이 되어야 했다. 예술은 단순히 혁명적인 주장을 선전하는 수단이 아니라 예술 자체로 혁명인 것이다.

예술은 어떤 현실적인 혁명보다도 근원적인 혁명이어야 했다. 마치 고흐가 '회화가 사랑의 유일한 실천'이라고 생각했듯이 예술은 유일한 혁명이 되어야 했다. 예술의 혁명적인 힘은 예술이 물화되고 소외된 인간의 내면을 단 한 번의 진동으로 전복하는 힘에 기초하는 것이다.

예술과 생활

아방가르드 예술가들은 예술 속에서 혁명적인 전망과 무한한 힘을 보았다. 반면 현실 속에서의 예술은 하나의 상품으로 전락하면서 그 자체가 하나의 물화된 형식을 지니게 되었다. 예술은 부르주아지의 실내를 장식하는 수집품으로 전락했다. 예술의 전망과 힘을 찾기 위해서는 예술 자체의 물화된 형식을 깨뜨리고 예술 자체를 해방할 필요가 있었다. 아방가르드 예술가들이 일차적으로 주목했던 것은 생활 예술이었다. 예술가들은 일상생활에서 자주 부딪히는 생활용품에 예술적인 기능을 부여하려 했다.

생활용품 중에 가장 대표적이며 종합적인 것이 건축이다. 건축은 생활 예술의 백미에 해당한다. 예술-공예 운동으로 시작된 생활 예술 운동은 1920년대 중반 바우하우스 운동에서 절정을 이루었고, 후일 혁명 러시아에서의 구성주의 운동으로까지 발전한다. 아방가르드는 노동자 대중들이 건축과 다양한 생활용품을 통해 의식의 진정한 해방에 이르고 전 사회가 혁명화되기를 기대했다.

예술의 자기비판

1920년대 후반 생활 예술 운동이 한계에 부딪히자 아방가르드는 물화된 전통적인 예술을 파괴하는 운동으로 전환했다. 결정적인 역할을 담당했던 것이 다다이즘이었다. 그들은 부르주아 체제 내에서 장식품이 된 예술의 표현 기법, 생산 방식, 예술가로서의 삶, 예술의 유통과 소비, 예술의 의미와 역할을 파괴했다. 그들은 지금까지 당연하게 여겨져 온 예술성의 문제에 관해 작품을 통해 물음을 던져 예술을 전통적인 구속에서 해방하고자 했다.

아방가르드의 예술 파괴 운동은 예술 자체의 순수한 자기 파괴에 그치는 것은 아니다. 그것은 사회적인 억압에 종속한 예술의 역할을 비판하는 것이며, 나아가 예술의 해방으로 사회 혁명을 이루려는 혁명 의식의 발로로 간주해야 할 것이다.

주요 집단들

세부적으로 들어가 모더니즘에 속하는 주요 집단들을 기법 중심으로 살펴보자.

표현주의

표현주의 회화는 대체로 거칠고 원색적인 색채, 두꺼운 윤곽선, 형태의 극단적인 왜곡이나 과장 등을 특징으로 한다. 그 작품들은 마치 신경증 환자의 강박 행동을 보여 주는 듯하다. 표현주의는 강박 이미지를 통해 당시 인간의 내면에 가득한 소외감과 불안을 드러내려 했다.

표현주의 기법이 여기에 한정되는 것은 아니다. 표현주의자는 모더니즘에 일반적으로 등장하는 몽타주 기법을 보여 준다. 원근법 공간은 파괴되었으며, 평면화된 이미지들이 공간적으로 병치되고, 심지어 충돌하면서 새로운 공간을 창출한다. 구체적인 사물의 형태 속에 엄격하게 구속되었던 이미지들도 사물의 형태를 점차 탈출하기 시작한다.

뭉크, 사춘기, 1894년

칸딘스키의 추상화

러시아 태생인 칸딘스키Wassily Kandinsky는 1910년대부터 독일의 뮌헨으로 이주하여 마르크Franz Marc 등과 더불어 표현주의의 한 분파인 '청기사' 운동에 가담했다. 그는 점차 구체적인 형상을 버리고 색채와 형태로만 이루어진 순수 추상화로 넘어갔다.

칸딘스키는 시대가 물질주의적 악몽에 사로잡혀 있다고 생각한다. 시대의 모든 불행과 부조리는 물질주의에서 비롯되는 것이다. 그에 의하면 이미 '광대한 어둠 가운데 하나의 작은 빛'이 떠오르고 있다. 물론 희미한 빛은 아직은 예감일 뿐이고, 영혼은 빛을 직시할 용기조차 내지 못하지만, 머지않아 정신적인 빛이 온 세상에 퍼지게 되리라.

칸딘스키가 말한 정신적인 빛은 어떻게 포착될 수 있을까? 합리적인 이성에 의해 포착될 것인가? 아니다. 그는 신지학神智學[15]에 기초하여 새로운 정신의 빛은 이성이 아니라 직접적인 체험인 느낌을 통해서 파악된다고 본다. 이 느낌은 '불가사의하게 우리 내부에 심겨 있는 시각'이다. 인간은 내면의 눈을 통해 정신적인 빛을 '내적인 음향', 또는 '내적인 필연성'으로 느끼게 된다.

예술은 다름 아닌 느낌 속에 도달한 정신적인 빛을 물질적인 매체로 표현하는 것이다. 그럼으로써 예술은 '영혼에 이르는 다리'이며, 예언적인 힘과 넓고 깊게 작용하는 각성의 힘을 가지게 된다. 따라서 예술은 새로운 사회 개혁을 이끌어내는 실천적인 힘을 가진다. 예술가는 "조롱과 증오 아래서 돌 속에 박혀 움직이기를 거부하는 인류라는 수레를 항상 앞으로, 그리고 위로 이끄는"[16] 임무를 맡고 있다.

　그렇다면 예술가는 포착된 정신적인 빛을 구체적으로 어떻게 표현할 수 있을까? 칸딘스키는 표현 방법이라는 측면에서 음악에서 배워야 한다고 본다. 음악의 음은 자연적이고 물질적인 음이 아니다. 음악의 음은 순수하고 독자적인 생명을 지닌다. 음악은 순수한 음들의 배열로 느낌 속에 포착된 정신의 빛을 표현한다. 그러기에 음악은 어떤 예술보다 직접적으로 인간의 감정을 이끌어내고 영향을 준다. 음악은 어떤 예술보다 강한 힘을 지닌다.

칸딘스키, 〈인상 5-공원〉, 1911년

음악의 방법은 상징주의 문학에서도 이미 사용되고 있었다. 상징주의에서 단어는 직접적인 지시 의미를 상실한다. 단어는 순수한 음향 자체로 고유한 울림을 가지고 있다. 단어들은 서로 상호 작용을 하면서 내적인 필연성, 정신의 빛을 표현한다. 단어들은 마음속에 직접적인 인상을 남기며, 마음의 진동을 야기한다. "종소리, 떨어지는 널빤지 소리 등에 의해 생긴 영혼의 전율보다도 더 복잡하고 초감각적인"[1] 울림을 가진다.

회화에서도 음악의 방법이 응용되고 있다. 칸딘스키는 대표적인 예로 세잔Paul Cézanne이나 마티스Henri Émile Benoît Matisse를 들고

세잔, 생트 빅투아르 산, 1904년

있다. 그는 세잔이나 마티스 등이 이용한 음악의 방법을 더욱 발전하기 위해서는 회화의 기본적인 매체를 자체적으로 분석해서 고유한 힘을 찾아내야 한다고 본다. 회화는 색채와 점, 선, 면만으로 이루어진다. 회화는 기본적인 요소들의 리듬과 수학적이며 추상적인 구성을 추구한다.

색채와 형태의 리듬과 구성이 정신적인 것을 표현한다. 그 과정에서 구체적인 형상은 외적으로 부착되어 연상되는 의미 때문에 매체의 작용을 오히려 방해하고 감추어 버리므로 순수한 매체의 질서를 파악하기 위하여 제거되어야 한다. 이와 같은 회화 매체의 질서, 리듬과 구성은 합리적으로 계산되는 것은 아니다. 순수한 느낌 속에 포착된 정신의 빛, 즉 내적인 음향에 의해 조절되어야 한다.

바우하우스 운동

20세기 초 모더니즘 건축가들은 유토피아를 건축으로 직접 구현하고자 했다. 그들은 19세기 말 부르주아들이 지었던, 장식적이고 화려하며 권위적이고 둔중한 공공건물을 경멸했다. 거기에는 부르주아의 천박한 물질주의와 중앙 집권적인 관료주의가 드러난다는 것이다. 그들은 부와 권력을 과시하는 공공건물보다는 생활 공간의 건물을 우선시했다. 그들은 노동자들의 집단 주거지와 새로운 도시 계획을 위해 전력투구했다. 건물은 최고로 합리적인 기능을 수행해야만 했고, 대량 생산 방식으로 값싸게 지어져야 했다.

모더니즘 건축가들이 건축에 단순히 과학적인 합리성만 요구했던 것은 아니다. 건축은 또한 정신의 표현이어야 했다. 그들은 엄격한 수도승 같은 건물을 요구했다. 모든 장식을 배제한 기하학적인 건물이 건축의 지도 이념으로 부상했다. 그들은 수직적인 철제 골조, 기하학석인 형태, 반짝이고 두명한 유리를 즐겨 사용했다. 그런 것들이 노동자들의 유토피아를 향한 열정을 상징적으로 표현하는 것으로 보았기 때문이다.

과학적인 합리주의와 유토피아를 향한 동경의 신비한 결합이 모더니즘 건축의 기본 개념이다. 노동자들은 건물 안에서 건강하게 생활하고, 집단적인 삶을 살며, 건물에 구현된 유토피아 정신에 감화되어 혁명 사회 건설에 매진할 것이다. 그들에게 건축이란 혁명의 촉진제이자 혁명 자체였다.

유토피아를 예술로 현실 속에 직접 건설하려는 운동은 1918년 바우하우스 운동으로 절정에 이르렀다. 모더니즘 건축의 지도자인 그로피우스Walter Adolph Gropius가 주도하고 칸딘스키 같은 추상화가, 수도승 이텐Johannes Itten이 그 운동을 이끌어 갔다. 바우하우스 운동은 예술과 과학적인 생산, 사회 혁명을 하나로 통합하려는 야망을 가졌다. 그들에게 건축은 공업적으로 대량 생산되어야 했다.

건축은 노동자들의 일상적인 삶의 장소가 아닌가? 그러므로 건

르코르뷔지에, 빌라 사보아, 1931년

축은 과학적으로 기능적이어야 하며, 동시에 유토피아적인 열정을 상징하는 것이어야 했다. 노동자들은 이런 건축에서 사는 동안 유토피아에 감화되고, 삶과 사유는 이념에 의해 재조직될 것이다. 마침내 노동자들이 혁명에 나설 것이고, 그러면 현실 속에 유토피아가 실현될 것이다.

바우하우스 운동은 1919년 세워진 바이마르 공화국의 이념과 직결되어 있었다. 나치가 등장하고 바이마르 공화국이 몰락하면서 함께 몰락하지 않을 수 없었다.

피카소의 입체화

20세기 초의 문화 혁명에서 피카소Pablo Picasso만큼 커다란 영향을 미친 화가는 없었으리라. 1906년 그가 발표한 〈아비뇽의 처녀들〉은 기념비적인 작품이다. 그는 전통적인 회화 공간을 파괴했다. 전통적인 회화 공간은 이른바 원근법 공간이다. 단안 시점에서 보이는 사물의 모습을 평면에 투영해 왔다. 그는 다중 시점에서 보이는 모습들을 동시에 병치시켰다. 그는 다중 시점의 병치를 통해서 새로운 회화 공간을 창출했다. 그의 회화 공간은 마치 꿈의 공간처럼 보인다. 각각의 이미지들은 다른 이미지들을 환기하여 전체 회화 공간은 꿈으로 부풀어 오르는 듯한 느낌을 준다.

피카소의 위대함은 새로운 회화 공간을 창출했다는 것 이상이다. 그는 새로운 회화 공간을 통해 근본적으로 '그리다'라는 행위가 무슨 의미인가 하는 물음을 제기한다. 전통적인 회화는 원근법을 이용하여 사실감을 주도록 관람자를 속인다. 관람자가 회화의 주관인 양 기만한다. 전통적인 의미에서 관람자는 회화 앞에 수동적으로 마주 서기만 하면 된다. 피카소는 회화가 보는 것이 아니라 읽는 것임을 알려 준다. 관람자는 회화의 부분적인 이미지를 따라 읽고 마음속으로 상상해야 한다.

눈으로 읽는다는 측면에서 브라크Georges Braque는 피카소의 회화를 '촉각으로 감지할 수 있는 공간'이라고 규정했다. 관람자는 수동적인 관찰자가 아니라 화가의 작업에 능동적으로 참여하는

피카소, 꿈, 1932년

자여야만 한다. 피카소는 관람자를 회화의 진정한 주관으로 내세웠다.

피카소는 여기서 멈추지 않았다. 그는 콜라주 기법을 도입했다.

전통적으로 회화에서 색깔과 형태는 상호 어울리는 것이었다. 색깔은 항상 형태에 의해 제한됐고, 형태는 색깔에 의해 구분되었다. 콜라주 기법은 회화의 기본 요소들인 색깔이나 형태조차 상호 분리한다. 그것들은 서로 합쳐지지 않고 서로 독립적으로 존재하면서 상호 작용한다. 회화에서 서로 분리된 요소들의 화음이 코러스가 되고 오케스트라가 된다. 각 요소가 만나면서 이미지들의 중첩이 일어나고, 이미지늘은 서로 환기하고 서로를 향하여 부풀어 오른다. 사랑하는 남녀의 마음이 서로를 향하여 부풀어 오르듯 말이다.

피카소는 콜라주 기법을 더욱 확대하여 아상블라주assemblage를 시도했다. 신문지 조각, 담뱃갑, 벽지, 헝겊, 고철 가락 등이 평면 위의 색깔이나 형태 옆에 붙여진다. 어떻게 보면 다중 시점의 이미지를 중첩하는 입체파의 기법을 확장한 것이다. 그는 시각 이미지 외에도 촉각적이며 청각적인 이미지들까지 중첩하려 했다.

회화가 아상블라주 기법으로 확장되자 새로운 문제의식이 드러났다. 전통적인 회화 매체인 색깔이나 형태에 대한 집착을 파괴하는 것이다. 회화는 다양한 물질 재료로도 가능한 것이 되었다. 거꾸로 본다면 일상생활에서 발견되는 물질이 일상생활의 맥락에서 떨어져 나와 미의 차원에서 존재를 새롭게 획득하게 된다. 후일 뒤샹Marcel Duchamp의 〈샘〉에 의해 제기되는 미학적인 물음은 피카소에게서 이미 암시되었다.

이제 회화와 현실의 경계가 무너진다. 회화는 더 이상 현실의 재현이나 모방이 아니라 그 자체가 고유한 실재를 가지게 된다. 피카소의 시도는 후일 모더니즘의 문화 혁명에 거대한 영향을 미쳤다. 다중 시점의 병치, 다양한 감각의 중첩, 회화의 재발견, 독자의 주체화 등 요소들은 20세기 문화 혁명에서 핵심적인 문제가 되었다.

다다이즘의 활동

다다이즘은 피카소에 의해 제기된 예술의 의미와 역할이라는 물음을 더욱 심화시켰다. 제1차 대전 후 참혹한 전쟁에 끌려나가 간신히 목숨을 구한 청년들은 기성세대들의 위선과 기만에 분노하였다. 전후 분노한 젊은 예술가들은 예술의 전통적인 의미나 역할을 부정하였다. 이것이 다다이즘이 출현하는 계기였다.

부르주아 예술은 주로 원근법적인 구도나 인과적인 내러티브로 현실을 재현했다. 예술의 구성 장치가 관람자의 주관성을 재구성함으로써 관람자는 예술을 구성하는 장치들을 보지 못하게 된다. 예를 들어, 관람자는 회화의 원근법적인 소실점에 서게 된다. 소실점에 서면 관람자는 회화의 원근법 구도를 보지 못한다. 관람자는 오히려 평면 위에 그려진 회화가 아니라 실재하는 현실을 본다는 환상에 빠진다.

예술을 구성하는 장치들이 눈에 보이지 않고 투명하게 되는 것과 예술이 지닌 환상적인 현실감은 밀접하게 연관되어 있다. 이런 예술은 특정한 방식으로 재현된 현실을 자연스러운 현실처럼 여기게 만들면서 역사 현실을 자연적인 사물로 물화시키는 데 기여한다. 부르주아 예술을 투명하게 만드는 구성 장치인 원근법적인 구도나 인과적인 내러티브는 이데올로기 효과를 야기한다. 예술은 내용에 앞서서 이미 형식인 구성 장치에서 기존 체제에 봉사하는 시녀로 전락했다.

전쟁이라는 도살장을 간신히 빠져나온 젊은 예술가들은 예술에서 은닉됐던 투명한 구성 장치들을 적극적으로 드러내려 했다. 그들은 이를 통해 이데올로기 효과를 무력화시키려 했던 것이다. 그럼으로써 그들은 부르주아 예술의 구성 장치에 의해 재구성되는 관람자들의 부르주아 주관성을 파괴하고자 했다.

다다이즘의 기수 차라Tristan Tzara는 자루 속에서 무작위로 선택된 인쇄물들을 연결해서 작품을 만들었다. 슈비터스Kurt Schwitters는 거리에서 모은 기이한 물건들을 한데 모아 건축물을 세웠다. 무작위 선택이란 예술의 구성 장치나 이를 통제하는 작가성 자체를 거부하는 것이 아닐까?

뒤샹은 최고의 예술품인 〈모나리자〉의 복사물에 수염을 그려 넣고 'L.H.O.O.Q(그녀는 뜨거운 엉덩이를 가지고 있다)'라고 써넣어 신성화된 예술품을 모독했다. 심지어 시장에서 판매하는 변기를 전시장에 거꾸로 세워 〈샘〉이라는 이름을 붙였다. 마그리트René François Ghislain Magritte는 파이프를 그린 회화에 '이것은 파이프가 아니다'

라는 글자를 써넣었다.

마그리트의 시도는 하나의 구성 장치(회화 장치)에 또 하나의 구성 장치(언어 장치)가 충돌하게 함으로써 지금까지 감추어졌던 예술의 구성 장치를 폭로하려는 의도가 아니었을까? 다다이스트의 시도는 지금까지 예술이 지닌 환상적인 현실감을 파괴한다. 붉은 색이 피를 의미하는 것이 아니라 그저 빨간 물감이듯이, 회화는 현실의 재현이 아니라 색깔의 구성체인 회화일 뿐이다.

다다이스트의 실험은 예술적 환상을 파괴하는 것에 그치지 않는다. 그들은 적극적으로 정치 실험에 나섰다. 베를린 다다이스트가 대표적인 예이다. 전후 베를린에는 사회주의 혁명이 폭발했다. 독립사회노동당, 스파르타쿠스단[18] 등은 러시아 혁명을 모델로 봉기를 일으켰다. 봉기의 최선두에 섰던 사람들 가운데 베를린 다다이스트들이 있었다. 베를린 다다이스트들은 적극적으로 현실에 대해 발언했다. 그들은 1918년 베를린 '다다 선언'에서 가장 뛰어난 예술은 "어제 있었던 충돌 사고로 잘려나간 사지를 다시 끌어모으는 것"이 되어야 하며, "삶의 본질을 불태워 우리의 살과 피로 만드는 예술"[19]이 되어야 한다고 선언했다.

그들이 사용했던 기법은 포토몽타주였다. 에른스트Max Ernst는〈살인마 비행기〉에서 벌판을 폭격하는 비행기 사진에 유혹적인 여인의 가느다란 팔을 붙여넣었다. 회흐Hannah Höch는〈예쁜 정부情婦〉에서 예쁜 정부라는 이미지에 베엠베BMW 자동차의 부품 이미

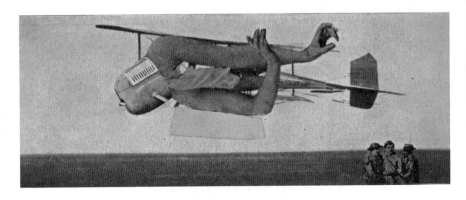

에른스트, 살인마 비행기, 1920년

지를 채워 넣었다. 그들은 예술이 현실을 직접 비판하는 무기, 대중들을 선동하는 외침이 될 수 있다고 보았다.

초현실주의

초현실주의 발생에는 차라와 같은 다다이스트의 영향이 매우 컸다. 초현실주의자는 처음에는 다다이스트와 함께 활동하였다. 1922년부터 두 그룹 사이에 균열이 시작되어 1924년 브르통André Breton이 '초현실주의 1차 선언'을 발표하면서 결정적으로 갈라졌다.

세계대전과 연이은 사회주의 혁명의 실패는 노동 계급의 경직성에 대해 깨우침을 주었다. 초현실주의 이론가인 브르통은 예술은 권력뿐만 아니라 삶을 변화시켜야 할 의무가 있다고 생각하였다. 이를 위해 우선은 기존 체제에 의해 경직된 주관성이 해체되어야 하고, 이성적인 합리성이나 부르주아 도덕과 같은 억압 기제에서 해방되어야 한다고 보았다.

초현실주의는 부르주아 미학인 사실주의를 비판했다. 사실주의는 실재의 영역을 제한하여 앞으로 존재할 수 있는 것을 사실로 받아들이지 않는다. 사실주의는 이미 존재하는 것만을 사실로 받아들인다. 사실주의는 결국 기존 세계만을 유일하게 가능한 것으로 옹호할 뿐이다. 사실주의는 관람자들이 기존 현실 속에서 만족하면서 살아가도록 만든다.

초현실주의는 억압되지 않은 근원적인 주관성의 자유로운 불꽃을 발견하고자 한다. 근원적인 자유의 주관성 속에서 사물은 지금까지와는 전혀 다른 연관을 이루고 있다. 사물의 연관은 경직된 주관의 눈에는 은폐되고 보이지 않는다. 인간은 이런 연관에 우연히 부딪힐 수 있다. 이때 기존의 모든 세계가 흔들리고 전율하는 경이가 출현한다. 전율하는 경이는 자유롭고 근원적인 주관성 속에 진정한 연관이 드러나는 순간이다. 예술가는 경이의 체험을 전달하며, 오직 이것만이 예술적으로 전달할 가치가 있다.

예술은 경이의 표현이어서 어떤 실용적 목적도 갖지 않는다. 예술은 경이 속에서 근원적인 주관성의 자유로움을 직접 체험하는 것을 목적으로 하며, 근본적으로 유희적이다. 주관성의 자유로움을 체험하면 경직된 부르주아 주관성은 해체되고 새롭게 형성된다.

그렇다면 경이로운 순간을 어떻게 만날 수 있을까? 브르통은
이 순간을 무의식에서 발견하였다. 무의식은 지금까지 금지된 영
역이었다. 무의식은 표면적인 의식에서 은폐된 여러 가지 관계들
의 망을 파헤침으로써 세계의 근원적인 연관들을 드러낸다. 이 점
에서 본다면 브르통의 무의식 개념은 프로이트Sigmund Freud보다는
오히려 19세기 낭만주의에서 영향을 받았다.

브르통

브르통은 무의식이 예견의 힘을 지녔다고 보며, 꿈이나 광기도 진리를 발견하는 도구로 이용하려 하였다. 그에 의하면 꿈은 예술로 나가는 문이다. 꿈속에서 본능적인 충동이 말문을 열며, 구애받지 않는 진실의 상태가 열린다. 비자발적인 형태로 나타나는 노이로제도 마찬가지이다. 노이로제는 비록 영혼의 어두운 부분 때문에 고통스럽지만, 사회 현실, 인간의 본성과 예술의 정체를 밝혀 준다. 브르통은 무의식적인 예술이 아동이나 원시인의 예술에서도 나타난다고 본다.

브르통은 무의식으로 들어가는 장치로 자동기술법을 개발했다. 자동기술법은 프로이트의 자유 연상법과 유사하다. 자동기술법은 정신을 집중시켜 가장 수동적이고 가장 감각적인 상태에 도달한다. 그것은 미리 생각한 주제 없이, 의식의 검열을 피하기 위하여 썼던 것에 다시 주의를 기울이지 않고, 아주 빠른 속도로 써 나가는 방법이다.

초현실주의자가 무의식의 세계에서 발견한 것은 어떤 것인가? 무의식의 세계에 감추어진 것은 광포한 성적 욕망이다. 성적 욕망은 억압적인 세계를 뚫고 나오는 것이어서 억눌리고 거칠고 파괴적이다. 파괴적인 욕망의 이미지는 달리Salvador Felipe Jacinto Dali의 회화에서 확인된다. 달리에게 여자의 이미지는 대체로 얼굴이 없으며, 아름다운 희생자로 전시대에 걸리거나, 사슬에 묶인 상태나 마네킹의 형태로 나타난다. 이와 같은 이미지들은 강간과 폭력과 같은 성적 환상을 불러일으키며 여자에 대한 두려움, 섹스의 공허와 좌절을 보여 준다.

베르그송과 이미지 기억

깊은 숲속의 나무 앞에 서서 조금만 귀 기울이며 응시하고 있으면 내가 곧 그 나무가 되어 버린 듯하다. 나무가 숨 쉬는 소리가 들리고, 나무가 꾸는 꿈이 보인다.

✳

모더니즘 예술은 앞에서 지적했듯이 부르주아 주관성을 해체하고 진리가 현현하는 근원적인 주관성에 이르고자 한다. 모더니즘의 이런 지향성은 20세기 초 모더니즘 철학과 영향을 주고받았다. 지금부터 모더니즘 철학의 대표로 베르그송Henri Louis Bergson 철학과 하이데거Martin Heidegger의 실존 철학을 다루고자 한다. 두 철학은 고전적인 부르주아 주관성의 개념, 즉 세계를 지배하는 보편적인 주관성의 개념을 해체한다. 베르그송은 그 대신 직관적으로 주어지는 의식의 흐름을 제시하며, 하이데거는 실존적 주관성을 제시한다.

베르그송은 19세기 말 지배 철학인 실증주의와 공리주의, 진화론 등을 비판하였다. 이때 그에게 깊은 영향을 주었던 사상이 유태교 신비주의인 카발리즘Kabbalism[20]이다. 카발리즘은 성경의 언어를 신이 내린 계시로 해독하려 했다. 카발리즘은 구원은 개인적인 것이 아닌 인류의 구원이고, 메시아의 대리인이 지상에 천국을 세움으로써 완성된다고 보았다.

카발리즘은 동구 유태인에게서 유래했다. 동구 유대인이 19세기 말에 탄압을 피해 자유로운 서구로 흘러들어 오면서 카발리즘이 함께 유입되어 서구 유대계 지식인들에게 광범위한 영향을 미쳤다. 근대 초에 서구로 이주했던 유대인들은 계몽주의를 받아들여 서구인들에게 동화되어 갔으나, 20세기 초에 이르러 한계를 깨달았다. 그들은 유대교 근본주의로 되돌아가려 했고, 여기에서 카발리즘이 주요한 의미를 지니게 되었다.

　카발리즘은 독일에서 신학자 부버Martin Buber에게 영향을 미쳤으며, 후일 베냐민Walter Benjamin과 아도르노Theodor Wiesengrund Adorno

베르그송

와 같은 모더니즘 철학에 깊은 영향을 미쳤다. 프랑스에서는 베르그송의 직관주의적인 철학에 영향을 미쳤다.

지성과 직관

베르그송에 의하면 인식의 원천은 두 가지이다. 하나는 지성이고, 다른 하나는 직관이다. 행동의 세계 속에 살아가는 대부분의 인간은 지성으로 사물을 파악한다. 지성은 사물에 외부적으로 접근한다. 일정한 관점에서 자신의 생존에 필요한 것만 보며 결과는 어디까지나 상대적이다. 각자는 서로 다른 관점에 서서 각기 사물의 일면만을 본다. 지성은 이처럼 다양한 관점에서의 인식들을 종합한다. 다시 말해 다양한 인식 가운데 공통적인 개념을 추상해 낸다. 이 보편적인 개념이 사물의 본질로 간주되며, 각각의 구체적인 사물은 공통적인 개념을 포함하면서도 개별적인 차이를 가진다.

지성은 근대 과학과 계몽주의의 기반이 되었던 실증주의 철학의 바탕이었다. 베르그송은 지성의 활동이 순환 논증의 오류를 범하고 있다고 비판한다. 공통적인 개념은 이미 주어진 개별적인 사례들로부터 추상된다. 어떤 것들이 사례로 간주되는가? 사례를 선택할 때 이미 선택하는 사람의 마음속에 일정한 개념이 독단적으로 전제되어 있다.

기존 개념을 벗어나는 어떤 새로운 사례가 발견되었다 하자. 그러면 지성은 새로운 사례를 기존 개념에 억지로 끼워 맞추어야 한다. 아니면 그 사례를 포함한 전체 사례들에서 추상된 새로운 개념을 찾으려 할 것이다. 이 경우 새로운 개념을 찾았더라도 이전의 개념과 서로 비교할 수가 없다. 두 개념은 서로 다른 사례들에서 추상된 것이니까 서로 다른 범주의 사물들에 적용되기 때문이다. 결국 지성은 억지로 끼워 넣거나 전혀 다른 범주로 이동해야 하는데, 어느 것도 문제가 있다. 지성은 항상 자신의 개념 외부에 부유하는 이단적인 사례를 가지게 된다. 지성은 부유하는 이단적인 사례에서 위협을 받으면서도 배제하지는 못한다. 지성은 여기서 무기력하다.

예를 들어, 동성애자를 이해하지 못하는 사람들이 겪는 어려움을 보자. 지금까지 성관계는 양성애 모델로 파악되었다. 남자가 있고 여자가 있으며, 각자는 성적인 교섭에서 일정한 역할을 행한다. 기존 개념 밖에 동성애자들이 존재한다. 양성애 모델을 가지고 사유하는 대부분의 사람들은 동성애를 양성애의 변형으로 파악한다. 동성애자 가운데 일부는 남자이면서 여성의 역할을 행하거나 여자이면서 남성의 역할을 행한다는 것이다. 이것이 과연 올바른 동성애 이해일까? 동성애자들은 자기들 사이에 남성과 여성의 차이나 역할 구분이 없다고 말한다.

동성애를 이해하기 위해 성관계를 좀 더 넓은 의미로 규정해 보자. 동성이든 이성이든 성기의 교접 없이 어떤 육체적인 접촉으로 얻는 쾌락을 성관계라고 하자. 그러면 양성애와 동성애를 포괄하게 되지만, 이것이 양성애 모델로 파악된 성관계와 같은 종류일까? 성기의 교접이 없는 육체관계는 소년이나 소녀들이 즐기는 동성 간의 다정한 우정과 같은 종류에 속하는 것이 아닐까? 결국 동성애는 성관계에서 배제될 수도, 포함될 수도 없는 부유하는 이단적인 사례가 된다.

　실재의 본성은 지성으로 인식할 수 없다. 베르그송은 인간에게는 지성과 달리 직관 능력이 존재한다고 본다. 철학에서 감각이나 지각 등을 직관에 집어넣기는 하지만, 베르그송이 말하는 직관은 다른 의미이다. 그것은 사물의 본질을 직관하는 능력으로, 예술가 공감이라고 부르는 것과 닮았다.

　우리는 때때로 사물에 공감한다. 깊은 숲속의 나무 앞에 서서 조금만 귀 기울이며 응시하고 있으면 내가 곧 그 나무가 되어 버린 듯하다. 나무가 숨 쉬는 소리가 들리고, 나무가 꾸는 꿈이 보인다. 나무가 치솟아 오르면서 보여 주는 하늘이 눈에 보인다. 조금 더 있으면 나무와 새, 빛이 서로 어울리면서 이루어 내는 교향악이 들린다. 빛을 받아 나무는 푸른 이끼를 만들어 내고, 새가 푸드득거리면서 앉아 나뭇잎이 된다. 사물에 대한 공감은 예술가들의 상상력이 만들어 낸 환상에 지나지 않을까? 예술가들은 자신의 공감을 오히려 진정한 것으로 여긴다.

보통의 인간에게도 같은 능력이 있었지 않을까? 다만 보통의 인간은 그 능력을 사용하지 않다 보니 퇴화해 버린 것이 아닐까? 대부분의 사람들은 자기 귀를 움직이지 못한다. 집중해서 노력하면 누구나 어느 정도는 자기 귀를 마음대로 움직일 수 있다. 본래 인간에게는 대부분의 동물과 마찬가지로 귀를 움직이는 능력이 있었기 때문이다.

그렇다면 인간에게서 직관 능력이 퇴화하고 반대로 지성이 발달한 이유는 무엇일까? 베르그송에 의하면, 그것은 실용적인 목적 때문이다. 살아가기 위해서는 생존에 필요한 부분을 스냅숏 snapshot 할 필요가 있다. 그렇지 못한다면 인간은 무한히 다양하고 복잡한 정보의 홍수 속에서 어쩔 줄을 모를 것이다. 지성은 생존에 유효한 정보만을 순간적으로 포착한다. 그 결과 인간은 어떤 동물보다 탁월하게 자연에 적응하였다. 인간은 직관보다는 오히려 지성을 발달시켰다. 지성이 발달한 대가로 사물에 공감하는 직관 능력이 퇴화했다.

그럼 예술가에게서 직관이 발전한 까닭은 어디에 있을까? 예술가들은 사물에 대해 실용적인 관점을 가지지 않는다. 그들은 무관심한 태도로 순수하게 사물에 접근한다. 이것을 미적인 태도라 하거니와, 예술가들은 미적인 태도를 취하면서 본래 있었던 직관 능력을 발달시켰다. 베르그송은 누구나 예술가의 미적인 태도를 취한다면 직관 능력을 발전시킬 것이라고 한다.

순수지속으로서의 시간

직관에 의해 포착되는 실재 세계는 어떤 모습을 가지고 있을까? 지성의 활동으로 규정된 근대 과학의 세세에서 사물은 추상적인 시공간 속에 들어 있다. 시간은 재깍거리면서 쉼 없이 균일하게 흘러간다. 공간은 어디를 가도 그냥 텅 비어 있다. 시간은 어제나 오늘이나 균등하게 흘러가고 여기 공간이나 저기 공간은 오직 펼쳐져 있다는 하나의 성질만을 가지고 아무런 차이도 없이 존재한다. 시간과 공간은 단 하나이면서 텅 비어 있어서 모든 사물들이 들어가는 커다란 그릇이다. 그 속에서 사물들은 기계적으로 관계한다. 가만히 놓아두면 영원히 그대로 있는데, 외부에서 충격을 받으면 그만큼만 정직하게 가차 없이 움직인다. 그리고 그만이다. 충격이 없어지면 늘 그대로 거기 있다.

베르그송은 근대 과학이 보여 주는 추상적인 시공간과 기계적인 관계에 의문을 품었다. 과연 그것이 실재의 모습일까? 그렇지 않음을 보여 주는 경험이 있다. 시간은 갑자기 흘러가 버리고 다시는 오지 않기도 한다. 마치 사랑이 그렇듯이. 타인들의 공간은 들어가기가 무섭다. 타인의 시선이 비수가 되어 꽂히는 것 같

ESSAI
SUR
LES DONNÉES IMMÉDIATES
DE
LA CONSCIENCE

THÈSE POUR LE DOCTORAT
PRÉSENTÉE
À LA FACULTÉ DES LETTRES DE PARIS

PAR
Henri BERGSON
Ancien élève de l'École Normale supérieure,
Professeur de philosophie au Collège Rollin

PARIS
ANCIENNE LIBRAIRIE GERMER-BAILLIÈRE ET Cⁱᵉ
FÉLIX ALCAN, ÉDITEUR
108, boulevard Saint-Germain, 108
1889

베르그송, 《의식에 직접 주어진 것들에 관한 시론》

다. 사물에는 새로운 창조의 순간이 있다. 그렇지 않다면 어떻게 그 더러운 부모 사이에서 천진난만한 아이들이 태어나는가? 이 제 베르그송의 사유를 따라가 보자. 그가 어떻게 실재의 진정한 모습을 드러내는지? 여기서는 주로 시간을 중심으로 이야기하자.

베르그송에 의하면 실재의 진정한 시간을 이해하는 단초는 멜 로디 체험 같은 것에 있다고 한다. 멜로디를 적어 놓은 악보가 있다. 악보에는 각기 독립된 음표가 오선지에 순차적으로 적혀 있다. 악보를 읽는다고 해서 음악이 들리는 것은 아니다. 악보는 하나의 음과 그다음 음의 연속적인 결합으로 만들어지는 효과를 보여 주지 않기 때문이다. 멜로디 체험은 멜로디의 연속으로 발생하는 화음 효과이다.

'도'라는 음이 들린 다음 끊어지고 뒤에 '미'가 들리는 것이 아니다. '미'라는 음이 들리는 곳에서 '도'라는 음이 물리적으로는 사라졌지만 그 효과가 사라진 것은 아니다. '미'라는 음은 '도'라는 음을 껴안으면서 그냥 '미'라는 음과는 다른 음으로 들리게 된다. 더구나 '솔'이라는 음은 아직 물리적으로는 울려 퍼지지는 않았지만, 이미 '미'라는 음 안에 안타까운 그리움처럼 들어 있다. 그러기에 '미'라는 음은 '도'와 '미'와 '솔'의 전체적인 효과를 지닌다. 이처럼 안으로 싸안고 밖으로 펼쳐지면서 음악은 지속한다.

음에 관한 베르그송의 설명은 모더니즘 회화에서 원근법적인 공간을 대치하여 등장한 몽타주 공간을 연상시킨다. 아니, 베르그송 철학이 모더니즘의 몽타주 기법을 이룬 바탕이 되기도 했다. 베르그송에 의하면 시간은 지속이다. 지속은 계기들의 병렬이나 외적인 결합은 아니다. 계기들은 내적으로 연속되는데, 동일한 것의 연장이 아니라 끊임없는 창조이다. 따라서 지속은 불가역적이다. 베르그송은 자연 과학적인 세계의 시간을 공간화된 시간이라고 말하거나, '의식의 그림자를 떠도는 공간의 환영'이라고 표현하기도 한다.

이미지와 의식

베르그송은 직관이나 지속이라는 개념으로 인간의 의식을 새롭게 이해한다. 전통적으로 철학에서 물질과 의식은 서로 대립한다. 양자는 서로 환원 불가능하다. 그런데도 인식 과정에서는 물질이 의식으로 변하고, 행위 과정에서는 의식이 물질로 변한다. 서로 환원 불가능한 물질과 의식이 어떻게 이런 관계를 지닐 수 있는가? 이런 문제는 데카르트가 물질과 의식이라는 이원론을 제시한 이래 계속된 철학의 아포리아였다.

스피노자는 두 개의 시계가 서로 독립적이지만 동일한 시각을 가리키듯, 물질과 의식도 서로 다른 실체지만 서로 상응한다고 설명했다. 유물론자는 의식의 관념성을 제거해 버리고 억지로 물질로 환원시켜서, 마치 위에서 위산이 나오듯이 두뇌에서 의식이 나온다고 설명했다. 반면 관념론자는 물질도 감각적인 성질의 복합체에 지나지 않는다고 하면서 모든 것을 관념으로 환원했다.

베르그송은 물질과 의식의 관계라는 철학의 아포리아를 아주 독특한 방식으로 해결하려 했다. 그는 이미지라는 개념을 끌어들인다. 이미지는 우리 마음속에 있는 순간적인 인상인데, 마음이 사물에 부딪히는 순간 생겨난다. 칼이 얼굴에 자국을 남기듯이 사물이 마음에 자국을 남긴 것이 이미지이다. 이미지는 사물과 마음이란 두 속성을 동시에 지닌다. 보통 이미지를 관념적인 것으로 보는데, 거꾸로 베르그송은 이미지의 물질성을 강조한다.

이미지는 사물이 마음에 부딪히는 순간 생기므로 어떤 중심점이나 통일성을 가지지 못한다. 이미지는 산만하게 흩어지는 파편성이라는 특징을 지닌다. 이런 측면에서 이미지를 촉각적이라고 말하기도 한다. 눈으로 보면 통일되어 있는 것처럼 보이지만, 손으로 만져 보면 서로 다른 촉감들이 산만하게 전달되는 것과 같다.

베르그송은 이미지의 개념을 기억이라는 현상과 연관해서 설명한다. 베르그송은 기억이란 두뇌 피질의 어떤 부분에 주름이 잡혀서 이루어지는 것이 아니라고 한다. 비밀번호를 잊어버리지 않기 위해 책상 가장자리에 새겨 놓은 홈처럼 기억은 두뇌 피질이라는 그릇에 담겨 보관되는 것이 아니다. 베르그송은 두뇌의 기억에는 두 가지 형태가 있다고 한다. 하나는 신체적인 기억이고, 다른 하나는 순수 기억이다.

신체적인 기억은 두뇌 피질이 아니라 신체에 일련의 반응기제로 정착되어 있다. 어릴 때 배운 수영 기술이나 자전거 타는 기술과 같다. 반응기제로 남아 있어 언제나 필요한 경우 다시 자동적으로 되풀이된다. 그런 기제는 현재에 바로 사용될 수 있는 능력이다. 신체적인 기억은 특정한 과거와 무관하다. 과거에 배우기는 했지만, 현재까지 지속하는 능력이다. 신체적인 기억은 개별적이고 구체적이라기보다 일반적이고 보편적인 기억이다. 내가 언제 자전거를 배웠는지를 신체는 기억하지 않는다. 다만 신체는 자전거를 타는 일반적인 방법을 기억한다.

순수기억

베르그송은 신체적인 기억과는 다른 순수 기억이 있다고 한다. 순수 기억은 현재와는 단절되어 있어서 상기되지 않으며, 심지어 의식의 통제에서 벗어나 있다. 아무리 주의를 기울여 상기하려 해도 상기되지 않는다. 오히려 예고도 없이 비자발적으로 의식 속으로 진입해 들어온다.

어릴 때의 추억들을 보자. 보통의 경우 상기되지 않는다. 아무리 노력해도 떠오르지 않는다. 프루스트Marcel Proust의 작품에서 마들렌 과자를 먹었을 때와 같은 기억은 어떤 특정한 감각에서 떠오르거나, 꿈속처럼 갑작스럽고 의지와 무관하게 떠오른다. 이런 꿈은 아침에 깨어나면 더 이상 생각나지 않지만, 베개는 눈물로 젖어 있다.

순수 기억은 의식 속으로 떠오르는 경우 항상 과거의 꼬리표를 달고 나온다. 이 점이 순수 기억이 단순한 상상과 구분되는 측면이다. 상상의 사건은 어떤 필연성이나 무게감을 지니지 못한다. 그에 반해 상기된 기억은 과거라는 꼬리표를 달고 있기에 어떤 필연성이나 묵중한 무게감을 지니고 나타난다.

순수 기억은 과거의 사건을 아주 구체적이고 개별적으로 상기시켜 준다. 특정한 날, 특정한 공간에서 일어난 어떤 구체적인 사건을 기억한다. 더구나 순수 기억은 고구마를 캐면 줄줄이 끌려 나오듯이 사건 당시 일어난 다른 사건들을 줄줄이 당겨 올린다. 당시 상황 전체가 한꺼번에 기억 앞에 모여든다. 일단 상기된 기억은 처음 체험할 당시처럼 생생하고 긴장된 느낌을 그대로 전달해 준다. 이와 같은 특징들 때문에 순수 기억은 이미지 기억이라고 한다.

물질과 관념

이제 사물과 관념도 다르게 이해된다. 사물이란 이미지들이 마치 미적분 계산에서처럼 적분되듯이 만들어지는 것이 아닐까? 언뜻 생각하면 황당한 이야기이다. 물질이 이미지가 쌓인 것이라니? 그렇지만 조금만 생각해 보면 가능한 일이다. 본래 이미지가 관념적인 것이 아니라 물질적인 성격도 함께 지니고 있음을 생각해 보자. 그렇다면 이미지들이 쌓여 적분된다면 단단한 돌

멩이도 만들어질 수 있지 않을까? 레이저 광선을 보자. 빛은 너무나도 비물질적이어서 예부터 신의 흔적으로 여겨져 왔다. 빛이 집중되면 레이저 광선이 된다. 레이저 광선은 두꺼운 철판도 뚫고 자르지 않는가.

의식의 관념도 똑같이 설명되지 않을까? 관념은 이미지 가운데 일정한 선택에 의해 산출된다. 이 선택은 그 이미지가 생명의 활동에 특별히 주요하기 때문이다. 생존의 관점에서 이미지들이 선택된다. 그 결과 선택된 이미지들은 생존이라는 일정한 중심점을 향해 만곡되어 있다. 그 중심점이 가상적으로 존재하는 주관성이다. 실제로 주관성이 있다는 것이 아니라 이미지들이 만곡되어 있어서 중심점에 무언가 있는 것처럼 보인다는 것이다.

선택된 이미지는 의식적인 현상, 곧 관념이 된다. 이미지들이 아직 통일성과 단일성을 가지지 못하고 이질적인 것들의 산만한 흐름이라면, 관념은 이미 통일성과 단일성을 가지면서 고정된 세계상을 산출한다. 의식적인 관념은 특정한 방식으로 선택된 것이기 때문이다.

통일성과 단일성을 지니면 이미지는 단순한 이미지가 아니라 어떤 대상의 재현으로 간주된다. 그래서 대상이 실재하는 것처럼 보인다. 이미지를 사이에 두고 한편에는 주관성이 나타나고, 다른 한편에는 어떤 대상이 출현한다. 그 결과 이미지가 주관에 의한 대상의 재현처럼 오해된다. 원근법으로 만곡된 회화의 단편들이 특정한 대상의 재현으로 간주되고 특정한 주관에 의해 포착되는 것처럼 여겨지는 현상과 동일하다.

그런데 의식의 주관적인 관념이 비추는 세계란 얼마나 좁은 부분일 뿐인가? 고양이 세수를 하듯, 또는 자기 앞가림만 한다는 말처럼 의식은 자기를 중심으로 둘러싼 이미지에만 제한되어 있다. 베르그송은 의식의 자기중심적인 주관성의 배후에는 이미지들이 존재한다고 본다. 이 이미시들은 아직 혼란스럽고 이질적이며 파편적이다.

주관적인 관념이란 이미지 기억의 바다에 떠 있으면서 흔들리는 일엽편주와 다를 바 없다. 베르그송에게는 의식적인 주관성의 세계보다 이미지의 세계가 더 근원적이다. 이미지의 세계가 물질의 연속적인 흐름과 더욱 가깝고 보다 직접적으로 드러내 주기 때문이다.

하이데거와 존재의 세계

불안 앞에서는 세계 전체가 떠내려간 것처럼 보인다. 불안은 어떤 것의 부정이 아니라 전반적인 무無에서 나온다.

하이데거[21]의 철학을 생각하면 제일 먼저 떠오르는 것이 고갱의 그림이다. 고갱은 타히티 섬에 건너가 숲속에 사는 만나체 원주민들의 삶을 그렸다. 그림을 감싸고 있는 전반적인 분위기는 성스러운 어둠이라 할 것이다. 어둠은 원주민들의 갈색 몸에 대비되어 신비하게 빛나는 어둠이다. 어둠이 덮고 있는 여인들의 반라는 열망으로 뜨겁다. 그림의 어느 한구석에는 원주민들이 믿는 신상이 있다. 신상은 이상하게 일그러져 섬뜩하게 보인다.

하이데거 철학의 목표가 성스러운 어둠을 해명하는 것이라는

고갱, 우리는 어디에서 와서 어디로 가는가, 1897년

주장은 필자의 독단만은 아닐 것이다. 하이데거가 성스러운 어둠을 해명하기 위해 들고 있는 무기는 현상학적인 방법이다. 그는 해석학과 결합하여 해석학적인 현상학이라 하였지만, 무게 중심은 역시 현상학에 있다 하겠다.

지향성과 삶

현상학이라면 하이데거의 스승인 후설Edmund Husserl[22]이 원조다. 현상학은 의식이 지향성을 지니고 있다는 단적인 사실에서 출발한다. 지향성은 자주 시선에 비유되는데, 어떤 대상적인 목표를 지니고 있음을 의미한다. '욕망', '사랑'이라는 의식 작용을 보자. 욕망을 가진 자나 사랑하는 자는 어떤 목표를 향해 그치지 않고 달려가는 것이 아닐까?

목표 대상은 의식 작용에 무관하지 않고 오히려 의식 작용에 의해 미리 결정된다. 내가 한 여인을 욕망할 때와 사랑할 때 대상인 여인은 동일한 여인일까? 사랑하는 여인은 욕망하지 못하고, 욕망하는 여인은 사랑하지 못하는 것이 아닐까? 이런 의미에서 대상은 지향적인 의식 작용에 내재한다.

대상의 내재라는 규정만으로는 충분하지 못하다. 지향적인 의식 작용의 목표가 되는 대상은 의식 작용이 지향하는 끝에 있는 대상일 뿐이다. 의식 작용이 대상에 다가가더라도 어쩌면 영원히 도달하지 못할 수도 있다. 지향적인 대상은 지평성horizontality을 지닌다. 지평선은 다가가면 물러나지만 처다보면 거기 있는 대상이다. 다가갈 수 없다는 점에서 지향적인 대상은 '초월적'이다. 지향적인 대상은 의식 작용에 대해 내재적이며 동시에 초월적이다.

의식 작용의 지향적인 대상은 다시 두 측면으로 나뉜다. 지향

하이데거

된 대상에 지향적인 의식이 다가가서 직접 맞닿는 면이 있다. 이 면은 실제로 지각된 면이지만, 대상의 한 단면에 불과하다. 단면에 다가가 보면 대상의 전체는 단면을 넘어서 배후에 있다. 지향적인 의식은 단면을 넘어서 대상의 전체를 향해 지향한다. 배후에 있는 대상의 전체는 도달되지 못하고 다만 의식의 맨 끝에 지시되고 있다.

전자의 측면은 지향적인 의식에 현현한다 하여 실제actual라 한다. 반면 후자는 지향적인 의식이 지향하지만, 아직 현현하지는 않는다. 그것을 잠재적virtual 존재라 한다. 그것은 현현하지는 않지만, 무언가 있기는 있는 것이다. 잠재적인 것은 마음이 아무것도 없는 허공에 만들어 낸 허구적인 것과 구분된다.

후설의 지향성 개념에서 대상의 두 측면을 위와 같이 구분하면 다음과 같은 결론을 이끌어낼 수 있다. 우선 지향적인 대상의 전체 측면을 보자. 아직 현현(실제)하지는 않았지만, 인간의 의식 작용이 마음속으로 지향한 것이어서 이미 마음속에 내재한다. 그것은 언어의 의미로 내재한다. 내가 "자, 우리 바다를 보자"라고 했다면, 일단 우리가 지향할 것은 '바다'가 의미하는 것이다. 이때 대상은 내 마음속의 의미가 투사된다. 저 멀리 도달할 수 없는 목표로 던져져 있는 것이 의외에도 이미 내 마음속에 의미로 존재하던 것이라니! 좀 신기하지만, 지향성 개념에 비추어 보면 사실이다.

또 하나 흥미로운 것이 있다. 어떤 여인을 보면서 사랑하는 마

후설

음으로 보았을 때와 욕망하는 마음으로 보았을 때를 비교해 보자. 두 경우 지향적인 시선이 맞닿은 면인 아름다운 얼굴은 동일하다. 하지만 사랑하는 마음의 대상(여인의 마음)과 욕망하는 마음의 대상(여인의 육체)은 다르다. 동일한 단면이 지향성의 차이에 따라 서로 다르게 보인다. 전자에서 여인의 얼굴은 인자하게 보이겠지만, 후자에서는 요염하게 보일 것이다. 이런 주장을 실증하기 위해 자주 형태심리학의 예가 동원되기도 한다. 어떻게 보면 두 사람이 키스하는 장면 같고 어떻게 보면 화병 같은 그림을 아마도 본 적이 있을 것이다. 동일한 단면을 지향하는 지향성의 차이에 따라 서로 다르게 보인다.

앞에서 말한 지평성이란 한편으로는 뒤로 물러나서 도저히 도달하지 못한다는 뜻이면서(초월성), 동시에 지평이 되는 전체가 오히려 단면을 미리 결정해 준다는 뜻이기도 한다. 미리 결정한다는 의미에서 선험적[23]이라 한다.

후설의 지향성 개념은 마음속의 의미가 대상을 규정하고, 대상의 지향성이 단면을 규정하는 구조를 가진다. 의미, 단면, 전체 사이의 삼각관계를 기억하는 것이 지향성 개념을 이해하는 데 도움이 되리라.

그럼 지향성의 삼각관계에서 출발점이 되는 마음속의 의미는 어떻게 주어질까? 여기서 생활 세계라는 개념이 등장한다. 이 세계는 우리가 직접 살아가고 있는 세계, 또는 직접적으로 체험하는 세계이다. 생활 세계에서의 삶을 통해 우리의 지향적인 의식이 결정된다. 삶과 지향적인 의식은 원과 원호처럼 서로 상응한다. 두 가지는 헨리 무어Henry Spencer Moore의 조각에서 영원히 서로 껴안고 있는 남녀처럼 서로 들어맞는다. 지향적인 의식은 삶에 부합하여 결정된다. 이미 말했듯이 지향적인 의식에 의미가 내재해 있어서 결국 마음속의 의미는 생활 세계인 삶에서 주어진다.

아이를 돌보는 어머니의 동그랗게 굽은 어깨를 보자. 어머니의 어깨가 굽은 것은 아이를 돌보는 어머니의 삶 때문이다. 어머니의 굽은 어깨는 언제라도 아이를 껴안아 줄 듯하다. 안아 주는 것은 어머니의 굽은 어깨가 지닌 의미이다. 의미를 알기에 아이는 어머니에게 안기려고 언제나 망설임 없이 달려간다.

가장 일상적인 세계에서 삶의 의미가 주어진다는 주장이 현상학 이론의 핵심이다. 진리는 멀리 있는 것이 아니다. 우리는 이미 진리 속에 살고 있다. 밥을 먹고 똥을 싸고 잠을 자는 일상 속에 진리가 들어 있다는 옛 현인들의 주장이 생각난다.

현존재의 탁월성

원래 후설은 지향성을 의식 작용에 제한하였다. 생활 세계 개념에 기초를 둔 하이데거는 인간의 삶 자체도 지향성을 가지고 있다고 본다. 삶은 하나의 선택이기 때문이다. 벼랑 끝에 매달려 자살하기 직전에 다시 살기로 했다면 그의 선택 행위는 이미 지향적이다. 그의 선택에는 어떤 의미가 내재한다.

하이데거의 탁월성은 지향성을 삶에까지 확장한 것이다. 1950년대 이르면 메를로퐁티Maurice Merleau-Ponty 역시 지향성을 확대하여 신체에까지 적용하였다. 지향성을 확장하려는 시도에서 단연 선구자는 하이데거였다. 하이데거는 심지어 한 삶을 넘어서 삶의 세계 전체도 지향성을 지닌다고 본다. 후일 정신분석학자 라캉Jacques Lacan은 사물의 응시, 세계의 응시라는 개념을 사용하였는데, 생각해 보면 이 개념 역시 하이데거에서 흘러내려온 개념이다. 그렇다면 삶의 세계가 지닌 지향성이란 무엇인가?

하이데거가 존재자와 존재를 구분한 것은 잘 알려진 사실이다. 그는 그 구분을 '존재론적인 차이'라 말한다. 존재자란 있는 것들이다. 실제로 있는 것뿐만 아니라 잠재적으로 있는 것도 있고, 감각적으로 있는 것도 있고, '수數'처럼 오직 관념에만 있는 것도 있다. 모든 것이 존재자이다. 그럼 존재는 무엇인가? 존재자들의 전체 집합이 존재가 아니며, 존재자 가운데 보편적인 존재자(신) 가 존재가 아니다. 존재는 존재자들의 근거이다.

근거란 논리적인 의미에서 전제를 의미하지 않는다. 근거라는 개념을 다음 예를 통해 이해할 수 있지 않을까? 카메라의 프레임을 보자. 프레임은 찍고자 하는 대상을 나머지 대상에서 분리하는 역할만 하는 것이 아니다. 프레임은 대상들에게 특정한 질서를 부여한다. 눈으로 볼 때는 무심하게 보이던 풍경도 카메라로 찍으면 아름답게 보인다. 비슷한 예이지만 서치라이트도 카메라의 프레임과 동일한 역할을 수행한다. 서치라이트는 공간의 일정 부분을 밝게 비추어 어둠 속의 다른 부분에서 분리한다. 그와 동시에 사물들은 서치라이트의 빛을 받아 황홀하게 빛난다.

무언가를 어떤 질서 속에서 드러냄으로써 비로소 존재하게 하는 것을 하이데거는 개방성이라 한다. 개방성이 있어서 사물들이 비로소 자기 모습으로 존재하게 된다. 개방성이 사물의 근거라고 말하는 이유이다. 존재가 존재자의 근거라고 하는 의미는 바로 개방성을 말한다. 존재란 곧 모든 존재자들을 드러내 주는 개방성이다. 모든 존재자들은 존재의 개방성에 근거를 두어야만 자기대로 존재할 수 있다.

사실 개방성이란 지향성이라는 개념을 다른 방식으로 설명한 것에 지나지 않는다. 지향성 역시 개방성의 역할을 수행한다. 어떤 것을 지향한다면 지향하는 대상은 나머지 모든 부분에서 따로 떨어져 나온다. 지향성이 있어서 대상은 바로 그러한 모습을

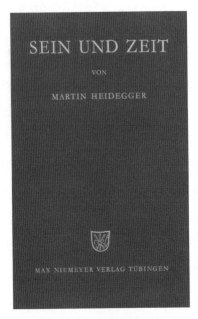

하이데거, 《존재와 시간》

지니고 나타난다. 무규정적인 어둠 속에 있던 것이 지향성의 빛에 비쳐 일정하게 규정된 대상이 된 것이다.

존재가 존재자들의 근거이고 개방성이며 존재자들 전체를 드러내는 지향성이라 할 수 있다. 비유적으로 말하자면 사물 전체를 바라보는 시선이 존재라 하겠다. 한 개인이 사물 전체를 볼 수는 없다. 이 존재는 개인적인 것은 아니다. 그럼 신적인 시선을 말하는 것일까? 그런 생각 때문에 하이데거의 철학이 신학적이라는 비판이 나온다. 하이데거는 이런 비판을 부정한다. 하이데거는 존재는 역사적이고 구체적인 삶의 차원을 열어주는 시선, 지향성, 즉 개방성이라고 설명할 뿐이다.

필자는 부산에 산다. 부산은 서울에서 일정한 거리에 존재하는 항구이다. 부산의 위치가 서울에서 일정한 거리만큼 떨어져 있다고 보는 것, 부산이 항구라고 보는 것은 모두 어떤 삶의 연관(한국 사회의 중앙 집권적이고 자본주의적인 삶의 연관) 때문이다. 삶의 연관이 항구 도시 부산이라는 존재자를 열어주는 개방성이고, 부산이 존재하는 터전이다. 아무도 부산을 오사카나 동경에서 얼마나 떨어져 있는지 묻지 않는다. 그곳과는 어떠한 삶의 연관이 없다. 동경에 대해서는 부산이 존재하지 않는다. 동경과 부산은 같은 세계 속에 들어 있지 않다. 부산은 부산에 대해서도 존재하지 않는다. 부산항은 서울에 대해 존재하지, 해운대와 하단에 대해 존재하지 않는다.

존재의 개방성과 관련해서 예들 하나 더 들고 싶다. 필자가 역사학자들에게 늘 물어보는 문제가 있다. 왜 조선 시대 선비들은 임금이 사약을 내리면 꼬박꼬박 잘도 받아먹었을까? 현실적으로 임금과 싸워서 이길 승산이 없다고 하자. 적어도 도망갈 수는 있지 않았을까? 만주로, 시베리아로, 중국으로 도주하기 어렵지도 않았을 텐데 군이 사약을 먹고 죽은 까닭은 무엇인가?

필자의 물음에 역사학자들은 "역시 철학자라는 종자란……" 하며 혀를 차고 대답을 안 해 주었다. 필자가 제멋대로 생각하기로는 그 역사학자들에게 상상력이 부족한 것이 아닐까 한다. 자기 땅을 떠난다는 각오는 봉건 시대에서는 상상할 수 없는 일이 아니었을까? 우리가 자본주의 시대에 사는 덕에 어디라도 떠나고 어디서라도 살 수 있다고 생각한 것이 아닐까?

필자의 답이 맞지 않겠지만 적어도 존재의 개방성이란 개념에 대한 하나의 예가 되기는 할 것이다. 어떤 사회, 어떤 시대이든 나름대로 역사적인 상상력이 있다. 이 상상력이 삶의 지평을 열어주고 만물이 제자리를 차지하도록 만들어 주지 않을까? 개인의 상상력이 아닌 역사적인 상상력이 존재 개념에 해당한다고 볼 수 있지 않을까?

존재자 전체를 지향하는 개방성으로서의 존재는 삶의 구체적인 연관을 전제로 해서만 성립한다. 삶의 세계란 너와 나의 공동적인 삶의 세계, 상호 주관적인 세계이면서 자연과 인간이 서로 관련을 맺는 세계이다. 삶의 세계 전체는 역사적으로 특정한 개방성이나 지향성 안에서만 성립한다. 그것이 바로 하이데거가 말하는 존재일 것이다.

존재를 개방성이라는 개념으로 이해한다면 현존재란 무엇인가? 현존재는 독일어 Dasein의 번역인데, 존재가 거기da(인간이 자리 잡은 위치) 있다는 의미를 가진다. 존재가 이미 인간 내부에 들어 있다는 뜻이다. 정확하게 말하자면 인간이 존재 속에 들어 있다는 뜻이다.

존재는 존재자들 전체의 개방성이다. 반면 현존재는 인간 내부에 개방성이 들어 있음을 의미한다. 존재의 개방성 속에 모든 사물들이 다 들어 있다. 마찬가지로 인간도 존재의 개방성 속에 들어 있다. 존재의 개방성 속에 들어 있으므로 사물도 인간도 특정하게 존재할 수 있다.

인간은 다른 사물들과 달리 탁월한 능력을 가지고 있다. 인간은 존재의 개방성을 자신의 지향성으로 삼을 수 있다는 것이다. 다시 말해 인간은 세계의 시선에 자기의 시선을 맞출 수 있다. 하이데거의 말을 다음과 같이 설명하면 좀 쉽게 이해될지 모른다. '나는 밥을 먹는다', '나는 영화를 본다'처럼 밥을 먹고 영화를 본다고 말하는 주체가 언표된 주체이다. 이미 나를 '나'라고 말하면서 언표된 나를 바라보는 나가 있다. 나는 언표된 '나'를 넘어선 주체이다. 이를 언표 주체라 하자. 언표 주체가 가능하니까 사실 언표된 주체도 가능해진다. 그렇지 않으면 언표된 나를 '나'라고 표현하지 못할 테니까 말이다.

언표 된 '나'를 넘어선 언표 주체가 될 수 있다는 것이 인간의 탁월성이다. 인간의 탁월성이 어떻게 가능한가? 언표 된 주체는 개인적인 지향성이다. 반면 언표 주체는 존재의 지향성이다. 개인이 곧 존재 속에 들어 있는 현존재여서 개인은 언표 주체가 되어 '나'라고 말할 수 있다. 다른 사물들은 모두 세계 속에 내재하고 있을 뿐이지만, 세계를 지향하고 세계를 개방시키는 것은 아니다. 하이데거는 사물을 내존재In-Sein라 규정한다. 인간은 다른 모든 존재자들과 달리 세계의 개방성 속에 들어가 자신의 지향성으로 삼을 수 있다. 그래서 하이데거는 인간을 세계-내-존재In-der-Welt-Sein라 한다.

두가지 삶

하이데거를 따라 삶의 의미, 삶의 지향성 또는 삶의 세계, 더 일반적으로는 존재를 찾아 길을 떠나 보자. 우리는 하이데거가 두 개의 세계, 두 개의 삶의 지향성을 구분하면서 서로 대비하고 있음을 알 수 있다. 먼저 살펴볼 하나의 세계는 자연 과학적인 세계이다.

자연 과학적인 삶의 세계는 근대에 성립하기는 했지만, 하이데거에 의하면 이미 소크라테스Socrates 이래 토대가 마련되어 왔다.

자연 과학적인 세계의 가장 기본적인 전제는 대상의 개념이다. 대상은 마주 대하는 의식을 전제로 한다. 사물은 의식에 대해 있으므로 대상이라 한다. 이 대상은 다른 대상들과 구별되면서 고립적으로 존재한다. 인간은 자신을 대상에 대해 초월해 있는 관념적인 의식으로 환원시킨다. 대상에 대해 의식은 외면적인 방식으로 관계하면서 지배하려 한다. 의식은 대상들의 주관이다. 대상들은 서로에게 외면적이다. 인간은 대상의 성질을 제거하고 공통 개념으로 묶어서 양화한다. 양적인 것들 사이에 성립하는 일정한 함수 관계가 곧 자연법칙이다.

근대 자연 과학은 대상화, 양화가 성립하면서 비로소 가능해졌다. 인간의 신체를 보자. 근대 이전에 신체는 대상이 되지 못했다. 신체는 인간 의식의 고유한 일부이지, 의식이 파악하는 대상이 아니었다. 근대에 들어서면서 신체는 의식의 대상이 된다. 이로부터 신체에 관한 다양한 자연 과학적인 지식인 의학이 발생하였다.

자연 과학적인 세계에 대비되는 또 하나의 세계가 도구의 세계이다. 도구는 우리가 살아가면서 사용하는 수단이다. 어떤 목적 달성을 위해 사용된다. 최초에 우리의 신체가 수단이었고, 사물들은 신체적인 수단을 확장하는 도구가 되었다. 돌은 손의 확장이며, 신발은 발의 확장이다.

도구와의 관계를 자세히 보자. 우리와 도구 사이의 관계는 무의식적이다. 우리는 손을 이용해 살아가면서 한 번도 손을 의식해 본 적이 없다. 확장된 도구로서 사물들 역시 신체의 자연스러운 일부가 된다. 자전거를 타는 사람이 처음에는 자전거를 의식하지만, 곧 자전거를 발의 확장으로 여기게 된다. 도구가 신체의 일부로 제대로 작동하지 못하면 다시 대상이 되어 의식에 떠오르지만, 일시적인 현상에 불과하다. 우리와 도구의 관계는 일종의 사용 관계이다. 관념적인 의식과 물질적인 대상으로 나누어지기 이전에 맺어지는 삶 속에서의 관계이다. 이런 연관은 세계에서 만나는 모든 사물들 사이에 전체적으로 성립된다.

도구라는 개념은 약간 거부감을 불러일으킨다. 누구나 다른 사람의 수단이 되고 싶지 않고, 타인을 도구로 사용하는 사람을 싫어한다. 하지만 긍정적으로 볼 수도 있다. 하이데거가 말하는 도구란 우리가 살아가는 일상의 세계를 의미한다. 우리는 서로가 서로의 수단이 된다. 그저 특별한 요구가 없어도 남을 도우며, 필요하면 남을 쉽게 부려 먹는다. 가족들끼리, 친한 친구들끼리 그렇듯이 말이다.

도구의 세계는 곧 공동체의 세계이다. 자연과 인간의 관계도 일종의 친구가 되고 가족이 되는 관계이다. 인간은 자연에 의존해 살면서 기꺼이 자연을 돕는 수단이 된다. 능숙한 장인들은 자신이 사용하는 연장을 끔찍하게도 아낀다. 자식이나 마누라 대하듯 연장을 쓰다듬고 보듬는다.

자연 과학적인 세계이든, 도구의 세계이든 궁극적으로는 삶의 상호 주관적이며 역사적인 지향성이 드러나는 세계지만, 지향성에 내재하는 의미는 서로 다르다. 삶의 지향성이 세계의 존재라고 본다면 두 세계는 존재에 있어 전혀 다른 세계이다. 현존재가 자각하는 존재도 근본적으로 상반된다.

자연 과학적인 세계에서는 삶 속에 지향적으로 내재하는 존재 자체가 망각되기에 이른다. 사물들은 외면적인 관계를 가지므로 바탕에 특정한 존재인 지향성이 있다는 것을 알지 못한다. 다시 말하자면 의식과 대상의 관계에서 대상은 사실 특정한 지향성, 또는 존재에 의해 산출되었음에도 자연적이고 객관적으로 존재해 왔던 것으로 보인다. 반면 도구의 세계에서 삶은 자체가 지향적인 삶이다. 삶에 내재하는 지향성인 존재는 자기를 분명하게 의식하도록 만든다. 이 세계에서 존재는 망각에서 벗어난다.

하이데거는 자연 과학의 세계가 위기를 드러내는 시대에 살았다. 1914년 대량 학살이 자행된 제1차 세계대전의 참혹한 모습은 물질문명에 근본적인 불신을 불러일으켰다. 자본주의 국가에서 나타나는 개인주의적인 이기심은 위선과 탐욕, 부패로 가득 차 있었다. 자연 과학적인 세계의 위기 앞에서 하이데거가 추구했던 것은 도구의 세계이다. 그것은 마을 공동체에서 말없이 자기 일을 하면서 서로 도와주던 협업 사회이다.

도구의 세계에서 자연은 인간과 더불어 일체감을 형성했다. 인간은 자연을 수단으로 했지만, 자연을 착취하지는 않았다. 자연의 생명은 인간의 노동을 통해서 더욱 번성했다. 아마도 마을 한가운데에는 신상이 모셔져 있을 것이다. 사람들은 신상 앞에서 경배를 드렸고, 신상 앞에는 작은 시장이 섰다. 사람들은 축제일이 되면 신상을 중심으로 모였으며, 전장으로 떠나는 젊은이를 환송했고, 다른 마을에서 들어오는 새 신부를 환영했다. 하이데거가 바라는 사회는 이처럼 의식의 대상이 되지 않고 자연스럽게 형성되는 삶의 세계, 즉 성스러운 어둠이 지배하는 사회이다. 이 세계를 철학적으로 호명하면서 하이데거는 존재의 망각이 깨어지고 존재의 진리가 드러난 사회라 하였다.

불안과 시간성

우리는 소크라테스 이래로 존재의 망각 아래 살면서 자연 과학적인 세계를 진정한 세계로 알고 있다. 그렇다면 어떻게 해서 존재의 진리가 드러나는 세계, 곧 도구의 세계로 복귀할 수 있을까? 두 가지 길이 있다. 초기에 하이데거는 실존적인 체험을 강조했다. 반면 후기에 이르러 그는 예술 작품의 가능성에 관심을 가졌다. 우선 실존적인 체험을 살펴보자.

두 가지 세계는 존재자들이 드러나는 지향성의 차이이다. 문제는 전자의 세계에서 현존재는 삶의 지향성인 존재를 망각한다는 데 있다. 그는 그야말로 객관적인 대상 세계가 있다고 믿는다. 그는 말하자면 자기의 산물을 산물인지 모르고 자연적인 것으로 알고 있다.

그러다 현존재에서 객관적인 대상 세계가 사라지는 어떤 체험이 발생한다. 바로 직접적인 불안 체험이다. 불안은 하이데거에 따르면 공포와 다르다. 공포가 어떤 구체적인 위협 대상에 대한 것이라면, 불안은 알지 못하는 막연한 무언가에 대한 것이다. 전자가 세계 속의 어떤 결여(특정한 기대 대상의 결핍)에서 생긴다면, 후자는 객관적 세계 전체의 소멸에 의해 생긴다. 불안 앞에서는 세계 전체가 떠내려간 것처럼 보인다. 불안은 어떤 것의 부정이 아니라 전반적인 무無에서 나온다.

불안 체험은 자주 있는 것은 아니다. 그래도 누구든 한 번 정도는 체험하지 않았을까? 불안은 자기가 선 지반 자체가 흔들리는 지진 경험에 비유해 볼 수 있다. 하이데거는 불안 경험에서 자연 과학의 객관적인 세계로부터 해방되는 계기를 본다. 객관적인 세계가 무너지면 이 세계가 지향적인 삶의 세계임이 드러나면서 도구의 세계가 드러난다는 것이다.

하이데거 철학의 심원함은 불안 경험이 인간의 어떤 근원적인 시간 체험과 연관된다고 보는 것에 있다. 생각해 보자. 불안을 경험하는 계기는 외부에서 주어지는 것일까? 지금까지 세계가 안정되어 있었는데, 무언가 설명할 수 없는 사건이 발생하여 객관적인 세계가 무너지고 불안해지는 것일까? 설사 사건이 일어나더라도 안정된 세계에 집착하는 것도 가능하지 않을까? 따라서 불안을 외부의 위협만으로 설명할 수는 없다.

하이데거는 전환을 위한 내적인 계기를 언급한다. 삶의 지향성을 체험하는 주관성 내부의 전환이다. 주관성은 우리가 흔히 말하듯 대상을 인식하는 주관성이라는 좁은 의미가 아니다. 주관성은 지향성을 지닌 삶 자체를 지칭하는 포괄적인 의미이다.

이제 우리는 인간 존재의 가장 비밀스러운 측면에 이르게 된다. 하이데거는 기본적으로 시간적인 구조라 한다. 지향성은 자주 시선의 방향성에 비유되어 와서 공간적인 구조를 가질 것 같은데 시간적인 구조를 가진다니 좀 이상하다. 그러나 지향성의 개념을 좀 더 분석해 보면 하이데거의 주장도 쉽게 이해된다.

우선 하이데거가 말하는 시간은 흔히 알려진 시간과 다르다는 점을 고려하자. 우리가 아는 시간은 똑딱똑딱 쉼 없이 흘러간다. 시간의 각 단위는 서로 정확하게 같고, 흐름은 과거에서 현재 그리고 미래로 흘러간다. 하나의 직선 위에 시간이 표시된다. 이런 시간은 근대의 자연 과학자들이 자연을 측정하기 위해 만들어 놓은 시계의 시간이다. 진짜 인간의 주관성이 지닌 시간성은 아니다. 그러면 진짜 시간성인 삶의 시간은 어떠한가?

나는 현재에 어떤 행위를 선택한다. 나는 이미 오래전부터 현재를 기다려 왔다. 내가 어떤 삶의 목표를 지향하고 있기 때문이다. 현재의 행위는 내재적인 삶의 목표 실현을 지평으로 해서 일어난 행위이다.

나에게 내재하고 있던 삶의 목표를 '이미 내가 가진 것', 과거라 하자. 앞으로 도달할 삶의 목표를 미래라 하자. 행위가 일어나는 것은 현재이다. 그렇다면 내재한 목표가 도달할 목표이므로 과거가 앞으로 다가올 것이다. 나는 행위를 통해 앞으로 나아가서 나의 과거에 도달하는 것이다. 다르게 표현하자면 미래는 이미 과거에 와 있었다는 것이 아닐까? 시간은 일종의 순환을 그리고 있다. 결국 시간의 구조는 순환적인 구조를 지닌다.

많은 사람들은 과거에 어떤 체험을 했는데 그 의미를 몰라서 무시했다. 그것이 마음 한구석에 약간 걸려 있었다. 어느 날 다른 체험을 했는데, 마음에 걸려 있던 어떤 체험이 무슨 의미였는지 갑자기 이해된 것이다. 과거 체험은 바로 미리 와 있던 나의 미래였다.

반대 경우를 들어보자. 어떤 사람이 사랑하는 사람과 헤어졌다. 그는 다시는 결코 그런 사람을 만나고 싶지 않아서 모든 것을 바꾸었다. 머리 모양도, 옷도, 심지어 말하고 밥 먹는 습관조차 바꾸었다. 그는 다시는 옛날 일을 되풀이하지 않았다. 마침내 새로운 사람을 만나 사랑에 빠졌다. 얼마 후 사랑의 도취에서 깨어난 그는 새로이 만난 사람이 예전에 헤어졌던 사람과 동일한 성격임을 발견했다. 그는 영원히 벗어날 수 없는 함정에 빠진 느낌을 갖는다. '앞으로 도달할 과거'에 대한 예이다.

하이데거는 시간의 구조를 기투와 피투, 순간이라는 개념으로 설명했다. 기투란 어떤 자유로운 모험이나 도박이어서 결과는 우연적이다. 피투는 이미 어떤 운명에 처해 있다는 것으로, 숙명처럼 필연적인 것이다. 기투와 피투는 서로 분리된 것은 아니다. 기투의 결과 과거에 도달할 수도 있고, 피투 되어 있지만 '다가와 있던 미래'였을 뿐인 경우도 있기 때문이다. 피투와 기투가 만나는 지점이 곧 순산이다.

하이데거에서 시간성을 통한 주관성의 전환을 알아보자. 쉽게 이해하기 위해 하나의 도식을 사유 실험으로 그려 본다. 우선 순간을 중심으로 하나의 원을 그린다. 순간을 지나가는 직선으로 원을 횡단한다. 원과 직선이 만나는 왼쪽 점이 과거이고, 오른쪽 점이 미래이다. 위쪽의 반원은 미래가 과거로 돌아가는 벡터이고, 아래쪽 반원은 과거가 미래에 나타나는 벡터이다. 전자가 기투이고, 후자가 피투이다.

이제 원의 크기를 사유 실험을 통해 줄여 보자. 줄이고 줄이면 마침내 한 점에서 두 벡터가 함께 만난다. 두 상반된 힘이 만나 상쇄되면 한 점은 안정된 고요함을 이룬다. 이런 점들이 흘러가면 똑딱거리는 자연 과학적인 시간이 된다.

반대로 원의 크기를 더 크게 해보자. 한 점을 중심으로 과거로 돌아가는 힘과 미래로 펼쳐 나가는 힘은 커다란 날개를 가진 새처럼 파닥거리면서 소용돌이치며 앞으로 나간다. 고요하게 흘러가는 한 점이 사실은 엄청난 소용돌이가 치는 태풍의 중심점이다. 이 점에서 소용돌이치는 두 날개는 현재를 벗어나는 힘이다. 하이데거는 이 힘을 탈자脫自, außer sich[24]적인 힘이라고 하였다.

인간의 삶에서 가장 커다란 원은 어떻게 그려질까? 삶의 끝은 죽음이니까 죽음과 탄생 사이의 원이 가장 큰 원이다. 인간은 죽음 속에 피투 되어 있으면서 죽음을 향해 기투 한다. 하이데거는 이를 죽음에 대한 '선구적인 결단'이라 하였다. 미리 와 있다는 의미에서 선구적이다. 앞으로 다가온다는 점에서는 결단이다. 전자는 필연성을 말한다. 후자는 자유로운 모험을 말한다. 어떻든 죽음에 의해 그려지는 커다란 원, 그 기투와 피투의 두 날개를 통해 인간은 앞으로 나간다.

죽음에의 선구적인 결단이 삶의 주관성 내부에서 일어나는 근본적인 전환이다. 죽음의 선구적인 결단 아래에서 시간은 지향적인 구조를 지닌다. 지향성 아래에서 새로운 삶의 세계가 펼쳐진다. 상호 주관적이며 자연과 공존하는 성스러운 침묵의 세계이다.

예술 작품

하이데거는 초기 죽음에의 선구적인 결단이라는 주관성의 내적 전회를 통해 도구의 세계로 들어가고 존재의 진리를 획득하려 했다. 후기에 이르면 내적 전회의 가능성보다는 예술 작품의 가능성에 더 많이 주목했다.

〈예술 작품의 기원〉이란 글에서 하이데거는 예술 작품이 대상으로서 사물과 도구적인 존재 사이를 매개하는 역할에 주목했다. 사물 속에는 존재가 망각되어 있다. 그것은 고립적으로 존재한다. 반면 도구는 전체 연관 속에 존재하면서 존재의 진리 안에 이미 넘어 들어가 있다.

예술 작품은 사물 중의 하나지만, 자기 속에 도구의 세계, 즉 존재를 드러내 보여 주는 가능성을 지니고 있다. 흔히 기호라 하면 독자적으로 의미를 지니지 않고 자기와 다른 어떤 것을 지시한다. 이런 점에서 작품은 하나의 기호이다. 일반적 기호가 지시하는 대상은 또 다른 고립된 하나의 대상인 반면 예술 작품은 존재 자체를 지시하는 기호이다.

앞에서 존재란 존재자들을 바라보는 시선, 삶의 지향성이라고 설명한 바 있다. 예술 작품에서의 기호는 자신을 바라보는 시선을 드러내 주는 것이어야 한다. 예를 들어 영화의 한 장면을 통해서 카메라의 위치를 알 수 있다. 소설의 한 장면을 읽다 보면 화자가 누군지를 알 수 있다. 마찬가지로 하이데거에서 작품이란 작가의 시선을 드러내는 기호를 담고 있어야 한다. 이 시선은 작품을 서술하거나 묘사하는 개별 작가의 시선은 아니다. 개별 작가를 넘어선 상호 주관적인 시선이며 역사적인 지향성이다.

하이데거의 예술론은 이렇게 정리할 수 있겠다. 예술 작품에는 시대나 역사의 시선, 또는 지향성을 드러내는 기호가 있다. 시선은 작품을 넘어서서 작품을 바라보는 상호 주관성의 시선이다. 예술 작품은 전통적인 의미에서의 은유나 환유 같은 비유가 아니며 상징과 알레고리도 아니다. 하이데거에게 예술 작품은 삶의 지향성의 표현이다. 작품 속에서 존재가 응시[25]한다.

어떤 하나의 대상으로서 사물이 자신을 넘어서 존재 자체를 의미하게 되면 자신과 의미 사이에는 차이가 발생한다. 개별 대상들 사이의 차이가 아니라 개별 존재자와 전체로서의 존재 사이의 차이이다. 하이데거는 존재론적 차이라고 했는데, 예술 작품은 존재론적인 차이를 보여 주는 사물을 말한다.

하이데거가 예로 들고 있는 고흐의 작품 〈구두〉를 보자. 이 구두는 재현된 어떤 대상으로서의 구두(농부의 구두)에 머무르지 않고 도구적 연관 전체인 농부의 세계를 드러내 준다. 단순히 농부의 세계에 속하는 집, 마을, 들판 등을 연상시킨다는 의미가 아니다. 하이데거는 구두가 세계를 바라보는 농부들의 시선을, 집과 마을과 들판을 바라보는 농부들의 시선이라는 삶의 지향성을 드러내 준다고 한다. 따라서 작품 속에서 농부의 세계가 열리며, 존재론적인 차이가 발생한다.

"닳아 삐져나온 신발 도구의 안쪽 어두운 틈새로부터 노동을 하는 발걸음의 힘겨움이 굳어 있다. 신발 도구의 옹골찬 무게 속에는 거친 바람이 부는 가운데 한결같은 모양으로 계속해서 뻗어 있는 밭고랑 사이를 통과해 나아가는 느릿느릿한 걸음걸이의 끈

고흐, 구두, 1886년

질김이 차곡차곡 채워져 있다. 가죽 표면에는 땅의 축축함과 풍족함이 어려 있다. 해가 저물어 감에 따라 들길의 정적감이 신발 밑창 아래로 밟혀 들어간다. 대지의 침묵하는 부름, 무르익은 곡식을 대지가 조용히 선사함 그리고 겨울 들판의 황량한 휴경지에서의 대지의 설명할 수 없는 거절이 신발 도구 속에서 울리고 있다. 빵을 안전하게 확보하는 데에 대한 불평 없는 근심, 궁핍을 다시 넘어선 데에 대한 말 없는 기쁨, 출산이 임박함에 따른 초조함 그리고 죽음의 위협 속에서의 전율이 이러한 신발 도구를 통해 스며들어 있다. 대지에 이러한 도구가 귀속해 있고 농촌 아낙네의 세계 안에 이 도구가 보호되어 있다."[26]

고흐의 〈구두〉는 사실적이라기보다는 표현주의적인 작품이다. 그러기에 누구의 구두였는지, 정말 농부의 구두였는지, 아니면 고흐 자신의 구두였는지는 주요하지 않다. 고흐는 구두에 삶의 어떤 지향성을 표현했다. 삶의 지향성은 이와 유사한 작품인 〈감자 먹는 사람들〉이란 작품에 대한 고흐 자신의 일기에 잘 드러나 있다.

"나는 램프 불빛 아래에서 감자를 먹고 있는 사람들이 접시로 내밀고 있는 손, 자신을 닮은 바로 그 손으로 땅을 팠다는 점을 분명히 보여 주려고 했다. 그 손은 손으로 하는 노동과 정직하게 노력해서 얻은 식사를 암시하고 있다."[27]

〈감자 먹는 사람들〉에서 고흐가 밝힌 삶의 지향성은 하이데거가 〈구두〉라는 작품에서 밝혀낸 삶의 지향성과 같다. 그 존재는 정직하게 노동하면서 신을 경배하고 다정하게 살아가는 농부들의 삶이다.

작품의 구조

하이데거는 작품에 내재하는 존재론적인 차이의 구조를 더 분명하게 드러내기 위해 그리스 신전을 본보기로 삼는다. 그리스 신전은 암반 위에 세워진 신전이다. 신전 내부에는 어둠이 깔려 있고, 한가운데는 신상이 빛나고 있다. 신전을 둘러싸고 시장이 펼쳐졌고, 축제가 열렸으며, 죽은 자들을 묻었다.

"이 건축 작품은 바위를 지반으로 하여 버티고 있다. 작품은 버티면서 암석으로부터 온순치 않지만 결코 굴복하지 않고 간직해 온 어둠을 끌어낸다. 그렇게 서서 건축 작품은 그것 위로 휘몰아치는 폭풍을 견뎌 내며, 그렇게 폭풍 자체의 위력을 드러내 보인다. 석조가 지닌 광채와 빛남은 비록 태양의 은총에 의해서만 빛나기는 하나 그것은 대낮의 빛과 하늘의 아득함, 밤의 캄캄함을 비로소 나타나게 한다. 건축 작품의 의연한 솟아오름은 바람의 보이지 않는 공간을 보이게 해 준다. 그 작품의 확고부동함은 밀어닥치는 바다의 파도를 막고 서서 자기의 그 고요함에 비추어 파도의 광란을 나타나게 해 준다. …… 이렇게 솟아 나옴과 피어오름을 초기의 그리스인들은 그 자체와 전체에 있어서 피지스physis, 자연라 불렀다. 동시에 피지스는 인간이 그 위에다 그리고 그 안에다 자신의 거주 기초로 삼는 그것을 밝힌다. 우리는 그것을 대지라 부른다."[28]

신들이 살아 있어서 신전을 신성하게 하는 것이 아니다. 사실 신전은 그리스인들의 삶의 일부에 불과했다. 신전은 그 앞에서 축제가 벌어졌고 죽은 자를 환송했기에 그리스인들의 삶 전체를 대변하게 되었다. 삶의 결과로 신전에는 신들이 모셔지게 되었다. 신은 바로 삶의 응축된 표현에 불과하다.

그리스인들이 사라진 후 신전을 둘러싼 삶은 텅 비게 되었다. 그런데도 신전은 내부에 성스러운 어둠을 간직하고 있어서 신전을 찾는 사람들이 엄숙하게 옷깃을 여미게 한다. 성스러운 어둠이 있기에 사람들은 신전을 넘어서 그리스인들의 삶의 세계를 떠올릴 수 있다.

하이데거가 말하는 피지스, 곧 하늘은 삶의 세계인 존재를 말한다. 피지스가 나타나기 위해서는 대지가 있어야 한다. 그것은 신전을 가득 채우는 어둠이다. 이 어둠이 현실에서 자기를 단절하기에 피지스가 열리게 된다. 대지가 하늘이 나타나는 가능성을 열어주는 것이다.

동시에 대지는 현실 세계의 일부이다. 신전 주위에는 신전을 잊고 사는 사람들의 가옥들이 즐비하게 전개되어 있다. 즐비한 가옥들은 신전을 한구석으로 밀어내면서 잊히게 만든다. 대지는 하늘을 다시 은닉한다.

신전은 대지와 하늘, 현실의 세계와 그리스인들의 삶이 교차되고 서로 투쟁하는 장소이다. 하이데거가 말하는 작품에 내재하는 존재론적인 차이란 바로 이런 투쟁을 의미한다.

◆ 제2장 ◆

1960년대의
아방가르드 사상

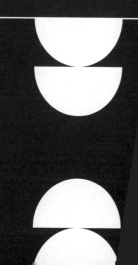

1960년대의 인간 소외

일단 성립된 관료 조직은 살아 있는 생물처럼 스스로 자기 자신을 증식시켜 불가사리처럼 사회를 먹어 치운다.

1960년대 사회의 모더니티[29]

제2차 세계대전 이후 서구 사회는 폐허를 딛고 일어섰다. 전후 자본주의는 미국을 견인차로 하여 발전했다. 이미 1930년대에 출현했던 새로운 노동 과정인 포드-테일러 시스템[30]이 전후 다양한 사회 조건(특히 국가의 사회 복지 정책)의 도움을 받아 널리 확산되었다. 이에 따라 자본주의 경제는 기계화, 합리화되었다. 전후 자본주의는 대량 생산과 대량 소비의 시대로 진입하게 되었다. 서구 사회는 마침내 물질적인 풍요에 도달했다.

전후 사회의 핵심은 국가였다. 국가는 19세기의 자유방임적인 태도를 버리고 경제에 적극적으로 개입했다. 국가는 다양한 재정 정책을 통하여 자본주의 경제에 내재하는 모순들을 완화해 나갔다. 한편으로는 수요와 공급을 조절하여 극단적인 공황에 빠지지 않도록 했으며, 다른 한편으로 사회 복지 정책을 통해 노동자와 시민의 생존을 보호하였다. 국가는 국가 자본을 창출하여 자본주의 경제를 직접 견인했다.

아울러 전후 서구 국가는 보통 민주주의를 실시했다. 여성에게 참정권이 부여되었고, 노동자의 정치 참여가 확대되었다. 노동자를 주축으로 하는 사회민주당, 노동당이 전후 체제를 뒷받침하는 주요 기둥이 되었고, 심지어 공산당조차도 합법화되었다. 어느 시대보다 철저히 개인의 인권과 자유가 보호되고, 역사상 처음으로 민중의 정치 참여가 보장되었다.

노동자들의 삶도 극적으로 변화했다. 노동자들은 선후 폐허 속에서 굶주림을 참으면서 근면하고 성실하게 일한 덕분에 안락한 삶을 얻었으며, 아이들을 원하는 대로 교육할 수 있었다. 교육 확대로 노동자의 아이들에게도 대학 교육의 기회가 주어졌다. 1920년대 모더니즘이 추구하던 문화적인 유토피아가 현실로 실현된 것 같았다.

노동자의 주거를 위해 집단 아파트가 건설되었고, 도심은 기능적으로 재건설되었다. 수직으로 솟고 반짝이는 유리벽으로 둘러싸인 기능적인 고층 빌딩들이 출현했다. 합리적으로 설계되고 값싸게 공급되는 문명의 이기들, 쇼윈도에 가득 차 있는 관능적이고 매혹적인 상품들, 주말을 즐기기 위한 아름답고 값싼 국민차들, 확산된 바캉스와 대중오락들, 대중의 마음을 애타게 하는 TV쇼 등 대중문화는 노동자들에게 꿈을 팔아먹었다.

어쩌면 근대 이후 역사를 끊임없이 앞으로 추동시켜 왔던 유토피아가 1960년대 들어와 마침내 실현된 것처럼 보였다. 파우

리처드 해밀튼 Richard Hamilton,
오늘날의 가정을 그토록 이색적이고 매력적으로 만드는 것은 무엇인가?, 1956년

스트 박사는 "여기서 멈추어라"라고 말해야 했지 않았을까? 반
짝이는 도심의 고층 건물 뒤에 온갖 지저분한 배설물들이 진창
을 이루고 있듯이 유토피아는 배후에 어마어마한 좌절과 분노를
감추고 있었다.

인간소외

당시 서구 사회를 비판적인 안목으로 바라보자. 도심의 관능적인 쇼윈도 뒷전에 있었던 것은 무엇일까?

마르크스는 자본주의 사회에서 노동자가 생산한 생산물이 자본가의 수중에 귀속됨으로써(생산물로부터의 소외) 노동자는 자신의 처지를 끊임없이 재생산하지 않을 수 없다고 보았다. 결과적으로 노동자는 자신의 결정과 계획에 따라 노동할 수 없고 자본가의 지시와 명령에 따라 노동한다(노동으로부터의 소외). 노동자는 노동을 통해 자아실현의 즐거움을 얻기보다는 오히려 자아 상실의 지루함과 고역을 느끼게 된다. 인간은 자아실현을 본성으로 하는 존재임에도 불구하고 자본주의 사회에서는 오직 물질적인 생존을 위해 노동하는 존재로 전락한다(유적 존재로부터의 소외). 개인은 자아 상실로 인해 고립된 군중(인간으로부터의 소외)으로 변모된다.

이와 같은 소외는 자본주의 사회의 초기부터 존재해 왔지만, 1960년대 들어 자본주의 생산이 포드-테일러 시스템으로 전환함에 따라 더욱 극단적으로 치닫게 되었다. 차라리 자본가가 인격적으로 통제하는 편이 나았을 것이다. 거기에는 허술한 틈과 반항의 가능성이라도 있었다. 노동 과정은 기계적으로 통제되고 합리적으로 조직되어 노동자는 기계의 부속품이 되었으나, 지배자가 눈에 보이지 않는다. 더구나 지배는 과학이라는 엄숙하고

조지 투커George Tooker, 지하철, 1950년

도 진지한 모습을 하고 있지 않은가? 가혹한 노동 강도로 노동자들은 물질적인 보상을 얻었지만, 자신은 아무런 의미도 없는 인간으로 전락했다.

포드-테일러 시스템은 경제적인 영역에서만 확립된 것이 아니다. 사회의 전 부문에 걸쳐 확립되었다. 심지어 전통적으로 독립적이고 비판적인 기능을 수행했던 학교, 언론 등과 같은 영역에서도 확산되었다. 사회는 어느 시대보다도 효율적으로 작동하고 높은 생산성을 달성한 대신, 인간 소외 현상은 철저하게 강화되고 전 사회적으로 확산했다.

관료주의

이에 못지않게 암울했던 것은 관료주의 문제이다. 관료제는 비대한 정부 조직에서 출현했다. 정부가 경제와 삶의 전반을 책임지게 되자 그만큼 국가의 기능과 조직은 비대해졌다. 국가가 보호와 양육이라는 이름으로 개입하지 않는 영역이 없었다. 국가는 요람에서 무덤까지 간섭하는 시어머니였다. 비대한 국가는 훈련된 기술 관료에 의해 통제되었다.

관료 조직은 기술 수단에 따라 합리적으로 문제를 해결해 나가고자 한다. 관료 조직의 기술적인 합리성은 일정한 틀 내에서 작동하는 합리성에 불과하다. 일정한 틀을 넘어 버리면 기술적인 합리성은 가장 비합리적으로 변질되어 버린다. 사회가 기술적으로 합리화되면 될수록 틀 밖의 비합리성도 증대된다. 일단 성립된 관료 조직은 살아 있는 생물처럼 스스로 자기 자신을 증식해 불가사리처럼 사회를 먹어 치운다. 누구도 관료 조직의 망을 벗어나지 못하는 것이다.

관료 조직에 일정한 틀을 제시하는 것은 누구인가? 사회의 지배자인 자본가이다. 관료 조직의 기술적인 합리성은 자본주의 지배의 가장 합리적인 도구가 된다. 1960년대 들어와서 일반적으로 확립된 민주주의란 빈껍데기에 불과했고, 자본가들은 관료 조직을 통해 사회를 실질적으로 지배했다. 전후 사회는 자본가와 관료 엘리트(군산 복합체)의 수중에 장악되었다.

관료적인 지배는 비단 국가에만 제한된 것이 아니었다. 거대한 기업조차도 내부의 관료제를 피할 도리가 없었고, 대학과 언론과 같은 사회 조직도 예외가 아니었다. 사회는 전체적으로 관료화되었고, 기술적인 합리성은 자기가 해결한 문제만큼이나 많은 비합리성이라는 똥을 싸놓았다.

문화적인 권위주의

소외와 관료제에 덧붙여서 1960년대 사회를 질식시켰던 것으로서 도덕적, 성적 억압을 빼놓을 수 없다. 노동자들은 포드-테일러 시스템을 견디기 위해, 관료제의 지배에 적응하기 위해 엄격한 자기 억제력을 가져야 했다. 학교를 포함한 다양한 사회는 다양한 도덕적인 감금 장치들을 통해서 노동자들에게 한눈팔지 않고 순응하는 태도를 강요했다.

이상한 도덕주의가 등장했다. 도덕주의는 도덕이 자체로 가치가 있어서 도덕적이기를 주장하지 않는다. 도덕주의는 이기적으로 관리되는 도덕이었다. 행복한 삶을 위해, 사회적 성공을 위해 도덕적이어야 했다.

'지도자가 되려면 아내에게 친절해야 하고, 정력을 길러야 한다', '가정과 국가를 중시하자. 그렇지 않은 놈치고 잘되는 놈 없다' 같은 자기 관리 지침이 철학을 대신했다. 카네기Andrew Carnegie 가 플라톤을 대신했고, 회사원들은 재벌 지도자를 인격적으로 흠모했다. 여성이 몸을 가꾸듯이 남성은 정력과 도덕을 가꾸었다. 도덕적으로 만들어 주는 약이 아직 개발되지 않은 것만 해도 그나마 다행이었다.

신흥 노동자

1960년대 사회에서 문제를 누구보다도 뼈저리게 느꼈던 것은 새로이 출현한 노동자 계층이었다. 다시 말해 19세기의 직인 노동자나 20세기 초의 공장 노동자와 구별되는 전문 기술 관료 노동자였다. 그들은 비대해진 기업과 정부, 사회 전반에서(교육 서비스 등) 전문 기술 및 관료 직에 종사했다. 그들은 계급 관계상 임금 노동자의 지위에 있지만, 공장 노동자보다 높은 대우를 받았다. 그런데도 그들은 과거에 전문 기술 관료로서 지녔던 독립성과 자율성을 이미 상실하고 거대한 사회의 부속품으로 격하되어 누구보다도 자아 상실을 예민하게 느꼈다.

20세기 초 노동조합을 통해 결집한 공장 노동자들의 거대한 힘은 수가 줄어드는 만큼 약화했다. 반면 신흥 노동자들인 전문 기술 관료 노동자의 수는 증대되었으며, 작업 조건이나 작업 방식이 천차만별이라 이해관계는 파편화되었다. 간호사가 파업하면 의사가 화를 내고, 의사와 약사가 대립했다. 노동자가 파업하면 시민이 분노하고, 농민과 환경 보호가가 서로 싸웠다.

그들은 이해가 파편화되어 공장의 육체 노동자들처럼 단결하지 못했다. 그들은 자기의 지위가 전락했음을 예민하게 느끼더라도 조직적으로 저항하지 못했다. 더구나 소외와 더불어 관료제는 1960년대 사회에서 노동자의 자율성을 내부에서 무너뜨리는 억압기제로 작용했다. 노동자는 노동으로부터 소외되고 관료적으로 억압되지만, 억압은 자유와 합리성에 근거하므로 소외되고 억압받는다는 느낌조차 가질 수 없었다. 노동자는 자유의 꿈조차 꾸지 못했다.

그람시와
문화적 헤게모니

단순히 부르주아의 문화를 비판하는 것으로 충분하지
못하다. 나아가서 노동 계급 역시 전체 사회적 계급에
대해 정치적 리더십을 발휘할 수 있도록
보편적인 문화적 헤게모니를 만들어야 한다는 것이다.

1960년대의 사회주의

1960년대는 사회주의 진영이 출현했던 시대이다. 주도권은 소련에 있었고, 노동 계급 사상의 중심은 레닌주의적 마르크스주의였다. 레닌주의는 정통의 자리를 차지했으나 점차 교조화되어 버렸다. 서구에서 레닌주의의 정통에 도전하는 새로운 사상이 출현했다. 도전은 노동 계급의 지도적 사상으로 등장한 레닌주의적 마르크스주의의 내부적 쇄신에 제한되었다.

우선 사회주의 진영 내부에도 사상적 균열이 출현했다. 유고슬라비아는 자주 관리의 이념을 내세워 소련에 독자적 입장을 취했다. 동아시아에서는 중국의 마오주의가 강력한 영향을 미치고 있었다. 동아시아의 전통적 사상과 결합한 마오주의는 독특한 힘을 가졌다. 농촌에서의 게릴라 투쟁, 신민주주의와 같은 연합 전선 이론, 계몽에 대한 덕성德性의 우위, 강력한 민족주의 등은 레닌주의를 더 발전시켰다.

서구와 같은 비사회주의 사회, 자본주의적 발전의 정점에 이른 사회에서는 각기 특수성에 따라 노동자 계급의 새로운 사상이 출현했다. 대표적인 사상이 무정부적 성향이 강한 이탈리아의 공장 평의회 운동에서 출현한 그람시Antonio Gramsci 사상이며, 1950년대 서구에 깊은 영향을 미쳤던 실존주의를 수렴하는 마르크스주의인 루카치György Lukács 사상이며, 과학적 객관성을 강조하는 구조주의와 결합한 프랑스 공산당의 이론가인 알튀세르Louis Althusser의 구조주의적 마르크스주의이다. 그람시, 루카치, 알튀세르의 사상을 일반적으로 유로코뮤니즘이라 부른다.

그람시

그람시의 공장 평의회 운동

　20세기 초의 이탈리아 사회주의 운동은 분열되어 있었다. 조합주의적인 성격이 강했던 기존 사회당의 노선에 반대해서 새로운 좌파 사회주의 운동인 레닌주의 그룹이 출현하기 시작했다. 1917년 러시아 혁명 이후 새로운 좌파 운동 그룹은 사회당을 탈퇴하여 코민테른Comintern에 가입하였으나, 두개의 분파가 서로 대립했다. 하나는 보르디가Amadeo Bordiga가 이끄는 좌파 그룹이었다. 철저한 규율과 순수한 원칙을 강조하는 급진파였다. 또 하나의 그룹은 그람시와 톨리아티Palmiro Togliatti가 이끄는 신질서 그룹이었다.

　그람시는 1919년 대학 친구였던 톨리아티와 함께 〈신질서〉라는 주간지를 창간하고 이를 기반으로 공장 평의회 운동을 전개했다. 공장 평의회란 러시아 혁명에서 자연 발생적으로 형성된 공장 소비에트를 말한다. 공장 평의회는 단순히 노동자의 권리를 보호하는 노동조합이 아니라, 공장을 자주적으로 관리하면서 미래 사회의 맹아적인 조직이 되고자 했다.

　공장 평의회 운동은 혁명적 정당이 아닌, 노동자가 자발적으로 조직한 공장 평의회가 주도적인 역할을 하도록 했다. 그람시는 러시아 혁명에서 모든 권력을 소비에트에 양도해야 한다는 레닌의 주장을 따른 것이라 믿었으나, 사실 아나코생디칼리즘의 속성이 더 강한 것이었다.

그람시는 1924년 이탈리아 공산당의 지도를 맡게 되었으나, 1926년 무솔리니Benito Amilcare Andrea Mussolini 암살 음모라는 조작된 혐의를 받고 체포되어 감옥에 갇혔다가 1937년 사망했다. 그는 감옥에서 자신의 체험을 바탕으로 새로운 사상을 발전시켰다. 그의 사상은 공장 평의회 운동에서 보듯이 상당히 아나키즘적인 영향이 다분한 마르크스주의였다.

문화적 헤게모니

그람시의 사회주의 사상은 마르크스주의를 토대로 한다. 그의 사상이 지닌 핵심적인 특징은 경제 결정론, 즉 경제적 토대가 정치 문화적 상부 구조를 결정한다는 입장에 대한 비판이었다. 그는 정치 문화와 같은 상부 구조가 상대적인 자율성을 지니면서 경제적 토대에 반작용한다고 주장했다. 그의 주장은 당시로는 대담한 주장이었으며, 그의 사상적 전환을 출발점으로 해서 전후 서구에서 유로코뮤니즘 사상이 출현할 수 있었다.

상부 구조의 상대적 자율성이라는 입장은 그람시가 깊은 영향을 받은 크로체Benedetto Croce와 같은 생철학자의 영향에서 나온 것이다. 또한 마르크스주의가 등장하기 이전부터 이탈리아에 널리 퍼진 아나키즘 사상의 결과라고도 볼 수 있다. 상부 구조의 상대적 자율성을 인정하는 것에서 그람시 사상의 핵심 개념인 문화적 헤게모니라는 개념이나 정치적 국가에 대립하는 시민 사회라는 개념이 나오게 된다.

먼저 문화적 헤게모니라는 개념부터 살펴보자. 헤게모니란 일반적으로는 정치적 리더십을 의미하지만, 그람시는 상당히 철학적인 의미를 부여하였다. 예를 들어 설명해 보자. 마르크스주의에서 정치란 본래 계급 이해를 중심에 놓고 대립하는 투쟁이다. 계급 이해는 일정한 역사적 시기에는 사회 전체의 보편적인 이해를 담지하기도 한다. 봉건 세력과 부르주아 세력이 대결할 때는 부르주아의 요구가 보편적인 이해를 대변했다. 노동에 따른 소유나, 민주주의 정치는 본래 부르주아의 계급적 이해를 대변하는 것이다. 이런 부르주아의 요구는 동시에 봉건 귀족 계급에 공동으로 대항하는 인민(노동자, 농민, 소시민 등) 전체의 이해를 대변하기도 한다. 이런 점에서 부르주아의 요구는 한 사회의 보편적인 요구가 된다. 모든 인민이 부르주아의 요구를 마치 자신의 요구처럼 받아들인다.

계급적인 이해가 사회의 보편적인 요구가 되면 이를 바탕으로 다양한 형태의 문화나 과학이 출현한다. 문화나 과학은 보편적인 가치와 과학적 객관성을 지닌 것으로 나타나서 본래 부르주아의 계급적 요구에 기초하고 있다는 사실은 감추어지고 만다. 민주주의에 대한 보편적 요구를 바탕으로 억압을 증오하고 자유를 옹호하는 고전 문학이 출현하며, 자유를 위해 투쟁한 영웅의 심정을 노래하는 고전 음악이 발생한다.

노동에 따른 소유는 자연적인 질서처럼 간주되면서 근대의 자연법사상이 출현하게 된다. 자연법은 역사적 현실이 아니라 보편적인 인간의 본성에서 유래하는 질서로 승인된다. 고전 문화와 자연법적 질서가 보편적인 것으로 인정되면서 이성적인 인간이라면 누구나 마땅히 동의해야 한다는 압박감이 생겨난다. 그걸 수용하는 것이 논리적으로 필연적이게 보이고, 여기서 부르주아의 인민 전체에 대한 정치적 리더십인 문화적인 헤게모니가 발생하게 된다.

헤게모니란 두 가지 의미를 지닌 것으로 정리할 수 있다. 우선 헤게모니는 타자를 지배하는 힘을 말하지만, 단순한 강제가 아니라 지배당하는 자가 자발적으로 동의하는 가운데 성립하는 힘이다. 동의는 경제적, 정치적 요구와 무관하게 논리적 필연성이나 이성적인 인식을 통해 이루어지는 것처럼 보인다. 피지배 계급은 심지어 공통적인 요구가 사라지고 이해가 대립함에도 불구하고 지배 계급의 문화나 과학을 받아들이게 된다.

그람시가 주장하는 문화적 헤게모니라는 개념은 여러 가지 함축적인 의미를 지니고 있다. 특히 노동 계급이 부르주아의 지배에 자발적으로 동의하는 이유를 이해할 수 있다. 노동 계급은 자신의 계급적인 이해와 상관없이 고전 문화와 자연법적 질서를 받

아들인다. 문화의 토대가 되는 부르주아의 정치 경제적 이해까지
도 당연한 것으로 수용하게 되면서, 결과적으로 부르주아의 지배
에 자신도 모르는 사이에 복종하게 된다.

문화적 헤게모니라는 개념을 이해하면 사회적인 혁명을 위해
우선 지배 계급의 문화적 헤게모니를 철폐하는 운동이 필요하다
는 사실이 드러난다. 단순히 부르주아의 문화를 비판하는 것으
로 충분하지 못하다. 노동 계급 역시 전체 사회적 계급에 대해 정
치적 리더십을 발휘할 수 있도록 보편적인 문화적 헤게모니를
만들어야 한다.

유기적 지식인

부르주아의 문화적 헤게모니를 대체하여 새로운 문화적 헤게모
니를 만들어 낼 계급은 노동 계급밖에 없다는 주장이 그람시의 사
상에서 중요하다. 소부르주아에 속하는 농민이나 소시민 계층은
헤게모니를 가질 수 없다. 이유는 무엇일까? 소부르주아 계급의
이해는 보편성을 지니지 못하는 반면, 노동 계급의 계급 이해는
농민이나 소시민 계층 전부의 공통된 이해이기도 하기 때문이다.

마르크스에 의하면 노동 계급의 착취는 자본과 노동이라는 생
산 관계를 통해서 일어난다. 노동 계급의 혁명은 생산 관계를 공

정하게 유지하는 것을 목적으로 하지 않으며, 생산 관계 자체를 철폐하고자 한다. 착취적인 생산 관계의 철폐는 사회 전체의 보편적인 요구이기도 하다. 생산 관계의 철폐를 통해 농민과 소시민도 사회적으로 해방될 수 있다. 따라서 농민의 이해나 소시민의 이해와 달리 노동 계급의 이해는 사회의 보편적 요구가 될 가능성을 충분히 지닌다.

그렇다면 어떻게 하면 실제로 노동 계급의 문화적 헤게모니를 만들어 낼 수 있을까? 그람시는 감옥에서 작성한 《옥중 노트》에서 한편으로는 다양한 부르주아의 문화를 비판하고, 다른 한편으로 그에 대항하는 문화의 가능성을 민중 문화 속에서 구체적으로 찾으려 한다. 그람시의 노력은 1990년대 들어와 서구에서 문화 연구라는 새로운 학문을 발생시키기도 했지만, 그에 대한 분석은 생략하기로 하자. 대신 그람시의 문화 분석에서 중요한 유기적 지식인이라는 개념을 설명해 보자.

그람시는 지식인을 두 종류로 구분한다. 하나는 전통적 지식인이다. 전통적 지식인은 자신이 특정 계급을 위해서가 아니라 객관적이며 보편적인 문화를 위해 활동한다고 믿는다. 보편적인 문화란 실질적으로는 특정 계급의 이해에 봉사할 뿐이다. 전통적 지식인은 무의식적으로, 또는 자기기만을 통해 지배 계급에 봉사하는 지식인이다.

반면 유기적 지식인이란 자신이 속한 계급에 의식적으로 봉사하려는 지식인이다. 유기적 지식인은 자기 계급의 헤게모니적인 문화를 생산하고 은폐하지 않는다. 그람시는 노동 계급이 문화적 헤게모니를 지니기 위해서는 유기적 지식인을 만들어 내는 교육이 필요하다고 보았다.

시민사회

그람시에게서 문화적 헤게모니라는 개념은 시민 사회라는 개념으로 연결된다. 문화적 헤게모니에 대한 강조는 당연히 사회에서 문화적 헤게모니가 행사되는 기구들을 주목하게 만들었다. 그람시가 시민 사회 개념으로 포괄한 교회, 학교, 언론 등과 같은 기구들은 문화를 매개로 헤게모니적인 힘을 발휘하고 있다. 이런 기구들은 정치적 기구인 경찰, 군대와 같은 기구들의 폭력적 억압을 보완하거나 은폐시킴으로써 지배 계급의 지배를 유지한다. 그람시는 심지어 정치적, 폭력적인 국가 기구가 무너진 이후에도 시민 사회가 살아남아 있으면 이로부터 정치적 폭력 기구가 재생산된다고 보았다.

그람시가 제시한 시민 사회라는 개념은 두 가지 연관된 개념을 발전시켰다. 하나의 개념은 수동 혁명이라는 개념이다. 시민 사회의 문화적 헤게모니가 계속 유지될 수 있기 위해, 다시 말해 피지배 계급이 지배 계급의 지배에 자발적으로 동의하게 만들기 위해서는 지배 계급도 일정한 양보가 필요하다. 지배 체제를 근본적으로 위험스럽게 만들지 않는 한, 저항하는 피지배 계급의 요구를 일정 정도 수용한다는 말이다. 문화적 헤게모니, 자발적 동의는 보편적인 요구라는 가상 위에서만 지속할 수 있기 때문이다. 그람시는 지배 계급의 양보를 수동 혁명이라고 보았다.

수동 혁명의 현상을 그람시는 여러 가지로 예시했다. 내표적인 것이 노동조합을 합법화시켜 노동자의 저항적 요구를 부분적으로 수용하는 것이다. 또한 부르주아가 폭력적으로 지배하다가도 민주화의 열기가 높아지면 민주주의를 일정 정도 수용하는 것이다. 무엇보다도 그람시는 파시즘을 수동적인 혁명으로 간주했다.

이탈리아 파시즘은 아나코생디칼리즘적인 노동 운동 속에서 성장했다. 무솔리니는 본래 이탈리아 북부에서 발전한 노동 운동에서 중요한 지도자 중 한 사람이었다. 제1차 세계대전 이후 유럽의 후진 자본주의에 속한 이탈리아에는 식민지를 획득하려는 욕구가 발생하면서 민족주의가 성장했다. 민족주의가 노동 운동과 결합되면서 무솔리니의 파시즘이 등장했다. 그람시는 파시즘을 설명하면서 파시즘 체제가 한편으로 제국주의화하면서도 다른 한편으로는 저항하는 노동자의 요구를 일정 정도 수용하였으니 수동 혁명에 속한다는 것이다.

시민 사회라는 개념과 연결된 또 하나의 개념이 소위 진지전이라는 개념이다. 전통적인 혁명 개념은 정치적 폭력 기구들을 일시에 타격하여 무너뜨리는 것으로, 자주 군대의 기동전에 비유되어 왔다. 그람시는 기동전에 앞서서 우선 시민 사회의 헤게모니적인 기구를 점령하는 전투가 필요하다고 주장하면서, 이는 참호를 파고 싸우는 진지전과 유사하다고 말했다. 그는 진지전은 시민 사회의 문화적 헤게모니를 비판하여 해체하는 작업이어서 장기적인 시간이 요구된다고 했고, 일종의 전선처럼 모든 곳에서 전면적으로 벌어지는 전투라고 보았다. 진지전은 지지부진하며 막대한 힘을 소모하게 하지만, 시민 사회를 정복하지 않고 정치적 기구만 타격해서는 새로운 사회를 건설하기란 불가능하다.

그람시의 사상은 1920년대 무솔리니의 지배하에서 공산당 지도자로 활동하면서 겪었던 체험을 감옥에서 종합한 것이지만, 빛을 본 시기는 전후였다. 그의 사상은 전후 이탈리아 공산당의 이념적 기조가 되었다. 이탈리아 공산당은 그의 사상을 실천하는 가운데 강력한 힘을 얻게 되었다. 그람시의 전략 덕분에 서구 사회에서 공산당이 대부분 몰락한 요즈음에도 이탈리아 공산당이 정치적으로 막강한 힘을 가지게 되었다.

루카치와
의식의 물화

상품 생산 사회에서 개인의 운명은 시장에 종속되어 있다. 개인이 생산한 상품이 시장에서 판매되어 교환 가치가 실현되어야만 살아갈 수 있지만, 생산한 상품의 실현 여부나 교환 가치를 미리 알지 못한다. 개인은 자기가 알지 못하는 시장에 전 운명을 걸고 있다. 시장은 각 개인을 농락하는 심술궂은 신이다.

루카치의 역사적 총체성

루카치는 독일 고전 문화의 전통에서 훈련받았던 마르크스주의자이다. 그의 마르크스주의에는 헤겔Georg Wilhelm Friedrich Hegel의 목적론적 철학과 괴테, 발자크Honoré de Balzac 등의 리얼리즘 문학이 깊이 스며들었다. 루카치는 1919년 벨라 쿤Béla Kun이 지도하는 헝가리 혁명에 참여했으나, 이 혁명은 연합군의 간섭으로 실패로 돌아갔다. 비엔나로 망명한 그는 역사적 경험을 바탕으로 《역사와 계급 의식》을 발표하면서 마르크스주의를 재해석했다.

루카치는 《역사와 계급 의식》에서 역사적 유물론 철학을 확립하고자 시도했다. 그는 헤겔의 변증법을 주관이 객체를 형성하는 역사적인 과정으로 파악했다. 주관과 객체의 관계는 노동이 물질적 재료에 인간적 목적을 부여하여 재구성하는 활동과 같은 것으로 설명되었다. 이런 역사는 일조일석에 이루어지지 않고 오랜 과정을 통과해야 한다. 역사적 과정 끝에 마침내 주관의 형식이 객체 속에 실현되면서 주관과 객체는 통일에 이른다. 이 통일

루카치

을 루카치는 총체성이라고 이름 붙였다.

　루카치는 자신의 총체성의 개념이 헤겔에서 유래한 것으로 파악하였다. 하지만 그의 개념은 헤겔 변증법보다는 오히려 이성적 형식이 직관적 재료를 구성한다는 칸트의 초월적 구성 개념과 더 가깝다고 하겠다. 헤겔의 변증법의 경우 주관이 객체를 구성하는 과정은 주관의 자기 내 반성을 통해 매개되지만, 루카치에게서는 자기 내 반성의 과정이 결여된 것으로 보인다.

　루카치는 주관에 의한 객체의 구성 과정을 역사가 전개되는 방법으로 파악한다. 주객의 통일은 역사를 구성하는 방법이다. 주객 통일의 방법을 통해 역사의 체계가 구체적으로 구성된다. 루카치

철학은 방법과 체계라는 대립적 개념 중 체계보다는 방법을 강조하는 철학이라 하겠다. 그의 철학은 역사 법칙보다 역사를 이끌어가는 계급 투쟁을 강조하는 입장으로 전환된다.

방법을 강조하는 루카치에게서 변증법적으로 발전하는 것은 오직 인간의 역사뿐이다. 자연은 주관과 객체 사이의 구성이라는 관계를 결여하므로 변증법적으로 전개되지 않는다. 루카치의 관점은 자연 속에서 변증법을 찾으려 했던 엥겔스의 자연 변증법 개념과 배치되는 것으로 보인다.

상품의 물신화

루카치가 《역사와 계급 의식》을 작성할 당시는 러시아 혁명 직후 유럽 전체에 파급되었던 혁명적 봉기가 퇴조하고 있던 시기였다. 일부 혁명가들은 퇴조기로 받아들이고 대중 속으로 들어가자고 주장했지만, 다른 혁명가들은 일시적인 퇴조에 불과하고 곧 혁명적 봉기의 물결이 밀어닥칠 것으로 생각했다. 루카치는 후자에 속하였다.

급진적인 혁명 의식 속에서 루카치는 레닌을 비판했던 로자 룩셈부르크의 정치적 입장을 비판하고 레닌의 정치적 입장을 옹호하려 했다. 독일 사민당의 지도자였던 로자 룩셈부르크는 대중의

룩셈부르크

자발성과 민주적인 조직을 무척이나 강조했다. 반면 레닌은 전위 혁명가에 의한 혁명 정당을 강조했다. 루카치는 레닌의 정치적 입장을 옹호하기 위하여 레닌의 혁명 정당이라는 개념을 주관에 의한 역사 구성이라는 변증법적 방법을 통해 정당화하려 했다. 레닌의 혁명 정당을 옹호하려는 루카치의 시도는 의식의 사물화 이론을 낳게 되었다.

주관이 객체를 구성한다고 할 때 객체는 주관과 일치하게 된다. 일치가 곧 주객 통일체이다. 그런데 객체가 주관에 의해 구성되었음에도 불구하고 주관에 대립하여 낯선 대상이나 사물로 나타나게 될 때가 있다. 이를 소외라고 한다.

헤겔이 처음 제시한 소외 개념은 이미 마르크스에 의해 받아들여졌다. 유명한 초고 중 하나인 《정치경제학 비판 요강》에서 마르크스는 자본이 노동자의 산물임에도 노동자에 대립하여 노동자를 지배하는 현실을 소외 개념을 통해 설명했다. 《요강》은 수고로 남은 채 잊혔다가 1930년대 다시 발견되어 이후 마르크스의 소외 이론의 원천이 되었다. 루카치는 수고가 발견되기 이전에 헤겔의 소외 개념에 의존하여 마르크스의 소외 이론을 미리 발견했으니, 그의 천재성을 잘 알 수 있다.

마르크스는 《자본론》에서 상품에는 사용 가치와 교환 가치가 있다고 했다. 사용 가치는 개별적이고 질적인 측면이며, 교환 가치는 다른 상품과 공통적이고 양적인 측면이다. 원래 모든 상품은 사용 가치가 목적이다. 누구에겐가 욕망을 충족시키는 수단으로 사용됨으로써만 상품은 의미를 지닌다. 자본주의 이전의 모든 시대에서 상품 생산은 주문 생산 체제였으며, 상품은 사용 가치의 생산이 목적이었고, 여기서는 상품을 사용하는 소비자가 이미 결정되어 있었다. 반면 자본주의 시장에 이르면 상품은 사용 가치가 아닌 교환 가치를 목적으로 생산된다. 생산은 누군가가 소비하는 것을 목적으로 하지 않으며, 교환 가치를 증대하는 것을 목적으로 이루어진다.

자본주의 아래에서 생산자는 상품을 생산하는 동안에는 누가 소비자인지 아직 알지 못한다. 시장에 나가서 실제 교환이 이루어짐으로써 상품은 소비자를 비로소 만난다.

　교환 가치로서 상품은 더욱더 많은 교환 가치를 생산하려 한다. 필연적으로 사용자를 찾지 못하면서 생산과 소비의 불균형이 증대된다. 그 차이를 극복할 수 없는 상태에 이르면 마침내 경제 공황이 출현한다.

마르크스 《자본론》

노동자 의식의 물화

마르크스가 경제적으로 자본주의 생산 체제가 빠지게 되는 위기에 주목했다면, 루카치는 자본주의적 생산 체제가 인간의 삶에 대해 가지는 의미에 더욱 주목한다. 자본주의 생산 체제에서 개인의 운명은 시장에 종속되어 있다. 개인이 생산한 상품이 시장에서 판매되어 교환 가치가 실현되어야만 살아갈 수 있지만, 생산한 상품의 실현 여부나 교환 가치를 미리 알지 못한다. 개인은 자기가 알지 못하는 시장에 전 운명을 걸고 있다. 시장은 각 개인을 농락하는 심술궂은 신이다.

시장이란 무엇인가? 인간들이 서로 교환의 필요성을 위해 만든 것이 아닌가? 자본주의에서 시장의 지배는 인간이 자신이 만든 시장에 스스로 농락당한다는 의미이다. 루카치는 이를 시장에 의한 인간의 소외라고 말하고 있다. 시장은 인간이 만든 것인데도 인간을 지배하는 물신物神과 같다. 물신이란 우상 숭배의 대상이 되는 것을 말한다.

자본주의 생산 체제에 이르면 인간의 노동력조차도 상품화된다. 노동자는 자신의 노동력을 생산한다. 그러기 위해서는 집과 음식과 휴식 시간, 노동을 위한 훈련 시간 등이 있어야 한다. 이를 마련하려면 자신의 노동력을 시장에 내다 팔아 생계비를 마련해야 한다. 그의 노동력이 시장에서 판매될지는 전적으로 시장 상황에 의존한다. 그의 노동력을 사 주는 자본가가 시장에 있어야 한다. 아무리 훈련된 노동력과 왕성한 노동력을 가졌더라도 시장이 원하지 않으면 굶어 죽지 않을 수 없다. 자본이 지배하는 시장에 종속된 노동자에게 시장의 자본은 물신이 된다. 물신화된 자본의 힘 앞에서 노동자는 한없이 굴복한다. 이를 통해 노동자의 의식이 물화된다.

개인은 시장에서 개체가 지닌 고유한 가치에 따라 평가되지 않는다. 그의 가치는 시장에서 구매되는 교환 가치에 의해 평가된다. 노동자는 자신의 노동력을 더 비싼 값으로 판매하려고 한다. 스펙을 쌓기 위해 온갖 노력을 기울이는 청년들을 보면, 용모조차도 스펙화되고 건강도 스펙이 되는 사회적 풍조를 보면, 인간의 물화라는 루카치의 생각은 떨쳐 버릴 수 없다.

혁명적 계급 의식

루카치의 대표적인 작품인《역사와 계급 의식》은 여기서 멈추기 않고 노동자 의식의 물화를 극복하여 혁명이 가능한가를 모색한다. 이때 루카치는 아주 급진적인 혁명 노선을 선택한다. 노선의 핵심적 특징은 당과 전위의 역할을 강조하는 데 있다.

레닌도 노동자의 의식이 물질적 이기주의에 사로잡힐 가능성을 고려하면서 노동자가 정치적 계급 의식을 자각적으로 가져야 극복이 된다고 보았다. 노동자에게 이와 같은 계급 의식을 전파하려면 혁명가로 이루어진 전위 정당이 필요하다는 것이다. 의식의 물화라는 루카치의 개념은 레닌의 주장을 이론적으로 정당화한 것으로 간주할 수 있다.

그러나 루카치와 레닌은 상당한 차이를 지닌다. 레닌의 경우 노동자의 이기주의는 극복할 수 없는 것이 아니며, 스스로의 경험을 통해 충분히 극복 가능한 것이었다. 레닌에게 전위 정당의 개념은 매우 유연한 것이었다. 레닌은 기꺼이 노동자 출신을 전위 정당 소속으로 받아들이려 했으며, 혁명 이후 지하 활동의 필요성이 줄어들자 즉각 대중적인 정당으로 전환하려 했다.

그에 반해 루카치에게 노동자 의식의 물화는 철학적인 원리가 되어 버렸다. 노동자 스스로는 극복하기 어려우며 그 극복은 원칙적으로 불가능한 것이었다. 결국 루카치에게 전위에 의한 혁명 정당이라는 개념은 상당히 경직되어 버렸다. 노동자는 어디까지나 교양과 통제의 대상이 되었고, 지식인 혁명가가 중심이 되었다.

루카치의 사상은 자신이 옹호하려 했던 레닌에게 즉각 반박을 받았다. 레닌은 루카치의 사상을 좌익 소아병이라고 비판하면서 우익 기회주의와 마찬가지로 위험한 사상으로 간주했다. 비판에도 불구하고 루카치의 사상은 1930년대에 널리 유행했다. 그 결과 사회주의 운동 중 순결주의나 이론 우위의 유행을 낳았다. 루카치는 1930년대 말 코민테른의 비판을 받았는데, 루카치의 사상이 지닌 이론 우위와 순결주의 때문이었다.[31]

사회주의 리얼리즘

루카치는 1920년대 혁명에 뛰어들기 전 이미 탁월한 문학 이론가였다. 그는 1916년 《소설의 이론》을 발표했는데, 이는 문학 장르가 지닌 기본적인 형식을 사회 구조로부터 설명하려는 시도였다.[32] 당시 루카치는 아직 신칸트학파나 헤겔 철학 아래 머물러 있었다. 1920년대 이르러 마르크스주의를 수용한 그는 《소설의 이론》에 나오는 미학적 이론을 스스로 비판하였다.

루카치는 《역사와 계급 의식》으로 좌익 소아병이라는 비판을 받은 이후 정치 일선에서 물러났다. 그는 1930년대부터 다시 고전 문학 연구에 몰두하기 시작했다. 그는 1930년대 리프시츠Mikhail Aleksandrovich Lifshitz와 더불어 문학 비평 잡지를 창간했다. 그는 이 잡지를 통해 1930년대 모더니즘과 같은 예술 운동을 비판하면서 사회주의 리얼리즘 이론을 확립했다.

루카치의 사회주의 리얼리즘은 예술이 현실을 반영한다는 원리에서 출발했다. 리얼리즘은 현실을 눈앞에 나타나는 대로 모사하는 것으로 그쳐서는 안 된다. 리얼리즘은 현실 속에 내재하고 있는 역사의 내재적 가능성을 반영할 수 있어야 한다. 그의 반영론은 소박한 경험 반영론이 아니라 현실의 본질을 반영하는 본질적 반영론이 된다. 그것은 역사적 가능성을 그려 내는 것이어서 눈앞의 현실에 비판을 제시하는 비판적 반영론이기도 하다.

루카치의 반영론을 특징 지워 주는 개념은 특수성이라고 하겠다. 특수성 개념은 헤겔 미학에서 유래했다고 말해지지만, 사실 헤겔 미학보다는 실러Johann Christoph Friedrich von Schiller가 제시한 고전 미학의 개념과 가깝다. 헤겔 미학은 가상假象의 미학이다. 현상의 모순을 통하여 무한한 이념을 드러내는 것이다. 실러의 고전미학은 개념을 구체화하는 감각적 표현, 다시 말해 현상現象을 강조한다. 보편적인 개념을 표현하는 구체적인 현상이 곧 보편성과 개별성의 종합이라 할 수 있는 특수성이라는 개념이다.

특수성 개념이 문학예술에 구체적으로 출현하면 이른바 전형이라는 개념이 된다. 전형은 추상적인 개념을 구체적으로 제시하는 감각적 현상이다. 자본가의 전형은 배가 나오고 얼굴에 기름기가 도는 모습이다. 지식인의 전형은 샌님 같은 얼굴과 흰 손이다.

루카치는 전형 이론을 자신의 미학을 대표하는 저서《역사 소설론》에서 전개했다. 그는 19세기 초 자본가가 역사의 해방자로 유럽에 등장했을 때 출현한 역사 소설에서 전형을 발견할 수 있다고 보았다. 그는 그 예로서 스콧Walter Scott의 역사 소설이나 발자크의 시대 소설을 들고 있다. 하지만 1848년 혁명 이후 자본가가 노동 계급을 억압하는 계급으로 전환되면서 리얼리즘 문학은 사라지고, 대신 플로베르Gustave Flaubert처럼 사회적 현실에서 도피하거나 형식을 강조하는 소설로 대체되었다.

루카치는 리얼리즘, 반영론, 전형 개념을 통해 동시대의 문학과 예술을 활발하게 비판했다. 그는 내적인 절망을 표현하는 카프카Franz Kafka의 문학보다는 충실하게 시대상을 그려 내는 토마스 만Thomas Mann의 작품을 더 높이 평가했다. 루카치의 미학은 고전주의 미학을 사회주의 미학에 접목한 것으로, 사회주의 미학의 기초가 되었다. 루카치가 1950년대 들어 동구 사회에서 휴머니즘적 사회주의, 또는 실존적 사회주의의 선구자로 간주되는 것도 이와 같은 미학적 개념 때문이라 하겠다.

루카치의 고전적 리얼리즘 미학은 자본주의 사회를 비판하는 척도가 되기도 하지만, 동시에 사회주의 사회를 비판하는 척도가 될 수도 있다. 루카치의 이론은 소련 지배하의 동구 사회에서 저항 운동을 발생시켰다. 루카치에게 영향받은 1950년대 실존적 마르크스주의자는 사회주의적 집단주의와 개인의 자유, 혁명주의적 휴머니즘, 당의 전위적 지도와 노동자의 자주적 관리의 결합 등이 가능하다고 보았다.

루카치는 1955년의 나지Imre Nagy가 지도하는 헝가리의 반소 봉기에 참여했다. 개인의 자유를 확보하고, 사회적으로 자치 관리를 실현하며, 정치적으로 민주화되고, 소련의 영향력을 벗어난다 등의 프로그램이 작성되었으나, 탱크를 앞세운 소련의 무력 탄압 앞에서 아무런 힘을 발휘할 수 없었다. 반소 봉기가 실패로 돌아간 후 루카치의 추종자들이 망명을 택했음에도 불구하고 그는 헝가리에 머물렀다.

알튀세르와 마르크스주의

서구 마르크스주의의 위기를 포착한 알튀세르는 위기의 원인이 마르크스주의 내부에 있으며, 따라서 마르크스주의의 재구성이 필요하다고 주장하였다.

인식론적 단절

전후 노동 계급의 사상 중 가장 특이한 것은 알튀세르의 구조주의적 마르크스주의이다. 알튀세르는 1960년대 들어 정통 마르크스주의에 강력하게 도전했다. 마침내 1970년대 그는 프랑스 공산당의 이론가로 자리 잡게 되었다. 알튀세르의 역사적 배경에는 스탈린 시대의 교조적 마르크스주의에 대한 지식인의 실망이 있었다. 이것은 스탈린 사후 소련 공산당의 20차 전당 대회에서 스탈린을 비판하면서 표면화되었다.

프랑스 내부에서 본다면 1968년 5월 혁명에서 지식인의 반관료주의 투쟁을 공산당이 수수방관한 것에 대해 자기비판이 일어났다. 비마르크스주의적 여성 운동과 환경 운동 등이 등장하자 새로운 이론적 관점이 필요했다.

이론적으로는 1960년대 등장한 구조주의의 영향이 컸다. 구조주의는 자연 과학에 비해 과학성과 엄밀성이 뒤떨어진 인문 과학도 과학적이며 엄밀할 수 있음을 입증했다. 전반적인 시대풍

알튀세르

조 앞에서 정통 마르크스주의의 위기를 포착한 알튀세르는 위기
의 원인이 마르크스주의 내부에 있으며, 따라서 마르크스주의의
재구성이 필요하다고 주장하였다. 그에 따르자면 마르크스에 대
한 교조주의적 해석은 마르크스의 청년기 저서와 성숙기 저서를
연속적으로 보고 있다.

　그러나 알튀세르는 마르크스 사상의 연속성을 비판한다. 마르
크스는 청년기에는 헤겔 철학과 영국의 정치경제학에서 받은 깊

은 영향을 벗어나지 못하여 고유한 철학을 세우지 못하였다. 마르크스는 1845년 작성된 《독일 이데올로기》에서 영향을 벗어나 고유한 철학을 전개하기 시작했고, 1860년대 초부터 쓰인 《자본론》에 이르러 독자적 철학을 확립했다. 《자본론》에도 청년기의 경향이 남아 있는데, 그 잔재는 1875년에 쓰인 《고타 강령 비판》에서 완전히 사라졌다.

마르크스 철학의 전환을 알튀세르는 마르크스의 인식론적 단절이라고 이름 붙였다. 그는 마르크스의 고유한 철학을 재구성하려면 후기 저서를 중심으로 해야 하며, 이미 보았듯이 후기 저서조차 초기의 경향이 남아 있어서 독특한 해석 방법론이 필요하다고 주장했다. 그것이 곧 징후적 독해라는 방법이다.

징후적 독해란 프로이트의 정신분석학에서 유래한 개념이다. 징후란 감추어진 욕망을 드러내지만, 여러 단계의 검열 과정을 통해 은폐된 이후에 남은 것이다. 검열 과정을 되짚어가면서 징후를 해석해야 그 속에 감추어진 욕망을 발견할 수 있다. 알튀세르는 징후적 독해라는 방법을 이용해서 마르크스의 저서 가운데 은폐되어 드러나지 않는 고유한 철학을 찾아내려고 하였다. 징후적 독해를 위해 눈앞에서 발견되는 것에 주목하지 않고 말해지지 않은 침묵과 공백을 주목해야 한다.

총체성의 개념

알튀세르의 마르크스 재해석은 두 가지 개념을 중심으로 한다. 하나는 총체성의 개념이고, 다른 하나는 이론적 생산의 개념이다. 우선 총체성 개념부터 살펴보기로 하자.

알튀세르는 정통 마르크스주의가 헤겔의 총체성 개념에 의존한다고 본다. 그것은 사회적 실재를 본질이 점차 드러나는 현상이라고 보거나, 이데아의 자기 발전으로 파악한다. 이 경우 본질과 현상, 이데아와 표현 사이에는 점진적이며 연속적인 발전이 존재한다. 이런 주장은 세계가 섭리의 전개라고 보는 신학의 변장 형태에 불과하다.

알튀세르는 헤겔의 총체성 개념에 마르크스의 총체성 개념을 대립시켰다. 마르크스의 총체성 개념은 한 사회를 다양한 수준들(경제적, 정치적, 이데올로기적)의 복합적인 결합체로 파악하게 된다. 다시 말해 사회적 복합체란 상대적 자율성을 지닌 각 수준이 결합한 구조에 의해 나타난다. 여기서 결합은 부분들이 구별될 수 없이 결합한 유기체적인 결합 같은 것도 아니며, 부분들이 완전히 외면적으로 결합된 기계와 같은 것도 아니다. 사회적 복합체는 각 부분의 독립성과 전체적 결합이 공존하는 형태의 결합체라 할 수 있다.

알튀세르는 마르크스의 총체성 개념에 기초하여 경제적 토대와 정치, 이데올로기적인 상부 구조 사이에 존재한다고 주장되는 경제 결정론적 관계를 부정한다. 그는 경제적 수준과 정치적 수준, 이데올로기적 수준의 관계를 두 가지 개념을 통해 정리한다. 하나는 결정 수준이라는 개념이고, 다른 하나는 지배의 수준이라는 개념이다.

예를 들어 중세를 보자. 중세 사회를 뒤흔들어 놓았던 중요한 사건은 대부분 종교 전쟁이었다. 그만큼 중세에서는 종교가 지배적인 역할을 했다. 가톨릭에서 개신교로 종교적인 전환이 중세 사회에 일어났을 때의 토대는 경제적 변화였다. 자본주의가 발전하면서 부르주아의 삶을 옹호하는 개신교가 출현한 것이다. 중세에서 결정적인 것은 역시 경제적 토대이다. 이번에는 근대 자본주의 사회를 보자. 시시각각 정권의 교체가 이루어진다. 거의 대부분의 정권 교체는 경제적 이해를 중심으로 하는 투쟁이다. 단적인 예로 미국 독립 전쟁의 본질적인 이유는 차에 매겨진 세금에 있었다. 경제적인 수준이 지배적이면서도 동시에 결정적인 원인이 되었다.

전체 사회를 본다면 경제적인 것이 항상 결정적인 수준이다. 그러나 각 사회나 역사마다 지배적인 역할을 하는 것은 경제적 수준일 수도 있고, 정치적 수준일 수도 있고, 종교와 같은 이데올로기적 수준일 수도 있다. 각 사회에서 지배적인 수준이 어느 수준인가를 결정하는 것은 경제적 수준이다. 연극에서 지배적 인물인 주인공을 결정하는 사람은 작가인 것과 같다. 때로 극 중에 인물이 작가를 대변한다면 지배자와 결정자가 동일하게 된다. 지배와 결정이라는 이중적인 관계 속에서 사회를 이루는 각 수준은 상대적인 자율성을 가지면서도 구조적으로 결합한다.

사회를 상대적 자율성을 지닌 복합체로 본다는 점 때문에 알튀세르는 사회를 인식하는 또 하나의 중요한 개념인 모순 개념도 재해석하게 된다. 정통 마르크스주의는 하나의 근본 모순(자본과 노동의 모순)이 있고, 근본 모순에서 점차 주변적인 다양한 모순(대자본과 소자본의 모순, 제국주의 자본과 민족 자본의 모순, 소시민과 노동 계급의 모순, 남녀의 모순)으로 파생한다고 본다. 알튀세르는 이런 모순을 헤겔의 모순 개념이라고 비판하면서 새로운 모순 개념을 제시한다.

알튀세르는 사회를 복합체로 파악하듯이 모순도 복합체라고 본다. 다양한 모순이 복합하여 전체 모순을 형성한다는 것이다. 여기서 이른바 중층적 결정이라는 개념이 나온다. 사회를 이루는 하나의 수준은 자체 내에 고유한 모순이 있고, 또한 전체 복합체에 의해 규정되는 모순이 있어서 두 가지 모순이 동시적으로 작용한다는 것이다. 중층 결정론이라는 개념 자체는 프로이트의 정신분석학에서 나온 것이다.

알튀세르는 모순 개념을 레닌이 러시아 혁명을 분석한 것에서 찾아낸다. 레닌은 러시아가 유럽 사회에서 약한 고리라고 말하면서 러시아에서 혁명이 성공한 이유를 설명한다. 러시아가 약한 고리가 되는 이유는 다양한 모순이 중층적으로 작용하기 때문이다. 러시아에는 자본과 노동 사이의 모순뿐만 아니라, 산업화된 도시와 봉건적인 농촌 사이의 모순도 작용하며, 유럽 제국의 자본과 러시아 자본 사이의 모순도 작용한다. 게다가 러시아에는 봉건 계급 내부의 분열(성직자와 관료 귀족)이 존재했고, 혁명가의 첨예한 혁명적 의식과 대중의 덜 발전된 의식 사이의 모순도 작용한다.

사회적 총체성, 상대적으로 자율적인 복합체, 모순의 중층적 결정 등과 같은 알튀세르의 새로운 개념들은 경제 결정론을 주장하면서 역사를 과도하게 단순화시킨 속류 마르크스주의를 극복할 장점을 지닌다. 하지만 알튀세르는 결정 개념과 지배 개념을 명확하게 정의하지 못하면서 구체적으로 사회를 파악하는 과정에서 많은 혼란을 야기했다는 문제점을 가진다.

이론적 실천

알튀세르의 중요한 주장 중 하나는 경험주의적 지식 개념에 대한 비판이다. 경험주의에서 지식은 본다는 것vision으로서 규정할 수 있다. 순수하게 객관적인 대상은 직접 관찰이 가능하며, 주관의 시각적 경험에서 객관적 대상이 구체적으로 풍부하게 주어진다는 것이다. 시각적 경험은 진리의 기초가 된다.

보편적 인식은 경험에서의 추상을 통해서 성립한다. 추상이란 구체적 경험에서 공통성과 필연성을 분리하여 본질로 삼고, 나머지 개별적이거나 우연적인 것을 제거하는 과정이다.

경험주의는 흔히 철학사에서 말하는 로크John Locke, 흄David Hume 등의 경험론에 그치지 않는다. 본질 직관을 주장하는 철학도 경험론으로 간주된다. 인식은 여기에서도 객관적 대상에 대한 직접적인 시각에서 출발하기 때문이다. 알튀세르는 구조주의적 관점에서 이런 경험주의를 비판한다. 그는 시각적인 경험이 일어나기 전에 이미 시각의 한계를 결정하는 개념 틀이 존재한다고 본다. 개념 틀은 기본 개념들의 구조적 연관 관계를 말한다.

동일한 대상이라도 서로 다른 개념 틀에 있다면 외면적 유사성에도 불구하고 근본적으로 다른 의미와 기능을 행사한다. 예를 들어 진화라는 개념은 라마르크Jean Baptiste Lamarck의 목적론적 체계와 다윈의 맹목적인 체계에서 서로 다른 의미를 지닌다. 전자에서 진화는 내재하는 가능성의 실현이지만, 후자에서는 단순한 우연의 산물에 지나지 않는다.

시각적 경험 자체가 개념 틀에 의해 결정되므로 객관적이고 중립적인 대상 자체가 성립하지 않는다. 모든 시각적 경험이 이미 구조적인 개념 틀에 영향을 받으니까 객관적 대상이 있는지 알 수가 없다. 시각적 경험을 결정하는 개념의 체계는 인식을 결정하는 개념 틀(또는 인식 틀)에 그치지 않는다. 나아가서 그것을 제기할 수 있는 문제와 검증 방식조차 지배하므로 문제의 체계라 할 문제 틀이 된다.

과학적 인식의 체계를 보자. 사물에 내재하는 본질이 존재한다는 실재론적인 개념 틀은 사물을 분류하는 분류학에 관한 관심을 불러일으켰고, 본질이 발전하는 역사학에 관한 관심을 일으켰다. 근대 실재론이 분류학과 역사학이라는 문제 제기의 토대가 되었다. 이는 사물을 인식하는 개념 틀이 곧 과학적인 문제를 불러일으키는 문제 틀이라는 사실을 단적으로 보여 준다.

인식이 인식 틀에 의해 결정되므로 알튀세르는 인식도 노동과 마찬가지로 생산적인 과정이라 본다. 노동은 물질적 재료에 가공의 도구를 이용하여 인간적인 목적을 부여하는 과정이다. 마찬가지로 인식도 세 가지로 이루어진다. 하나는 인식의 재료로, 과거의 인식에서 주어지는 것이다. 즉, 전제된 상식이다. 또 하나는 인식의 도구이다. 새로운 인식 틀은 인식을 위한 관심과 수단과 절차를 마련한다. 마지막으로 인식의 산물인 이론이 존재한다. 세 가지가 노동 과정에서처럼 결합함으로써 구체적인 인식이 이루어진다. 인식은 인식 틀이 생산된 이후 비로소 시작된다. 알튀세르는 인식의 틀을 마련하는 과정을 이론적 실천이라고 규정한다.

호명이론

마르크스주의를 전면적으로 재구성하려는 알튀세르의 노력은 역사적 유물론과 인식의 문제를 넘어서서 이데올로기 문제로 확대되었다. 그는 우선 그람시가 제시한 헤게모니 기구로서의 시민 사회 개념을 수용하여 이를 이데올로기를 산출하는 기구라 규정했다. 그는 이데올로기 기구는 정치적인 억압 국가와 단절된 듯 보이지만, 사실은 구조적인 연관 속에서 작용한다고 보았다. 따라서 이데올로기 기구를 단순한 사적인 기구를 넘어서서 국가 기구로 정식으로 편입했다.

문제는 이데올로기 기구가 작용하는 메커니즘을 밝혀내는 것이었다. 마르크스와 루카치, 그람시는 대체로 지배 계급과 피지배 계급 사이의 물질적 이익의 공통성에서 그 메커니즘을 찾으려 했다. 알튀세르는 획기적으로 새로운 접근법을 취하였다. 그는 1960년대 프랑스 지식인 사회를 뒤흔든 라캉의 정신분석학을 수용했다. 성 안느 병원에서 세미나를 개최하던 라캉을 프랑스 지식계의 중심 기구인 대학으로 불러들여 세미나를 하게 했던 장본인이 바로 알튀세르였다.

알튀세르는 라캉의 다양한 정신분석학적 개념 가운데 상징적 동일화라는 개념에 주목했다. 라캉은 주체는 상징적 질서 속에서 태어난다고 보았다. 사회적 질서는 언어나 법과 같은 상징적 체계에 의해 지배된다. 상징적 질서에는 개인이 들어갈 자리가 미리 마련되어 있다. 마치 원근법적인 구도를 가지고 있는 그림에서 그림을 보는 관객이 들어갈 자리(소실점)가 미리 마련되어 있는 것과 같다. 그 자리란 상징적 질서가 각 개인에게 부여하는 역할을 의미한다.

상징계에 마련되어 있는 자리에 개인이 들어가면 개인은 상징계에 의해 부여되는 역할을 받아들인다. 누구는 학생이 되고 누구는 노동자가 된다. 상징적 역할은 이제 개인의 구체적 인격을 대신하게 된다. 개인이 구체적 인격 대신 상징계에서의 역할을 수용하는 것이 상징적 동일화이다. 상징적 동일화 과정을 통해 상징적 주체가 탄생한다.

라캉에 따르자면 인간은 본래부터 주체가 아니다. 주체는 상징적 동일화를 통해 만들어진다. 관객이 그림에 의해 부여된 시선의 자리에 들어서면서 자신이 시각의 주체인 것처럼 생각하듯이, 개인은 상징계에 의해 부여된 자리에 들어서면서 자기가 상징계의 주체인 것처럼 생각한다. 하지만 시선을 만들어 내는 진정한 주체는 그림의 원근법이고, 주체를 만들어 내는 진짜 주체는 상징계의 질서가 된다.

알튀세르는 라캉의 상징적 동일화라는 개념을 받아들여서 이데올로기가 작용하는 과정으로 재해석한다. 이게 바로 그의 유명한 호명 이론이다. 그는 호명 이론을 설명하기 위해 예를 하나 들고 있다.

길을 가는데 경찰이 "어이, 거기 서!" 하고 부른다. 처음에는 나를 향한 말이라고 생각하지 않으며 길을 계속 간다. 그러다 뒤통수를 잡는 시선을 느끼고 주저하다가 끝내 뒤를 돌아보게 된다. 뒤를 돌아보는 순간 나는 경찰의 호명이 나 자신을 향한 것임을 받아들인다. 나는 갑자기 범죄자가 된 듯 전에는 존재하지 않았던 죄책감을 느낀다.

뒤를 돌아보는 순간 나는 경찰이 펼쳐 놓은 상징적 질서의 세계 속에 들어가게 된다. 다시 말해 경찰이 지목하는 범죄자라는 상징적 지위를 차지하는 것이다. 나는 순전한 개인에서 상징적 질서 속의 이데올로기적인 주체가 된다. 나의 주체가 상징적 질서에 의해 만들어진 것이다.

라캉이 주목하는 지점은 왜 내가 주저하다가 끝내 뒤를 돌아보았는가 하는 것이다. 그것은 일종의 상상적인 오인이다. 경찰이 부르는 호명은 사실 내가 아닐 수도 있다. 돌아보는 순간 나를 향한 호명이라고 오인하는데, 상상된 호명이 실제로 정당한 호명이 되어 버린다. 호명 이론에서 상상적 오인이 나를 실제로 만든다는 점이 흥미롭다.

알튀세르가 이데올로기적인 주체가 탄생하는 과정을 설명한 것은 후일 푸코Michel Paul Foucault가 근대적 주체 개념을 비판하는 선구가 되었다. 푸코 역시 주체란 인간의 본래 모습이 아니라 당대 사회에 의해 만들어지는 것이라 주장했다. 근대적 주체, 합리적으로 판단하고 자신의 선택을 실현하는 자유로운 주체는 19세기 말의 강제 노동 수용소에서 규율을 통해 부랑아를 자율적 개인으로 만들어 내는 과정에서 탄생했다는 것이다.

유로코뮤니즘의 한계

루카치, 그람시, 알튀세르는 마르크스주의에 기초하여 이론을 발전시켰다. 서구 마르크스주의 내부에서 일어난 그들의 쇄신으로 마르크스주의는 더욱 풍부해졌고 구체화되었다. 소련이 주도하는 정통 마르크스주의에 반하는 서구 마르크스주의의 도전은 마르크스주의를 이론적으로 발전시켰다. 그런데도 서구 마르크스주의가 정통 마르크스주의를 대체하지 못했으며, 더욱이 서구 내부에서도 대중적 영향력을 획득하지는 못했던 것으로 평가된다.

1960년대 이후 노동 대중의 압도적 다수는 전문 기술 노동자들이었다. 전문 기술 노동자들의 생활 관습, 지적 태도를 고려해볼 때 쇄신된 서구 마르크스주의조차 한계가 있었다. 정통 마르크스주의도, 쇄신된 마르크스주의도 공장 노동자층의 축소와 더불어 점차 사상적 영향력에서 내리막길을 걸었다. 이제 새롭게 등장하는 신흥 노동자, 전문 기술 노동자들의 심성에 적합한 이념의 출현이 기대되었다.

아방가르드와
예술의 실험

예술가로서의 역할은 다만 질문의 단서만 제공하는 것이며, 답은 작품의 독자인 대중들이 스스로 찾아야만 했다.

대중의 참여

20세기 초 출현한 모더니즘의 너울은 1960년대까지 밀어닥쳤다. 1950년대 미국을 중심으로 전 세계로 확산되었던 추상 표현주의 또는 앵포르멜informel³³ 운동은 모더니즘의 계승자였다. 추상 표현주의는 선불교 기풍 속에서 진리에 대한 직관적인 통찰과 매체의 본질을 통해 표현되는 상징적인 의미 등을 통해 자유를 갈구하는 인간 정신을 표현했다.

추상 표현주의도 시간이 지나면서 점차 매너리즘에 빠졌다. 동일한 유형의 그림이 반복되면서 사람들은 싫증을 내기 시작했다. 비극적이고 숭고하고 심지어 고통스럽게 보였던 추상 표현주의 기법인 드리핑dripping³⁴은 겉멋만 잔뜩 든 부잣집 도련님의 방종처럼 보였다. 추상 표현주의의 타락에서 보듯 모더니즘의 해방적인 잠재력이 떨어지면서 활력을 회복하려는 운동이 등장했다.

20세기 초 모더니스트들은 예술을 통해 진리를 표현하는 데 주력하는 가운데 새로운 기법들을 만들어 냈다. 진리의 토대가 된 것은 새로운 주관성이었다. 반면 1960년대 예술가들은 예술 자체에 대한 자기비판을 전면에 내세웠다. 비판 활동은 예술 기법에만 한정되지 않고 근본적으로 예술의 전통적인 개념 자체를 향하였다. 예술 작품은 사회 내에서 어떤 기능과 역할을 가지는가? 자본주의 사회에서 예술의 생산 방식과 소통 방식은 어떠한가? 작품과 독자, 작가와 독자는 어떤 관계를 가져야 하는가?

1960년대 예술가들은 예술 밖인 철학의 영역에서 문제를 묻거나, 예술가가 아닌 비평가나 철학자에게 물음을 위임해 버렸던 것이 아니다. 그들은 직접 예술 작품 자체로 문제를 물어보았다. 그들에게서 예술 작품은 자기비판을 함축한 자기반성이며, 그때문에 예술은 비평과 하나가 되는 재귀적인 성격을 가졌다. 예술가가 스스로에게 질문을 던지는 과정이 곧바로 예술이 되었다.

1960년대 예술의 자기 반성적인 성격 역시 아방가르드 의식과 연관된다. 전반적으로 관료화되고 인간을 소외시키는 사회를 극복하기 위해 예술가들은 무엇을 해야 하는가? 더구나 노동자 계급의 희망이었던 현실 사회주의조차 관료화되고 소외되어 버렸다면? 1960년대 예술가들은 인간 이성과 과학에 삶을 걸 수는 없었다. 그들은 20세기 초 모더니스트들이 그랬던 것처럼 다시 한 번 예술에 기대를 걸었다. 그들은 예술이 혁명적인 실천이 되기를 기대했으며, 예술이 유일한 혁명 가능성을 준다고 보았다. 혁명적인 실천을 위해 예술은 자기를 스스로 혁명할 필요가 있었다. 1960년대 예술가들은 혁명적인 예술이라는 모더니즘의 전통을 굳건히 계승한다고 보겠다.

　20세기 초 모더니스트들은 자신을 선지자적인 존재로 간주했다. 그들은 근원적인 주관성을 지니고 진리를 표현할 줄 아는 저주받은 예술가였다. 주관성은 소외된 사회에서 물화된 주관성과 대립하는 혁명적인 주관성이었다. 1960년대 예술가들은 모더니스트들의 선지자적인 태도를 거부했다. 예술가들이 단순히 선지자로서 모범을 보이는 것만으로 충분하지 못했다. 대중들 스스로가 예술가들과 동일한 자기 혁명에 도달해야 했다. 문제는 대중들이 근원적인 주관성으로 들어가는 과정이었다.

　예술은 대중 자신의 자기 혁명을 수행하는 데 기여해야 했다. 그러기 위해 예술가들은 대중을 자신의 작품 속으로 끌어들였다. 예술가들은 스스로 질문했던 것과 동일한 질문을 대중이 자기 자신에게 제기하기를 원했다. 예술가로서의 역할은 다만 질문의 단서만 제공하는 것이며, 답은 작품의 독자인 대중들이 스스로 찾아야만 했다. 이러한 이유 때문에 예술가들은 예술을 통해 예술에 물음을 던지는 자기반성적인 예술을 추구했다. 1960년대 예술 운동은 더욱 대중화되어 대중들이 직접 참여하는 아방가르드 운동이 되었다.

뒤샹과 마그리트

원래 모더니즘의 아방가르드 정신 내부에는 자기 반영적이면서 자기비판적인 흐름이 존재해 왔다. 그것을 다다이즘이라 한다. 다다이즘이 후기 모더니즘의 아방가르드 정신을 배태한 자궁이었다. 대표자가 뒤샹과 마그리트라 하겠다.

모더니스트로 출발한 뒤샹은 제2차 세계대전이 일어나자 1915

뒤샹, 샘, 1917년

년 유럽을 떠나 미국에 도달했다. 뉴욕에 자리 잡은 뒤샹은 1917년 세계 미술의 역사를 뒤집어 놓는 장난을 쳤다. 그는 상업적으로 판매되던 변기를 하나 구해 제조업자의 이름인 'R.Mutt'라는 서명을 하고 제목을 '샘'이라 붙여 뉴욕의 앵데팡당 Indépendants 전시회에 출품했다. 심사 위원들은 작품 전시를 거부했고, 일종의 센세이션이 일어났다. 이 사건에서 레디메이드ready-made 개념이 미술사에 출현했다.

뒤샹의 장난은 이것으로 그치지 않았다. 그는 1919년 다빈치 Leonardo da Vinci의 〈모나리자〉 복제품에 연필로 수염을 그려 넣고 'L.H.O.O.Q'라는 제목을 붙여서 출품했다. 제목은 프랑스어로 '그녀는 뜨거운 엉덩이를 가지고 있다'라는 낯 뜨거운 의미를 가진다.

뒤샹의 장난은 미술품이 되는 조건은 무엇인가, 작가는 어떤 역할을 하며 미적인 효과란 무엇인가 하는 물음을 제기했다. 이 물음은 미술에 대한 근본적으로 자기 반성적인 물음에 해당한다. 이 물음은 미술이 가지고 있는 전통적인 개념 자체를 전복시키려 했다.

마그리트도 1930년대에 미술 자체에 대한 자기 반성적인 물음을 던졌다. 전통적으로 미술이 현실의 재현이라 한다면 그의 미술은 재현을 문제 삼는 재현이었다. 파이프를 그려놓은 〈이미지의 배반〉이라는 그림에서 그는 하나의 그림에 다중적인 담론이 가능하며, 심지어 서로 충돌할 수도 있다는 것을 보여 준다. 그는 사물과 그 재현으로서의 미술이 가진 관계도 뒤집어 본다. 〈망원경〉이라는

마그리트, 인간의 조건, 1935년

그림에서는 그림에 그려진 창문을 통해서는 새털구름이 뜬 맑은 하늘이 보이지만, 창문을 열어 놓은 틈으로는 오직 어둠만이 보인다. 그는 자주 초현실주의에서 빌려 온 데페이즈망dépaysement[35] 기법을 이용하여 재현으로서의 미술에 대한 자기반성을 끌어냈다.

아방가르드 예술

뒤샹과 마그리트의 영향은 1960년대 들어 다양하고 새로운 실험 예술가들을 출현하게 했다. 대체로 기존의 미술 개념을 회의하면서 새로운 미술 개념을 정립하려 시도했다. 그들은 소수로 이루어진 소집단을 통해 자신의 미술 개념을 전개했는데, 이런 소집단들은 열거하기 힘들 정도로 많았다. 그중 대표 집단만 들어보자.

구체파具体派는 일본에서 1950년대 등장한 전위 예술을 말한다. 설치 미술이나 퍼포먼스를 통해 나중에 등장하는 실험 예술의 선구적인 역할을 수행했다. 대표적으로 모토나가 사다마사元永定正의 〈물〉, 요시하라 지로吉原治良의 〈그림을 그리는 닭〉 등이 있다. 그들은 환경의 영향이나 우연의 힘, 관객의 참여 등을 강조했다.

카지미르 말레비치Kazimir Severinovich Malevich는 한 가지 색의 회화를 창조했는데, 이를 절대주의Suprematism라 부른다. 이브 클랭Yves Klein은 자기만의 고유한 푸른색을 만들어 '인터내셔널 클랭 블루 IKB'라 명명하고 다양한 단색 그림을 그렸다. 푸른색은 그에게 정신적인 자유를 의미했다.

오브제란 예술 주제가 표현되는 매체를 말하지만, 전통적인 재현 매체가 아닌 실제 사물이 오브제로 사용되는 경우가 등장했다. 이미 피카소가 아상블라주를 시도하고 뒤샹이 레디메이드 기법을 도입해 오브제 예술을 실험했다. 초현실주의자들은 무의식적인 기억과 정감을 불러일으키기 위해 일상적인 사물을 사용하기도 했다. 예술가들은 이런 오브제에서 정감과 기억을 찾아낸다. 오브제 예술가는 신사실주의라고 불리기도 한다.

피에르 레스타니Pierre Restany, 다니엘 스포에리Daniel Spoerri 등은 도시의 쓰레기나 찢어진 포스터 등을 이용해 작업하면서 '지각된 실체에 대한 열정적인 모험'이라 규정하였다. 아르망 페르낭데Armand Pierre Fernandez는 쓰다가 버린 구두, 스타킹, 화장품 등을 모아 오브제로 사용했다.

공연 예술에서의 표현 수단인 행위를 미술가들이 자신의 표현 수단으로 삼은 것을 퍼포먼스라 한다. 그들은 시각 형태를 지닌 좁은 의미에서의 미술을 극복하기 위해 퍼포먼스를 수행했다. 공연 예술(연극, 춤)이 서사적인 반면 퍼포먼스는 비서사적이라는 점에서 다르다. 퍼포먼스는 즉흥성을 강조하는 해프닝과 어떤 극적인 효과를 기대하는 이벤트를 포함한다. 존 케이지John Cage의 머스 커닝햄Merce Cunningham 무용단, 플럭서스Fluxus 그룹의 요셉 보이스Joseph Beuys, 백남준 등이 퍼포먼스에 몰두했다.

미니멀리즘minimalism이란 1950년대 말에서 1960년대 초의 도널드 저드Donald Judd, 로버트 모리스Robert Morris, 칼 안드레Carl Andre, 댄 플래빈Dan Flavin, 솔 르윗Sol LeWitt 등의 작업을 일컫는 개념이다. 그들은 미국 '그린' 갤러리를 중심으로 활동하였다. 그들은 미술의 결정적인 기본 요소(물성이나 구성 등)에 관한 탐구에 관심을 가졌으며, 기본 요소의 반복이나 기하학적인 구성을 특징으로 갖는다. 미니멀리즘은 미술을 평면에서 입체로 확산하였고, 과감하게 산업 재료를 소재로 선택했으며, 장소와 맥락이 작품에 미치는 의미에 주목했다.

루마니아 출신인 이지도르 이주Isidore Isou는 미래의 예술은 문자에 기초해야 한다고 보았다. 문자는 순수한 형상으로 그 자체에 내재적인 의미를 지니는 것이다. 문자란 곧 성경에 나오는 말씀과도 같다. 원조는 다다이스트인 차라이다. 이주는 문자의 원리를 모든 사회 영역에까지 적용해야 한다고 보면서 예술 정치적 행동주의를 모색했다. 이주가 중심이 되어 레트리스트 인터내셔널Lettrist International이라는 단체가 조직되었다.

시추에이셔니스트 인터내셔널Situationist International은 일단의 청년 마르크스주의자들로 이루어졌는데, 레트리스트 인터내셔널과 이미지니스트 바우하우스 국제 운동International Movement for an Imaginist Bauhaus 등의 단체들이 결합하여 1957년 결성되었다. 1960년대에 주로 활동하면서 사회 혁명의 분위기를 고취해 오다가 1972년 해체되었다. 그룹에서 가장 알려진 대표자가 기 드보르Guy Debord이다. 그는 1968년 5월 혁명에서 주도적인 역할을 수행했다.

기 드보르가 제시한 '스펙터클 사회'란 자본주의 사회에서 상품이 물신화되는 것처럼 예술 역시 물신화되는 상태를 말한다. 물신화된 스펙터클은 대중을 수동적으로 만들며, 자본주의 질서 자체를 지속시킨다. 가장 핵심적인 개념은 상황이다. 예술과 삶이 통일되는 상황으로, 삶의 예술화이며 예술의 생활화이다. 이것이 가능한 사회가 곧 '단일한 도시'이다. 단일한 도시는 생산을 위한 것만이 아니라 상상과 모험으로 가득 찬 도시여야 했다. 단일한 도시의 실현은 먼저 마르크스 혁명을 전제로 한다. COBRA 그룹의 아스게르 요른Asger Jorn은 아마추어 그림에 어린아이가 그린 형상과 괴물을 넣어서 이미지들이 우연히 충돌해 만들어 내는 상상력의 모험을 즐기곤 했다.

설치 미술이란 작품을 설치한 장소와 맥락 속에서 미술을 이해하려는 경향을 말한다. 설치 미술은 오브제가 놓이는 3차원의 공간을 넘어선다. 설치 공간은 사회, 문화, 역사, 정치적인 영역으로 확대된 공간이다. 심지어 시간의 축까지 포함하는 다차원적인 공간에 관련된다.

대지 미술이란 환경과 작품의 연결을 추구하거나, 자연과 현실이 표현 소재가 되는 미술을 포함한다. 대표적인 사람은 자바체프 크리스토Javacheff Christo이다. 그는 모든 사물을 묶는 방식을 취한다. 1970년대에는 '해안선'이라는 주제로 시드니 근교의 해안선 100제곱미터에 밧줄과 천을 설치하였다.

개념 미술이란 완성된 작품 자체보다 아이디어나 과정을 예술이라고 생각하는 제작 태도를 가리킨다. 아이디어나 과정을 적은 문서, 지도, 사진, 도표 등을 작품 대신 제출했다. 작품은 실제가 아니며 작가도 아닌 독자의 마음속에 있다는 것이다.

아방가르드 미학

아방가르드 예술의 경향을 요약해보면 다음과 같이 정리될 수 있겠다.

첫째, 대체로 미술의 전통적인 존재 방식 자체를 문제 삼았다. 이런 문제로 작가의 역할, 작품의 상품화, 전시관의 기능 등의 문제가 제시된다. 그들은 평론 작업을 통해 이를 문제 삼은 것이 아니다. 미술 자체로 문제를 제기하고 대안을 모색하려 했다. 라우센버그Robert Rauschenberg의 〈지워진 데 쿠닝의 드로잉〉에서 작가는 다른 화가 데 쿠닝의 그림을 구해서 형태나 색깔을 지웠다. 이처럼 지우는 작업도 창작이 될 수 있을까?

둘째, 미술 매체인 형태나 매체의 근본적인 속성을 미학적으로 탐구하는 순수한 미술 내적인 작업에 머무르지 않았다. 오히려 세계를 인식하는 개념 체계 자체를 문제 삼으려 했다. 그런 점에서 미적인 작업이라기보다는 인식 작업에 가깝다. 세계에 대한 인식 체계를 바꿈으로써 전체 사회를 변화시키려 했다. 혁명적인 목적을 위해 미술은 수단으로 봉사한다.

셋째, 새로운 실험은 미술 작품 속으로 비시각적인 요소들을 끌어들였다. 지도, 차트, 심지어 문자가 작품 속으로 들어오면서 미술은 여러 다른 예술이나 과학. 대중문화와 교차하는 복잡성을 지니게 되었다.

넷째, 자신의 미술 작품이 궁극적으로 시각 형태에 머무를 필요가 없다고 보았다. 미술 작품은 미적인 개념만 관련된다면 다른 형태로 나타날 수도 있다. 퍼포먼스나 해프닝이 대표적인 경우이다.

다섯째, 미술과 현실, 지언과의 소통을 추구했다. 오브제 미술이나 대지 미술처럼 자연이나 현실의 일부가 미술 작품이 되기

로버트 라우센버그, 지워진 데 쿠닝의 드로잉, 1953년

아르망, 이리스 클레르의 초상, 1960년
작가 개인의 기억과 연관된 물질들이다. 잊히지 않는 기억으로 슬픔이 가득 찬 느낌을 준다.

도 하며, 설치 미술이나 환경 미술처럼 미술품은 현실이나 자연
의 일부가 되기도 했다.

여섯째, 차원이 확대되면서 미적인 작업은 과정을 중요시하게
되었다. 미적인 작업 과정에서 미술은 이미 인식의 변화라는 목
표를 달성한다. 개념 미술처럼 하나의 개념(미적인 기획)만으로도
미술은 존재할 수 있다고 보았다.

일곱째, 관객을 작품 속으로 끌어들였다. 관객은 미술적인 생
산 과정에 참여하며, 관객 자신이 미적인 요소 중의 하나가 되기

도 한다. 작품은 자기 자신에 대한 비평을 포함한다.

샤르트르와
실존적 자유

내가 나의 슬픔을 반성적으로 의식하는 순간, 돌연 나의 슬픔은 나로부터 떨어져 나온다. 슬픔은 나에게서 낯선 것으로 멀리 떨어져 나가 저만치 앉아 있다.

레지스탕스

1940년 6월 22일 히틀러의 침략으로 프랑스가 항복한 이래 프랑스에서는 수많은 지하 저항 운동이 일어났다. 대표적인 것이 공산당이 주도했던 콩바Combat이다. 1943년 2월 강제 노동국이 설치되자 강제 노동을 기피하는 젊은이들로 이루어진 마키Maquis도 있었다. 그들은 정보를 수집하고, 격추된 연합군의 조종사들을 숨겨 주고, 전단과 지하신문을 인쇄하고, 태업과 시위를 벌이는 등의 활동을 펼쳤다. 그들은 때로는 독일 병사나 대독 협력자에게 테러를 가하는 등 무장 저항을 감행하기도 했다.

1943년 5월 27일 레지스탕스 전국회의Conseil National de la Résistance, CNR가 조직되었고, 1943년 7월에는 친독 의용대가 파리 시가를 행진할 때 습격하기도 했다. 마침내 1944년 6월 6일 연합군이 노르망디 해안에 상륙하자 레지스탕스 전국회의는 독일군의 배후에서 일제히 무장봉기를 일으켜 파리 해방을 도왔다. 레지스탕스 운동가들의 수는 1944년 여름에는 최고 40만 명에 이르렀다고 한다. 그중 2만여 명이 총살당하고, 4~6만여 명이 수용소로 보내졌으나 반은 살아 돌아오지 못했다.

레지스탕스 운동가들의 사상은 우익 가톨릭에서 공산주의 이념에 이르기까지 다양하지만, 대체로 좌우의 정치 이념에 사로잡히기보다는 자기 성찰과 도덕적인 힘, 개인적인 책임감, 사회적인 연대 의식 등에 기초하고 있었다. 정치적인 권력 투쟁보다는 양심에 의한 저항을 선택한 레지스탕스들의 정신은 실존적이었다. '사회주의와 자유'라는 저항 조직을 만들어 레지스탕스 운동을 선도했던 작가이자 철학자인 사르트르Jean Paul Sartre의 실존주의 사상이 레지스탕스 운동의 정신을 대변한다고 볼 수 있겠다.

자유의 가능 근거

사르트르가 철학에서 제기하고자 했던 근본 문제는 자유의 가능성이다. 데카르트 이래 근대 철학에서 인간이 자유로운 주체적 존재라는 점은 대전제였다. 근대 철학에서 문제는 인간의 자유가 실현될 구체적인 사회 질서를 찾아내는 것이었다. 20세기 초 제국주의 시대에 이르러 자유는 사라졌다. 자유 경쟁적인 자본주의는 독점 자본주의로, 의회 민주주의는 파시즘 체제로 바뀌었다. 더 이상 자유의 실현이 문제가 아니었다. 도대체 인간이 자유로울 수 있는가 하는 인간의 자유 가능성 자체가 문제였다.

　실증 과학의 성공적인 발전으로 인간은 사회적으로나 심리적으로 결정되는 물질적인 존재로 파악되었다. 더구나 20세기 초의 신비주의 철학은 인간 내부의 신비하고 비합리적인 충동의 역할을 강조해 왔다. 개인의 통제를 넘어서는 악마적인 의지, 죽음에의 유혹이 당대의 화두였다.

　자유에 대한 불신은 전쟁 중에 친독 협력자들, 침묵하는 시민들의 자기방어 논리로 사용되기도 했다. 원래 자유롭게 일어난 행위에만 도덕적인 책임을 물을 수 있다. 강제로 일어난 행위에는 책임을 부과할 수 없다. 친독 협력자들, 침묵했던 시민들은 자

사르트르

신의 행위가 점령군의 강제에 의해 일어났던 행위여서 아무 책임이 없다는 식으로 방어했다.

자유가 사라진 시대, 인간의 자유로운 주체성을 부정하는 과학과 철학 앞에서 시민들의 저항과 참여를 불러내기 위해 사르트르가 먼저 해야 할 일은 인간의 자유 가능성을 찾아내고 확인하는 것이었다. 그는《존재와 무》라는 철학서에서 이런 절박한 문제를 추구했다.

사르트르 철학을 구성하는 중심 개념은 즉자卽自와 대자對自이다. 즉자는 스스로 있는 것으로, 경험을 통해서 알려진 현실과 다른 어떤 것이다. 즉자는 경험 이전에 경험을 넘어서 있는 세계이다. 경험 이전의 즉자는 칸트의 경우 물자체라 하여 경험될 수 없다고 하였다. 정말 즉자는 전혀 경험될 수 없는 것일까? 아니다. 사르트르에 의하면 즉자가 경험되는 순간이 있다. 사르트르는 이 지점에서 대자의 개념을 제시한다.

사르트르에게 인간의 의식은 자기의식이다. 그는 의식을 대자(자기에 대해 있음, 즉 자기의식)로 규정한다. 그의 자기의식 개념은 데카르트로부터 내려오는 자기의식의 개념을 계승한다고 볼 수 있다. 그에 의하면 대자에는 두 가지 종류가 있다. 하나는 전前반성적인 의식이고, 다른 하나는 반성적인 의식이다. 인간의 의식 가운데 본원적인 의식은 전반성적인 의식이다.

전반성적인 의식은 의식하면서 동시에 그 의식을 의식하는 것이지만, 의식을 마주 보면서 자기 앞에 현전하는 대상으로 관계 맺는 것은 아니다. 대상적인 의식과 그것에 대한 의식, 곧 자기의 식은 분리되지 않는다. 마치 물 위에 떠 있는 기름이 서로 섞임이 없으면서도 전혀 떨어짐이 없는 상태와 같다. 물의 흔들림에 따라 기름도 같이 흔들리는, 이른바 '불상잡 불상리不相雜 不相離(뒤섞이지도 않고 떨어지지도 않는다)'의 경지이다. 창을 통해 바깥 풍경을 묾끄러미 바라보면서, 동시에 창에 어리는 자신의 모습을 통해 창밖을 바라보는 자기를 바라보는 것과도 같다.

사물의 있는 그대로 즉자는 전반성적인 의식에서 나타난다. 그런 점에서 전반성적인 의식은 낭만주의자들이 사물의 본질을 직관하는 순수 주관성이라고 했던 것과 동일하다. 일상적인 의식에서 전반성적인 의식은 이미 반성적인 의식으로 타락해 버린다. 그런데 반성적인 의식에서 전반성적인 의식으로 회귀하는 어떤 순간이 있다. 이 순간에 일상적인 의식에 감추어진 즉자 존재가 드러난다. 사르트르는 그 순간을 《구토》라는 작품에서 그려 냈다. 주인공 로캉탱은 공원의 벤치 위에 앉아 마로니에 나무의 뿌리를 바라보면서 갑자기 구토를 느꼈다. 구토를 느끼는 경험은 다음과 같이 묘사되었다.

"그러던 것이 이젠 달라져 버린 것이다. 그것은 추상적 범주에 속하는 해롭지 아니한 자기의 모습을 잃었다. 그것은 사물의 반죽

그 자체이며, 그 나무뿌리는 존재 안에서 반죽된 것이다. …… 사물의 다양성, 그것들의 개성은 하나의 외관, 하나의 칠에 불과했다. 그 칠이 녹은 것이다. 괴상하고 연한 것의 무질서한 덩어리-헐벗은, 무섭고, 추잡한 나체만이 남아 있었다.

…… 그 매혹이 얼마 동안이나 계속됐을까? 나는 마로니에의 뿌리였다. 차라리 나는 그 존재의 의식 그 자체였다. …… 그래도 의식 속에 나를 잃고 있었다. 거북한 의식이었다. 그러면서도 두드러진 저 무감각한 나무 조각 위에 뻗쳐서 몸의 온 무게를 지니고 되어 가는 대로 가만히 있는 의식이었다."[36]

즉자의 세계에서 사물은 일상적인 규정을 잃어버린다. 어떤 규정도 없이 무질서하게 엉키어 있는 것이고, 특별히 존재해야 할 이유가 없이 존재하는 공연空然한 존재이며, 존재 이유가 착잡하고 부조리한 것이다. 사르트르는 즉자를 '추잡한 나체'와 같다고 묘사했다. 비유적으로 설명해 보자. 레코드판에 기록된 음악은 공들여 가공된 음악이다. 여러 번 되풀이 연주하고, 소음을 지우고, 잘못은 고치고, 매끈하게 다듬어진 음악이다. 우리는 대개 이것에 익숙해 있는데, 실제 음악회에 가 보면 음악가의 실수가 생기고, 시끄러운 소리들이 뒤섞이고, 서로 삐걱대며 안 들어맞는다. 레코드판에서 나오는 소리보다 실제 공연의 소리는 낯설지만 생동적이고 아득하게 느껴진다. 이것이 즉자의 세계가 아닐까 한다.

반성적인 의식의 자유

즉자가 드러나는 전반성적인 의식에 반해 반성적인 의식이란 본원적인 의식이 타락한 상태이다. 반성적인 의식은 의식을 자기 앞의 대상처럼 의식하는 것이다. 반성적인 의식에 의해 사물에 대한 어떤 규정이 주어진다. 사물은 규정되면서 무규정적인 즉자의 세계에서 떨어져 나오며, 어떤 다른 것도 아닌 바로 이것이 된다. 이것 외에 다른 어떤 것도 아니다. 사물은 이제 무(사르트르는 '아님'이란 의미로 사용한다) 위에 떠 있게 된다.

달밤에 산길을 가면 라이트를 켜지 않아도 길이 어둠 속에서 희미하게나마 전모가 드러난다. 비록 길의 사소한 장애들은 보이지 않지만, 전체 윤곽은 뚜렷해서 우리는 안심한다. 문득 라이트를 켜면 빛이 닿는 부분은 밝게 빛나도 나머지 부분은 어둠 속에 사라져 버린다. 밝은 부분은 고립되고 평면화되고 얄팍하게 되어 무섭고 섬뜩하게 보인다.

이처럼 반성적인 의식에 의해 사물은 대상이 되어 의식에서도 떨어져 나온다. 내가 어떤 슬픔 속에 들어 있다면 전반성적으로 나의 슬픔을 안다. 나는 이때 슬픔을 몸으로 느끼고 슬픔에 친밀하다. 나는 슬픔과 더불어 살고 있으며, 슬픔을 부둥켜안고 운다. 내가 나의 슬픔을 반성적으로 의식하는 순간, 돌연 나의 슬픔은 나에서 떨어져 나온다. 슬픔은 나에게서 낯선 것으로 멀리 떨어져 나가 저만치 앉아 있다. 슬픔은 바로 나의 슬픔으로 고립화된다. 하얗게 된 슬픔, 얇은 양철판처럼 음영이 사라진 슬픔, 저기 구석에 가만히 나를 되돌아 응시하는 슬픔! 이제 나의 대상이 된 슬픔 앞에서 나는 더 이상 슬프지 않다. 나의 울음은 눈가의 소금 기로 메말라 버린다.

인간은 반성적으로 의식하기에 즉자의 세계에서 떨어져 나오며 타락하지만, 그런데도 세계에서 자유를 얻는다. 내가 반성적으로 의식하는 한 모든 사물은 나에서 떨어지고 다른 사물로부터 고립되어 나는 자유롭다. 이런 자유는 이방인이 느끼는 것처럼 공허한 것이다.

어느 낯선 땅에 가 보라. 대낮에 기차역에 내리면 역전은 텅 비어 있다. 한낮의 햇빛 아래 개미조차 기어 다니지 않는다. 어디로 가야 할까? 어디로든 갈 수가 있다. 어디에도 매인 바가 없으니까. 그러나 그 어디로도 갈 수가 없다. 가고 싶은 데도 가야 할 데가 없으니까. 이방인은 자신의 자유에 묶여 있다. 저녁이 되어 어둠 속에서 집마다 불이 켜진다. 가족들이 모여들어 웃음소리도 들리고 싸우는 소리도 들린다. 서로를 욕하고 탓하면서도 부둥켜안고 서로를 그리워하는 세계가 저기 펼쳐져 있다. 이방인은 어디에도 개입되지 않는다. 이방인에게는 슬픔도 기쁨도 없다. 그저 낯선 세계의 어둠 속에 우두커니 서 있을 뿐이다. 차라리 저 애욕의 세계 속에 사는 것이 낫지 않을까? 사르트르는 이 자유를 인간의 천형으로 간주했다.

사르트르가 발견한 자유는 근대적인 의미에서 절대 자유, 행동적인 자유는 아니었다. 근대 인간은 신으로부터 세계의 주체로서 세계를 지배할 사명을 얻었다. 사르트르의 인간은 비극적인 존재로서 세계 속에 자유롭다. 인간은 자유를 선사받았으나 의식에 제한된 자유에 지나지 않으며, 만족할 수 없는 공허 자체이다. 사르트르는 제한된 비극적인 자유를 기초로 레지스탕스 철학을 구축하려 했다. 그러나 이 자유는 레지스탕스를 기초하기에는 너무 약한 개념이 아니었을까?

자기기만과 책임의 인수

1941년 8월에 레지스탕스가 독일 장교를 암살하자 점령군은 체포한 유대인과 공산주의자 10명을 공개 처형했다. 이런 유형의 사건들은 나치가 지배하는 유럽 전역에서 반복되었다. 자기 행위의 결과로 무고한 시민들이 처형당한다면 그 행위는 정당할까? 이 물음을 레지스탕스에 나선 사람들의 양심을 괴롭히는 물음이었다. 그들은 자기 행위에 죄의식을 느끼게 되었다.

사르트르는 위의 사건에 힌트를 얻어《파리 떼》라는 희곡을 썼고, 1943년 6월 처음 공연되었다. 소재는 트로이 원정군의 사령

관 아가멤논 대왕에게 얽힌 비극이다. 대왕의 사후 트로이 시인은 죄책감을 상징한다. 왜 시인은 죄책감에 사로잡힌 것일까? 샤르트르는 이를 자기기만으로 보았다.

사르트르는 《파리 떼》에서 인간의 자기기만을 다루었다. 앞에서 말했듯이 자유는 인간의 천형이다. 자유 앞에서 인간은 두 가지 태도를 취한다. 하나는 자신의 자유를 망각하는 것이고, 다른 하나는 자신의 자유를 인수하는 태도이다.

자신의 자유를 망각한다는 것은 인간이 의식을 포기하고 사물과 같은 방식으로 행동하려는 것을 말한다. 축구 시합을 하는 선수는 시합에 몰두한다. 그는 아무런 의식을 가지지 않은 채 오직 공의 논리에 따라 움직일 뿐이다. 마찬가지로 자유 앞에서 도피하고자 하는 인간은 자신의 행위가 의식적인 결단에 의해 일어나지 않고 사물의 논리에 따라 움직여지는 것으로 간주한다. 부끄러움을 느낀 웨이터가 더욱 웨이터답게 움직이듯 말이다. 처음에는 어색하지만, 날이 가면서 오히려 웨이터답게 행동하지 않을 때 어색함을 느낀다. 인간도 그렇다. 사물의 논리에 따라 움직여지듯이 행동하면 그것이 어느덧 자연스럽게 느껴진다. 사르트르는 이와 같은 자기기만의 결과로 나타나는 것이 인간의 죄의식과 후회라고 한다.

죄의식을 느끼는 사람들은 대체로 처음에는 이렇게 생각한다. 그때 내가 조금만 참았다면 그런 짓을 하지 않았을 텐데 하고. 조금 지나면 생각이 바뀐다. '아니야, 그때 상황이 너무 급했어. 그렇게 하지 않을 수 없었어'라는 생각으로 전전반측한다. 자기가 선택했고, 같은 상황이 아니었더라도 그렇게 선택할 수 있었다고는 생각하지 않는다. 그럴 만한 상황이 존재했고, 자신이 얼마만큼 참았는가 하는 것만을 항상 문제 삼는다.

그가 죄의식을 느끼고 후회하는 것은 참음의 정도일 뿐이다. 이미 그럴 만한 상황이 존재했다는 점에서 그는 위안을 받는다. 상황이 그랬으니까 어쩔 수 없었다는 논리이다. 죄의식이나 후회라는 감정 속에 자기의 물화가 존재하고, 자기기만이 성립한다. 그는 자기의 죄를 기꺼이 고백하고, 처벌을 원하고, 고통을 감수하려 한다. 하지만 죄에 관한 의식 속에서 이미 그의 죄는 녹아 없어져 버린 것이다.

사르트르는 《파리 떼》라는 작품에서 왕을 살해한 왕비와 테베 시민의 죄의식을 보여 준다. 그들은 스스로 자기의 죄를 소리 높여 부르짖으며 망자들의 동굴에서 나오는 귀신들에게 기꺼이 괴롭힘을 당한다. 사르트르는 그들이 부르짖는 죄의식이야말로 자신의 무책임을 주장하려는 자기기만임을 폭로한다. 모든 것은 자신의 결단으로 이루어졌으므로 책임을 기꺼이 인수해야 한다. 책임 의식이 사르트르의 실존적인 윤리관의 핵심이다.

인간은 자기 일에 책임만 진다면 무슨 일을 해도 괜찮을까? 책임만 진다면 강간을 해도 좋고, 책임만 진다면 독재도 괜찮을까?

사르트르의 철학은 윤리적인 허무주의로 흘러갈 위험이 다분히 존재한다. 실제로 전후 사르트르의 실존주의가 유행하자 기독교 쪽에서 사르트르의 실존주의는 허무주의라고 비난했다. 사르트르는 비난에 대응해 《실존주의는 휴머니즘이다》라는 소책자를 썼다. 그는 이 책에서 자신의 참여 철학, 즉 앙가주망engagement 이론을 간단하게 설명한다.

사르트르는 '나의 선택은 만인의 선택'이고, 따라서 '나는 이미 만인에 관여되어 있다'라고 한다. 그는 '나는 만인에 대해 책임 있다'라고 선언한다. 인간에게 모든 짓이 다 허용되는 것은 아니다. 인간에겐 만인에 대한 책임이 있기 때문이다. 내가 강간을 선택한다면 다른 사람도 강간을 선택할 것이고, 그렇다면 과연 나는 강간을 선택할 수 있겠는가? 이것이 사르트르의 답변이지만 어딘가 궁색함을 면하기 어렵다. 인간의 의식이 자유의 근거라면 인간은 남들에 대한 책임감에서도 자유로울 것이기 때문이다.

메를로퐁티와 타자와의 연대

우리는 유리의 표면을 들을 수 있고,
유리가 깨어지는 소리를 볼 수도 있다.

타자의 철학

메를로퐁티의 철학을 한마디로 규정한다면 타자의 철학이 아닐까 한다. 타자의 철학이라니? 타자의 문제는 생각해 보면 무척이나 주요한데도 메를로퐁티에 이르기까지 별로 문제가 되지 않았다. 대개의 철학은 타자를 그저 자아와 동일하게 취급했기 때문이다. 타자는 내 곁에 있는 그이지만, 그 또한 나의 자아와 동일한 자아이다. 나의 자아를 안다면 타자는 저절로 알려진다. 사람들은 자아와 타자 사이의 대면이나 서로의 관계가 어떻게 가능한지 물어볼 필요성을 느끼지 않았다.

자본주의 사회로 들어서면서 인간과 인간 사이의 소외가 극심해지자 서로 연대를 맺는 것이 어떻게 가능한가 하는 문제가 제기되었다. 지식인들은 나치에 대항하는 레지스탕스 운동에서 인간 사이의 연대가 주요함을 뼈저리게 체험하였다. 레지스탕스 철학인 실존 철학은 인간 사이의 연대 문제로 깊이 고민하지 않을 수 없었다. 아마도 타자의 문제를 의식적으로 처음 제기한 철학

메를로퐁티

자는 사르트르일 것이다. 사르트르는 인간 사이의 연대 가능성을 발견하는 데 실패했다. '타인이 나의 지옥이다'라는 그의 말이 단적으로 입증한다. 메를로퐁티는 사르트르와 달리 인간 사이의 연대가 가능함을 역설했다.

사르트르와 메를로퐁티가 타자의 문제를 다루는 출발점은 지향성이라는 개념이다. 현상학은 의식을 지향성으로 파악한다. 사르트르와 메를로퐁티는 지향성으로서 의식의 개념을 데카르트의 자기의식 개념과 결합한다. 의식은 한편으로 지향적이며, 다른 한편으로 자기의식의 능력이다.

물론 사르트르와 메를로퐁티에게는 근본적인 차이가 있다. 사르트르가 의식을 시선에 비유하기는 하지만, 의식은 시선과 같은 신체적인 것은 아니다. 그에게서 의식은 모든 신체적인 것에서 전적으로 벗어난 순수한 관념적인 것으로 파악된다. 의식은 신체에 달려 있기는 해도 이미 신체를 초월한 곳에 존재한다. 반면 메를로퐁티에게서 의식은 신체를 떠날 수 없으며, 신체와 합일되어 있다. 그는 신체적인 것이 그 자체로 의식과 마찬가지로 지향성을 지닌다고 간주한다. 이것이 신체적인 지각이라는 개념이다. 더구나 그는 신체적인 지각을 의식보다 근본적인 것으로 간주한다. 지향성 개념에 대한 근본적인 차이 때문에 두 철학자는 타자의 문제에 있어 정반대 결론에 이르게 된다.

사르트르의 시선의 지옥

일반적으로 타자는 유추를 통해 인식된다고 가정되어 왔다. 우리는 외면적으로 타인의 어떤 행위를 보고 그와 닮은 나의 행위를 연상하며, 유추를 통해 타인의 행위도 나와 유사한 의도로 일어났다고 해석한다. 유추는 나와 타자 사이의 근본적인 동일성을 전제로 하지만, 무척이나 의심스러운 가정이다.

2,500년 전 그리스 사람들이 오늘날 우리와 동일한 의도로 연극을 보았을까? 그리스인들에게 연극은 신을 향한 경배 의식이

었다. 오늘날 우리는 그저 즐거움을 위해 연극을 구경할 뿐이다. 차이를 간과하고 그리스인들의 연극 참가를 유추적으로 해석한다면 커다란 오류가 아닐 수 없다. 유추의 난점을 인식한 사르트르는 타자에 대한 확실한 인식이 가능한가를 고민했다. 그 결과 사르트르에게서 타자 인식은 두 가지 단계에 걸쳐 일어난다.

첫 단계에서 타자는 나의 세계의 '내출혈'에 의해 나에게 알려진다. 나의 세계는 나의 시선을 중심으로 구성되어 있다. 이 세계에 타자가 나타나면 나의 세계의 일부가 그의 시선을 통해 재구성된다. 내가 강의하는 중에 다른 사람이 들어오면 학생들의 시선이 일제히 그에게 쏠리는 것과 같다. 이런 경우 나의 세계 한 부분이 나에게서 도주하며, 내 시선의 지배에서 벗어난다. 사르트르는 이를 내출혈에 비유했다.

내출혈은 부분적이다. 내 세계의 부분만이 타자의 출현에 의해 내 시선의 지배를 벗어난다. 나는 내출혈을 붕대로 싸매어 세계에 대한 내 시선의 지배를 유지할 수 있다. 따라서 사르트르는 내출혈을 통한 타자 인식은 어디까지나 제한적인 인식에 머무른다고 했다.

사르트르는 두 번째 단계에서 일어나는 원초적인 타자 인식을 추구한다. 이런 타자 인식은 타자에 의한 나 자신의 대상화를 통해 일어난다. 나의 세계를 둘러보다가 나의 시선은 나를 응시하는 타자의 시선에 직접 맞닿는다. 그러면 나의 시선이 세계를 나의 대상으로 만들듯이 순간적으로 그의 시선으로 나 자신이 대상화된다.

일반적으로 말해서 나의 시선으로 사물이 대상화되어 있으면 그 대상은 나에게 보인다. 나의 시선이 그리는 공간 속에 대상은 일정한 거리만큼 떨어진 채 나타난다. 반면 내 시선의 대상에게 나나 나의 시선은 보이지 않는다. 나의 시선은 대상의 바로 등 뒤에 임재臨在해 있다. 나의 시선은 떨어지지 않는 카메라처럼 대상의 등 뒤에 붙어 있다. 나의 시선은 그가 어디를 가든지 등 뒤를 따라간다. 대상은 자신이 어디서나 감시받는다는 느낌을 지울 수가 없다.

그러나 타자의 시선 앞에 내가 대상화되면서 나에게 그는 보이지 않는다. 그의 시선은 나의 등 뒤에 임박하여 현전한다. 그의 시선은 나에게 눈부시며, 나는 그의 시선의 포로가 되어 도망칠 바를 모른다. 타자 시선의 출현, 그것을 통한 나의 즉각적인 대상화는 내가 타자를 절대적으로 확실하게 인식하는 순간이다. 데카르트는 나는 생각하므로 존재한다고 했다. 나의 자기의식에서 나의 존재가 확실하다는 뜻이다. 마찬가지로 사르트르는 타자의 시선에 부딪혀서 나는 타자의 존재를 확신할 수 있다고 한다. 즉, 타자는 시선 가운데 존재한다.

자신이 타자의 시선에 의해 대상이 되면서 자기의식은 전반성적인 상태에서 반성적인 상태로 이행한다. 전반성적인 의식이란 자기의식과 대상 의식의 구분이 일어나지 않은 상태이다. 반면 반

데카르트

성적인 의식이란 양자의 구분이 일어난 상태이다. 나 자신이 타자의 시선에 의해 대상화되면서 나의 시선도 나를 대상으로 보기 시작한다. 나의 시선은 반성적인 의식이 된 것이다.

달리 말해 보자. 나 자신의 반성적인 의식에 나타난 나의 자아는 사실 타자의 시선에 의해 성립하는 나의 대상화(사물화)이다. 대상화된 나는 나의 자아이지만 진정한 자아는 아니고, 나를 도피하는 나의 자아이다. 타자의 시선에 의해 세계가 부분적으로 도주하는 내출혈의 상태와 달리, 이와 같은 자아의 도피는 나의 세계가 전면적으로 도주하는 것을 의미한다. 세계의 지반인 나 자신의 자아 자체가 도주하기 때문이다.

　대상화된 자아는 타자에 대한 대상이어서 타자는 자유로운 존재이다. 반면 타자의 자유로운 시선에 의존해 존재하는 나의 자아는 타자가 원하는 대로 변화될 것이다. 나는 벌거벗긴 채 타인의 시선 앞에 놓인 사람과 같다. 그는 자기가 원하는 대로 나를 보지만, 나는 그것을 막을 어떤 헝겊 조각도 없다. 나는 제멋대로 움직이는 자유로운 타자의 시선을 방어할 수 없다. 더구나 나는 타자의 시선이 지닌 목적을 알지도 못한다. 이제 나는 내가 모르는 목적의 수단이 된다. 나의 처지는 스토커와 같다.

　사람들은 스토커가 자기를 끝없이 훔쳐본다고 생각한다. 사실은 아니다. 스토커는 그가 스토킹하는 사람이 자기를 보아 주기를 기다린다. 그는 단지 자기를 상대의 시선 앞에 놓아둘 뿐이다. 스토커는 자신을 타자의 시선에 대상으로 놓고서 그 시선의 노예가 된다. 사르트르는 이런 자아를 진정한 자아가 아니라 '대타적인 대자'라고 규정했다.

　사르트르는 자기를 타자 시선의 대상으로 만들 때 비로소 부끄러움이나 자부심이라는 감정이 발생한다고 본다. 이런 감정들은 타자에 의해 성립하는 자아를 스스로 선택한 것처럼 자아가 받아들여 자기를 기만함으로써 발생한다. 머리도 감지 않고 이도 닦지 않은 나의 모습에 부끄러움을 느낀다면 스스로 더럽다고 생각하기 때문이다. 내가 본래부터 그렇게 생각했던 것은 아니다. 더

럽다고 보는 시선은 사실 타인의 시선이다. 나는 자신을 타인의 시선으로 보면서 내가 더럽다고 생각하며 부끄러워한다. 마찬가지로 내가 세칭 일류 대학에 들어가서 우쭐한다 해 보자. 우쭐함은 누구에 대한 자랑스러움인가? 실은 나의 부모님이 아닌가? 나는 부모의 시선으로 나를 대상화하여 보고 있다. 나의 자부심은 내가 스스로 선택했다고 생각하는 착각, 아니 기만에 기인한다.

나의 기만은 한계를 지닌다. 아무리 타자의 노예가 되었더라도 나는 여전히 지향적인 시선을 가진다. 나는 자유로운 지향적 시선을 취할 가능성을 지니고 있어서 한시라도 타자의 시선에서 벗어날 수 있다. 사르트르는 이런 자유의 가능성을 강조하면서, 심지어 고문이 가해지더라도 인간은 자유를 상실할 수 없다고 한다. 고문자가 나를 고문하다 죽여 버린다면 시체 앞에서 고문자는 자신의 자유를 인정받을 수 없다. 당연히 고문자는 나를 죽일 수 없다. 죽이지 않은 채 내가 자유롭게 고문자의 자유를 인정하기를 바란다. 고문자는 나의 자유를 절대로 해칠 수 없다. 고문자가 고문하면 할수록 나의 자유의 가능성을 확인한다. 그렇기 때문에 사르트르는 독일 점령 치하에서는 숨 쉬는 것조차 레지스탕스라고 말한 적이 있다.

나의 자유는 절대적이어서 나와 타자 사이에 시선의 투쟁이 발생한다. 한편으로는 타자의 시선에 의해 나는 나 자신을 노예화한다. 다른 한편으로 나는 하나의 지향적인 시선으로 타자를 나의 시선의 대상으로 격하한다. 내가 타자의 시선에 부딪히면 나는 타자의 존재를 절대적으로 확실하게 인식한다. 일견 나와 타자 사이, 즉 두 의식 사이의 자유로운 관계가 성립할 수 있을 것 같기도 하다. 사르트르는 부정적이다. 사르트르는 나와 타자 사이의 메울 수 없는 균열과 상호 부정의 변증법이 발생한다고 본다. 사르트르는 시선의 맞부딪힘을 통해 타자의 존재를 확신할 수 있었지만, 타자와의 사이에서 연대 가능성을 찾을 수는 없었다.

결론적으로 사르트르는 타자의 존재야말로 '나의 원초적인 타락'이라 말하며, 타자는 곧 나의 죽음이라 선언한다. 지금까지 어떤 철학자도 타인의 눈을 들여다보지 않았다. 타인은 곧 자기이기 때문에 굳이 들여다볼 필요가 없었다. 사르트르는 처음으로 타인의 눈을 들여다본 사람이다. 그는 다만 타인의 눈 속에서 자기의 심연을 보고 경악했다.

신체의 지향성과 자기반성 능력

사르트르가 자아와 타자의 대립 속에서 철저하게 고립적인 세계관[37]을 지니고 있었다면, 동일한 현상학의 지반 위에 선 메를로퐁티는 타자와의 연대 가능성을 긍정함으로써 사르트르와는 대극적인 위치에 섰다.

메를로퐁티가 상반된 결론에 이른 출발점은 '신체적인 지각'이라는 개념이다. 메를로퐁티는 사르트르가 지향적인 의식을 탈신체적인 것으로 만들었다고 비판하면서 지향적인 의식은 본래 신체적이라 주장한다. 지향성이 신체적이라 함은 단순히 신체가 의식을 담지하고 있어서 지향적인 의식의 담지체가 된다는 의미는 아니다. 신체적인 지각이라는 주장에서 핵심적인 것은 신체 자체가 하나의 의식이어서 지향적이면서 동시에 반성적이라는 입장이다. 신체적인 지각의 의미를 정리하자면 다음과 같다.

신체는 세계에 대한 어떤 자세를 갖고 있다. 노인의 자세는 꾸부정하다. 사랑하는 사람의 자세는 날아갈 듯하다. 신체의 자세란 노인이라든가 사랑하는 사람의 어떤 일반적인 특성을 말하는 것만이 아니다. 자세는 그들이 세계를 지향하면서 의미를 부여하는 방식이기도 하다. 그래서 노인은 세상을 꾸부정하게 바라보면서 세상을 끌어안는다. 사랑하는 사람에게 세상은 언제나 날아가려는 자세 끝에 헌신짝처럼 매달려 있을 뿐이다. 신체적인 자세가 하나의 지향성이며, 그 속에 이미 지향적인 의미가 내재한다.

그러므로 신체와 세계는 친밀한 관계에 있다. 신체는 세계의 연계망에 잠겨 있으며, 신체의 자세에서 세계 전체가 간취될 수 있다. 메를로퐁티는 신체를 '지향적인 호'[38]라고 말하거나, 신체는 세계의 간청에 호응한다고 말하기도 한다. 신체가 세계에 사물처럼 존재하는 것이 아니라 신체가 세계에 거주하며 세계를 소유한다. 신체와 세계는 영국의 조각가 헨리 무어의 조각에서 사랑하는 두 사람이 천년이고 만년이고 껴안고 있는 모습과 닮았다.

그러면 신체의 지향성은 어떻게 형성되는가? 그것은 선천적으로 형성된 것은 아니다. 역사적인 삶에서 형성되며, 역사적인 삶의 변화와 더불어 신체적인 자세도 변화하고, 그에 따라 세계에 부여되는 의미도 변화한다. 메를로퐁티의 신체적인 지향성, 곧 자세는 부르디외Pierre Bourdieu가 제시한 '아비투스habitus'의 개념을 닮았다.

아비투스란 몸짓이다. 몸짓은 개인적이 아니라 사회 계급적이다. 몸짓은 조각된 사물의 어떤 자세가 아니라 그 자체가 세계를 조각하는 자세이다. 부르디외는 아비투스의 일상적인 실천을 통해 세계가 생산된다는 것을 강조한다. 메를로퐁티가 비록 사회 계급적인 차이를 말하지는 않았지만, 신체의 지향적인 자세가 역사 사회적인 삶을 바탕으로 하고, 신체적인 자세가 곧 세계를 형성한다고 말한다는 점에서 부르디외를 상기시킨다.

더구나 신체는 지향성과 더불어 자기 반성의 능력을 가진다. 신체의 자세는 의식의 모든 능력을 갖고 있다. 의식은 자기반성 능력을 통해 자신을 표현하고, 동시에 표현된 것을 의식할 수 있다. 슬픈 표정을 지어 보라. 그러면 마음이 슬퍼지지 않는가? 마찬가지로 신체의 지향성인 자세도 세계를 향해 지향하면서 자신의 지향성을 자기 반성적으로 의식한다. 이는 내감, 내성적인 지각이라 규정된다. 사랑하는 사람의 자세는 항상 날아갈 듯하며, 그의 신체는 신체 자체의 팽팽한 쾌감을 통해 그의 자세를 알고 있다.

의식에서 대상 의식과 자기의식이 동시적이듯 신체에서 신체적인 자세의 표현과 자기반성, 즉 내감은 동시적이다. 이미 설명했듯이 지향적인 의식에서 지향성은 세계에 의미를 부여하는 능력이다. 신체의 지향적인 자세도 세계에 대한 의미 부여의 능력이다. 반성적인 의식인 신체의 내감은 이런 의미를 동시적으로 직관한다.

내감에 의한 의미 인식과 신체적인 자세로 표현된 의미 사이의 관계는 서로 안과 밖으로 대립하지만 동시적이다. 양자의 관계는 가역적인 상호 관계이다. 메를로퐁티는 《지각 현상학》에서 아주 흥미로운 예를 들어 설명하고 있다. '아리스토텔레스Aristoteles의 착각'으로 알려진 예이다. 아리스토텔레스는 검지와 중지를 교차하여 사이에 조약돌을 넣으면 두 개의 조약돌이 느껴진다고 한다. 메를로퐁티는 신체적인 자세가 왜곡됨으로써 두 개의 내감이 일어나는 것으로 설명한다. 그의 설명에 따르면 거꾸로 신체적인 자세가 통일되어 있으면 내감도 통일된다는 것이다.

메를로퐁티는 내감과 표현 사이의 상호 가역성은 여러 가지로 입증된다고 본다. 특히 외적으로 지각된 성질이 동시에 일정한 행위 능력을 담지한다는 데서도 분명하게 나타난다. 고흐의 〈밀밭〉이라는 회화에서 노란색의 느낌은 비명을 지를 듯한 충동을 야기한다. 이처럼 어떤 느낌과 신체적인 행위가 직접 연결되어 있다는 것은 내감과 신체적인 지각, 느낌과 행위 능력 사이의 가역적인 관계를 보여 준다는 것이다.

신체적인 지각의 종합성

메를로퐁티는 신체적인 지각이 공관적共觀的이고, 공감각적이며, 공현존적이라는 점에서 종합적이라 주장한다. 공관적이란 두 눈이 각각 주시하면서도 종합적인 시각상이 형성되는 것을 말한다. 공감각적이란 시각과 청각, 촉각 등 다양한 감각들 사이에서 하나의 감각이 다른 감각으로 전환되는 것을 말한다. 공현존적이란 지각과 상상, 과거와 현재, 실제와 잠재 등 다양한 현존을 포괄한다는 의미이다.

지각이 공관적인 예나 공감각적인 예는 쉽게 찾을 수 있어 굳이 들 필요가 없을 것이다. 공현존적인 예는 쉽게 찾기 어려운데, 마침 아주 좋은 예가 있다. 영화 〈올드보이〉를 보면 주인공 오대수의 과거와 현재는 처음에는 분리되어 있다. 영화의 끝에서 그는 마침내 과거의 기억을 되살리면서 과거의 현존과 현재의 현존이 통합된다. 이때 영화 장면은 과거 장면과 현재 장면이 뒤섞여 편집되어 있다.

기억이 되살아나자 오대수는 과거의 오대수가 아니다. 과거가 현재에 영향을 미치며, 현재가 과거를 변형시킨다. 과거와 현재는 종합되면서 새로운 오대수를 만들어 낸다. 그는 더 이상 하루를 대충대충 살아가는 오대수가 아니다. 세상에 책임을 느끼고 그의 삶은 무게를 지니게 된다. 오대수는 이제 공현존적인 존재가 된다.

종합적인 지각의 가능성은 어떻게 발생하는 것일까? 칸트가 주장하듯이 지각적으로 주어지는 다양성을 선험적인 의식이 종합 통일하여 성립하는 것일까? 메를로퐁티는 칸트의 주장과 정반대의 주장을 펼친다. 그는 개별적인 지각들은 종합적인 지각을 전제하고서 이로부터 분화되어 나온 추상적인 지각이라고 한다. 예를 들어, 색깔의 지각과 소리의 지각 이전에 통일된 공감각적인 지각이 있다는 것이다. 이것은 시각도 청각도 아닌 어떤 공통 감각에 기초한다. 시각과 청각은 공통 감각에서 분화되어 나왔다.

메를로퐁티는 다양한 지각의 통일성은 근본적으로 하나의 신체적인 지각, 또는 신체의 지향적인 자세에 의해 통일되어 있었기 때문에 가능하다고 한다. 다양한 개별 감각들은 통일적인 자세에서 일어나는 것이어서 동일한 세계를 지향할 수 있다. 각각의 개별 감각에는 동일한 세계가 내재하며, 동일한 세계가 개별 감각들을 횡단하고 있기에 비로소 개별 감각들 사이에서 전환이 가능하다.

메를로퐁티는 공감각적인 현상을 예로 들어 설명한다. 유리 표면의 시각적인 구조와 유리가 깨어지는 소리의 청각적인 구조는 시각과 청각이라는 차이는 있지만, 구조적으로는 어떤 동일성을 지닌다. 시각과 청각이 동일한 구조를 지닌다는 것은 신체 자세의 통일성 속에서 함께 작용했기 때문이다. 따라서 우리는 유리의 표면을 들을 수 있고, 유리가 깨어지는 소리를 볼 수도 있다.

'백색의 비명'이라는 예도 들어보자. 칸트의 종합 이론이 말하는 것처럼 비명을 듣고 흰색을 덧칠한 것인가? 오히려 비명 자체가 백색으로 지각된 것이 아닐까? 그렇다면 색깔과 소리로 나누기 이전의 어떤 공감각, 즉 신체적인 지향성에 의해 가능한 공감각이 있는 것이 아닐까?

메를로퐁티는 실재성이란 종합적인 신체적 지각의 결과라고 한다. 종합적인 지각에 비추어 본다면 개별 감각상은 하나의 환영과 같다. 종합적인 지각에 이르러 환영은 사라지고, 입체적이고 무게를 지닌 실재성이 나타난다. 메를로퐁티는 이와 연관하여 더빙된 영화를 예로 들고 있다. 더빙된 영화에서 소리가 제거되면 영상은 얼어붙어 버린 듯이 실재성을 상실하고 연기처럼 사라진다. 영상이 소리와 결합해야 구체적인 실재성을 지닌 현실로 다가온다.

메를로퐁티는 세잔의 기법도 종합적인 지각, 신체적인 지각과 연관되어 있다고 본다. 근대 회화는 사물의 본성을 연장성으로 파악한다. 사물의 공간적인 형태가 사물의 본질이라 보고 회화에서 형태의 소묘를 강조했다. 소묘 중심의 근대 회화에서 사물은 공간적인 형태만으로 표현되면서 평면화된다. 반면 사물의 깊이란 원근법적인 기호에 의해 간접적으로 암시되는 수준에 그치고 말았다. 현대에 와서 화가들은 사물의 깊이에 관심을 가지게 되

세잔, 사과 복숭아 배 포도, 1880년

었다. 메를로퐁티는 화가 세잔이 평생을 바쳐 회화에서 추구했던
것이 깊이라고 간주한다.

세잔이 그린 사과 그림을 보면 여러 색채들을 반복적으로 중첩
시켜 형태 선을 그려 낸다. 그 결과 그림 속의 사과는 무게를 지
닌 듯 그윽하게 나타난다. 메를로퐁티는 여기에서 힌트를 얻어
사물의 깊이란 결국 지향적인 시선의 종합 작용에 의해 형성된
다고 본다. 그는 이 깊이를 '존재의 돌연한 폭발'이라 비유했고,

'갈대들 사이에 얼굴이 나타나듯' 나타난다고 했다.

살과 사물의 비전, 그리고 깊이

메를로퐁티는 유고인 《가시적인 것과 비가시적인 것》에서 신체적인 지각 개념을 더욱 발전시켜 '살flesh'이라는 개념에 이른다. 살이라는 개념은 신체가 단순한 신체가 아니라 살아 있는, 또는 정신적인 것이라는 의미이다. 사랑하는 사람들이 서로 살을 비빈다고 할 때의 살을 푸줏간에 걸린 고깃덩어리와 구분한다. 여기서 살은 신체적이지만 동시에 정신적인 요소를 지닌다.

메를로퐁티가 말하는 살이라는 개념은 그의 신체적인 지각 개념에서 유래되었음이 틀림없다. 앞에서 말했듯이 신체는 그에게 단순히 물질적인 것이 아니라 지향성과 자기반성 능력을 포괄하는 것이기 때문이다. 그가 신체적인 지각 개념을 살이란 개념으로 확장하는 데에는 이유가 있다.

세계는 신체적인 지향성에 조응한다. 원호가 원 전체와 조응하듯이 신체적인 자세와 세계도 서로 조응한다. 신체가 살이라면 세계 역시 살이다. 세계도 마찬가지로 살아 있으며, 정신적인 존재이다. 메를로퐁티는 세계 전체가 살아 있고 의식을 지닌 정신적인 존재임을 강조하기 위해 살이라는 개념을 도입한 것으로 생각된다.

메를로퐁티에게서 신체가 하나의 지향적인 의식이듯이 세계라는 살도 하나의 지향적인 의식을 가진다. 나의 신체가 세계를 향하는 시선이라면 세계 역시 나를 마주 대하여 바라보는 시선이다. 그것이 곧 사물의 응시이다. 살이라는 개념에서 사물의 응시, 또는 비전vision이라는 개념이 출현한다. 이와 연관하여 메를로퐁티는 앙드레 마르샹André Marchand의 말을 인용하고 있다

"숲속에서 숲을 바라보고 있는 것은 내가 아니었다는 사실을 나는 여러 번 느끼곤 했다. 어떤 날 나는 나무들이 나를 바라다보며 나에게 말을 걸어오는 것을 느꼈다. …… 나는 거기 서 있었고 듣고 있었다. …… 나는 화가란 우주에 의해 침투되어 있는 사람임에 틀림없으며, 우주로 침투해 들어가기를 원해서는 안 된다고 생각한다. …… 나는 내면적으로 잠기고 묻히기를 기대한다. 아마도 나는 탈출하기 위해서 회화를 그리고 있는지도 모를 일이다."[39]

마르샹은 사물의 비전을 설명하면서 나무를 볼 때 사실은 "나무들이 나를 바라다보며 나에게 말을 걸어오는 것을 느낀다"라고 말한다. 이런 전복이 어떻게 가능한가? 나의 시선이 어떻게 사물의 응시로 뒤집히는가? 이것은 신체적인 지각에서 내감과 표현 사이의 상호 가역적인 관계를 기초로 한다.

가역적인 관계는 개체의 신체와 세계적인 살 사이에서도 성립

한다. 세계 전체에서 본다면 개체는 내감에 해당되고, 세계는 그 것의 신체에 해당된다. 따라서 개체의 신체적인 자세는 세계의 살로 자신을 표현하며, 거꾸로 세계의 살은 개체의 신체에서 자신을 내감한다. 양자는 안과 밖으로 서로 상응하면서 내감과 표현으로 상호 가역적인 관계를 지닌다. 그 결과 신체적인 자세와 세계적인 살의 응시는 서로 상응한다. 마치 원호와 원처럼 서로 상반되면서도 서로 동일하다. 양자가 조응하므로 내가 나무를 본다는 것은 거꾸로 나무가 나에게 말을 걸어오는 것이 아닐까?

메를로퐁티에서 타자의 개념

신체 자체가 지향적이며 동시에 자기 반성적이라는 주장에 근거하여 메를로퐁티는 사르트르가 철저하게 부정했던 타자와의 연대 문제로 접근해 들어간다. 메를로퐁티는 내가 타자와 만날 가능성을 열어 보인다. 타자와의 열린 만남의 근저에 있는 것은 신체에 있어서 내감을 통한 인식과 몸짓을 통한 표현 사이의 상호 가역성에 있다.

타자의 어떤 몸짓에 대해 나는 자신의 경우에서 유추를 통하여 의미를 추측하지 않는다. 나는 유추하기 이전부터 몸짓에 대해 먼저 신체적으로 반응한다. 그것은 타자의 몸짓에 상응하는 나의 몸짓이다. 먼저 신체 반응이 일어난 후 나는 자신의 신체 몸짓에 대해 내감을 통하여 의미를 인식한다. 이런 인식은 타인의 몸짓의 의미에 대한 인식이 될 수 있다. 내감은 비록 나의 신체 몸짓에 대한 인식이지만, 나의 몸짓은 타자의 몸짓에 상응하는 것이다. 결국 내감은 타자의 몸짓에 내재해 있는 의미에 관한 인식이기도 하다.

　멀리서 달려오는 아이를 어머니는 먼저 팔을 벌려서 안는다. 어머니는 자기 팔을 벌리는 동작의 의미를 동작과 더불어 인식한다. 어머니의 동작은 아이가 달려오는 동작에 상응하는 것이다. 이를 통해 어머니는 아이의 동작에 내재하는 의미까지 인식한다. 메를로퐁티는 다음과 같이 말한다.

"동작의 의사소통이나 이해는 나의 의도와 타자의 동작 사이의 상호성, 나의 동작과 타자의 행동에서 읽힐 수 있는 의도의 상호성에 의해 얻어진다. 모든 것은 타자의 의도가 나의 신체에 거주하는 것처럼, 또는 나의 의도가 타자의 신체에 거주하는 것처럼 일어난다."[40]

　언어를 통한 의사소통도 사실은 신체를 통한 타자와의 관계이다. 타인의 언어를 이해한다는 것은 일반적으로 어떤 언어 기호에 사회적으로 약정된 의미가 결부되어 있어서 가능하다고 설명된다. 메를로퐁티는 이런 일반적인 설명을 부정한다. 그는 타인의 언어를 이해할 때 언사[41], 즉 언어 행위나 몸짓이 개입한다는 점을 강조한다. 언사나 몸짓은 언어 기호를 둘러싸는 외피라든가 언어에 부수되는 우연적인 요소로 이해되지 않는다. 언사나 몸짓은 신체적인 자세 중의 하나이다. 신체적인 자세가 자체로 지향성을 지니며 내적인 의미를 간직하듯 언사나 몸짓도 자체로 하나의 지향성이다. 따라서 언사나 몸짓은 내적인 의미를 지니는데, 그것이 언어이다.

메를로퐁티는 언어와 언사, 몸짓을 의미와 지향성, 내감과 그 표현의 관계로 이해하면서 언어에 의한 의사소통도 근본적으로 나의 신체적인 자세와 타인의 신체적인 자세 사이의 조응 관계로 이해한다. 의사소통이란 나의 언사나 몸짓에 타인의 언사나 몸짓이 조응하면서 가능하다. 조응을 매개로 나의 언어의 의미가 타인에게 의미로 전달된다고 한다.

주요한 것은 나의 언사나 몸짓에 타인의 언사나 몸짓이 이미 상응하고 있다는 것이다. 상응이란 저절로 이루어지지 않는다. 역사적인 삶의 공동 양식에 기초한다. 타자에 대한 열린 이해의 가능성은 역사적인 삶의 공동성을 전제한다. 역사적인 삶에 나와 타자의 삶이 통일되어 있어서 나와 타자 사이의 상호 주관적인 이해도 가능하다.

메를로퐁티는 왼손과 오른손의 관계에 대한 유추를 통해 설명한다. 나의 왼손이 오른손을 만질 때의 관계는 일방적이 아니다. 거꾸로 오른손 역시 왼손을 만진다고 볼 수 있다. 양자 사이에는 만져지는 것과 만지는 것 사이의 상호 가역적인 관계가 성립한다. 타자의 손과 내 손 사이에도 가역적인 관계가 성립할 수 있지 않을까? 타자의 손이 내 손을 만지면 내 손도 타자의 손을 만진다. 두 손이 서로 맞잡은 상태에서 서로는 서로의 마음을 이해한다.

나와 타자 사이의 상호 인식은 실재성의 더 깊은 차원을 가능하게 한다. 앞서 설명했듯이 단안 지각은 개별적으로는 실재적인 것처럼 보이지만, 양안(공관) 지각에 비해 본다면 그저 환영에 불과하고, 양안 지각 앞에서 소멸해 버리고 만다. 마찬가지로 나와 타자의 상호 주관적인 인식에 비추어 본다면 나의 개인적인 지각 세계란 환영에 불과하다. 오직 상호 주관적으로 인식된 세계만이 유일하며 실재적으로 성립하는 세계라 하겠다. 타자와 나와의 상호 주관적인 세계는 나의 지각 세계와 타자의 지각 세계를 가로질러 횡단하고 있다. 공통의 지반이 되는 상호 주관적인 세계가 곧 세계의 살이다.

아도르노와 총체적으로 관리되는 사회

세이렌 이야기에 나오는 지배와 공동선共同善의 공모 관계는 근대 사회, 특히 총체적으로 관리되는 사회에 이르러 절정에 이른다.

비판 철학의 주요 인물은 호르크하이머Max Horkheimer, 아도르노, 베냐민, 마르쿠제, 프롬Erich Fromm 등이다. 그들은 1930년대 나치가 대두하던 시기에 독일 프랑크푸르트 대학에 있는 연구소를 중심으로 자본주의 사회를 비판하는 새로운 개념을 제시해 왔다.

비판 철학의 일반적인 전제는 무엇인가? 서구 사회가 후기 자본주의로 이행하면서 고도의 기술 진보로 자연 지배가 확립되었고, 물질적으로 풍요로운 사회가 될 가능성이 열렸다는 것이다. 비판 철학은 풍요로운 사회에서 파시즘과 같은 야만적인 폭력이 등장하여 대중적인 지지를 획득해 나가는 모습을 보면서 도대체 왜 이런 현상이 등장하는가를 문제 삼게 되었다.

비판 철학자들은 나치의 박해를 피해 1930년대 말 미국으로 도피하는데, 미국에서 그들이 발견한 것은 표면적인 자유에도 불구하고 감추어진 억압이 존재한다는 것이었다. 미국 사회는 유럽의 파시즘과 동질이상同質異像의 사회였다. 미국에서 스타에 대한 소녀들의 열광은 히틀러에 대한 독일 대중들의 열광과 닮은꼴이었다. 미국에서 도덕적인 테러리즘은 파시즘의 정치적인 테러리즘을 연상시켰다. 미국의 일사불란하게 돌아가는 공장 체제는 파시즘의 살인 기계를 암시했다.

비판 철학자들은 후기 자본주의 사회에서 폭력은 노골적이든 감추어졌든 간에 일반적임을 발견하게 되었다. 풍요로운 사회에서 어떻게 이런 폭력이 일어나는지에 대해 전통적인 마르크스주의 방법론인 경제 결정론 모델로는 어떤 설명도 제시할 수 없었다. 그들은 후기 자본주의 사회에서 폭력을 설명하기 위해 새로운 대안을 모색했다. 이때 주요한 참조 이론이 프로이트의 정신분석학이며, 후설과 하이데거 등의 자연 과학 비판이며, 루카치 등에 의해 마르크스에게서 발굴된 물화 및 소외 이론이다.

비판 철학은 1950년대 꾸준히 영향력을 강화해 왔다. 특히 1960년대 들어서는 마르쿠제의 이론이 지식인 저항 운동의 사상적인 기초가 되었다. 1960년대 신흥 노동자층은 마르쿠제의 소외 개념, 에로스 개념에서 자기를 표현하는 수단을 획득하였다.

총체적으로 관리되는 사회

아도르노는 1960년대 사회를 비판할 수 있는 입각점을 마련했다. '총체적으로 관리되는 사회'라는 개념이다. 문제는 1960년대 사회를 구성하는 원리였던 포드-테일러 시스템이었다. 합리적으로 세분화된 작업들이 벨트 컨베이어 시스템을 통해 결합하면서 생산은 더욱 효율적으로 이루어졌다. 기업은 군대 조직처럼 기능적으로 분화되고 조직적으로 결합했다.

포드-테일러 시스템은 비단 공장과 기업만 지배한 것은 아니었다. 모든 사회 조직은 이 시스템의 효율성을 받아들였다. 국가

아도르노

가 우선 모범을 보여주었고, 언론과 학교처럼 이전까지 어느 정
도의 자유와 저항이 허용되었던 비판적인 사회 조직조차도 이 모
범을 따랐다. 이제 전체 사회가 하나의 신을 모시게 되었다. 신의
이름은 포드-테일러 시스템이었다.

사실 그 원리는 자본주의 사회에서 발전된 분업과 교환의 체제
와 다를 바 없다. 하지만 시장을 통한 분업과 교환 체제에는 불균
형과 무질서가 내재했고, 이 공간이 혁명과 저항, 도발과 이탈이
숨 쉬는 자리였다. 포드-테일러 시스템은 분업과 교환 체제를 합

리적으로 기계적인 리듬에 의해 재구성했다. 이 시스템은 마침내 최고의 생산성에 도달했지만, 더 이상 인간은 존재하지 않게 되었다. 인간은 다른 인간이 아니라 기계가 지배했다.

지배는 합리성의 이름을 가지게 되었다. 지배는 자신을 자유라는 이름으로 위장했다. 합리성의 빛에 눈이 멀어 지배는 더 이상 보이지 않았다. 인간은 자신의 고유한 얼굴을 잃어버렸다. 인간의 얼굴은 익명의 대중이다. 타인과의 관계는 기계적으로 조직된 사회가 대신했다. 그 외의 인간관계란 사회를 위해 제거되어야 할 것이다. 사랑이라니? 사랑이 밥을 먹여 주는가? 밥이 시대의 도덕이 되었다. 그 대가로 쾌적하고 만족스러운 삶이 보장된 것이다. 이런 사회가 총체적으로 관리되는 사회이다.

1960년대 완성된 사회는 내적으로 균열을 일으키고 있었다. 감추어졌던 폭력과 억압, 누더기 같은 삶은 곳곳에서 야만적인 얼굴을 쳐들고 있었다. 미국 사회에서 체제화된 마피아들, 도시의 뒷골목을 배회하는 창녀들과 같은 문제만이 아니었다. 어쩌면 수백만 인간들을 눈 깜짝하지 않고 살해한 파시즘도 총체적으로 관리되는 사회의 표현이 아니었을까? 히틀러가 자주 어린아이를 껴안고 사진 찍었듯이 파시즘은 총체화된 의식의 제전을 대중에게 선사했다. 평화롭고 아름다운 표면과 그 배후의 야만 상태는 서로 무관한 것만은 아니었을 것이다. 《계몽의 변증법》의 두 저자인 호르크하이머와 아도르노는 이런 상황에 대해 "왜 인류가 진정한 인간적인 상태에 들어서기보다 새로운 종류의 야만 상태에 빠졌는가?"[42]라는 문제를 제기했다.

계몽이란 무엇인가

가장 합리적인 것과 가장 억압적인 것 사이의 기이한 공모를 분석하고자 했던 아도르노는 계몽주의에서 혐의를 발견했다. 계몽주의란 무엇인가? 원초적인 인간은 자연의 공포 앞에서 주술로 대응하고자 했다. 주술은 자연을 모방함으로써 자연의 악마적인 힘을 달래고자 했다. 반면 계몽은 자연을 지배함으로써 인간을 자연의 주인으로 만드는 과정이었다. 자연의 탈마법화 과정은 역사적으로 신화를 거쳐 계몽으로 발전하였다. 탈마법화 과정은 두 가지 계기로 이루어졌다.

하나는 자연의 물질화이다. 자연과의 주술적인 합치 상태를 벗어나서 자연에 거리를 두는 것이다. 거리 두기를 통해 자연은 내부에 신적인 힘이 흐르는 존재가 아니라 인간에 대해 대상적으로 존재하는 사물이며, 인간이 조작하고 통제할 수 있는 물질로 격하된다.

다른 하나의 계기는 동일화의 원리로서 보편적인 개념의 출현이다. 자연과의 거리 두기를 통해 자연은 일회적이며 고유한 존재가 아니라 보편적인 개념에 포섭되는 하나의 예에 지나지 않게 된다. 그것은 동일하게 반복되며, 질적인 차이는 우연적인 것으로 격하된다. 이미 신화의 단계에서 신적 힘은 사물을 지배하는 영혼으로 등장했다. 형이상학적인 계몽주의에서 영혼은 의식의 보편적인 개념으로 전환되었을 뿐이다. 실증주의 단계에 이르러 보편 개념은 다시 실증적인 법칙으로 규정된다. 이런 차이에도 불구하고 신화나 형이상학, 실증주의에서 공통된 것은 개별적인 것들을 포섭하는 보편적인 개념의 지배력이다.

실증적인 과학의 단계에서 계몽의 원리가 완성된다. 과학은 자연을 효율적으로 지배하는 기술이다. 자연은 양화量化되어 수학적으로 파악되면서 논리적으로 체계화된다. 언어는 상징의 기반을 잃어버리고 기호화된다. 과학의 목표는 효율성의 제고이며, 최고의 생산성을 위한 자연의 지배이다. 마침내 근대 과학에 이르러 인간은 신을 물리치고 세계의 주인이라는 자리를 얻었다.

계몽의 주체

계몽의 원리에 관한 아도르노의 설명은 굳이 새로울 것은 없다. 전부터 많은 철학자들이 계몽의 추상성을 언급해 왔다. 그의 철학에서 눈에 띄는 것은 계몽이 도덕적인 억압과 사회적인 지배에 대해 가지는 연관성이다. 사실 대부분의 철학자들은 계몽적인 과학을 돈만 내면 누구에게나 봉사할 수 있는 중립 수단으로 간주해 왔다. 억압은 계몽 과학이라는 수단과는 무관하며, 다만 이 수단을 사용하는 지배 관계에 달려 있다. 아도르노는 그런 주장에 반대한다. 계몽 과학의 심장 속에 도덕적인 억압과 사회적인 지배가 들어 있다는 것이다.《계몽의 변증법》에서 아도르노는 이 점을 호메로스Homeros의 서사시《오디세이아》에 대한 분석을 통해 보여 준다.

아도르노에 의하면, 오디세우스는 주술 단계의 신화를 벗어나서 계몽에 이르려는 근대 시민의 원형이다. 오디세우스는 공포의 힘이 지배하는 바다를 떠돌다가 마침내 개인적 주관성이 완성되는 이타카(오디세우스의 고향)로 귀향한다. 이 과정에서 오디세우스는 자연의 공포를 상징하는 괴물들과 싸운다. 그러면 오디세우스는 어떻게, 무엇으로 괴물들과 싸워 이기는가?《오디세이아》는 흥미로운 실례들을 보여 준다.

먼저 키클롭스의 섬나라 얘기가 나온다. 숲이 울창하고 무수한 들염소만 사는 섬처럼 보이지만, 사납고 야만적인 키클롭스들이 살고 있다. 키클롭스는 거인족이며, 이마 한복판에 달구지 바퀴만 한 외눈이 달려 있고, 바위산의 커다란 동굴을 집으로 삼아 살고 있다. 오디세우스는 무심코 동굴로 들어갔다가 키클롭스 족속의 폴리페모스에게 붙잡힌다. 폴리페모스는 바다의 신인 포세이돈의 아들이다.

폴리페모스는 커다란 바위로 동굴을 막아 오디세우스 일행이 도망가지 못하게 한다. 폴리페모스는 사람의 생고기를 무척이나 좋아해서 사로잡힌 오디세우스의 부하들을 잡아먹는다. 오디세우스는 궁리 끝에 가지고 온 포도주를 선물한다. 폴리페모스는 지금까지 염소젖만 먹어서 술의 힘을 모른다. 기분 좋게 취한 폴리페모스는 오디세우스의 이름을 묻고 제일 나중에 먹어 주겠다고 약속한다. 오디세우스는 '우티테스', 즉 '아무도 아니다'라는 의미를 지닌 이름을 댄다.

폴리페모스가 술에 취해 잠에 빠지자 오디세우스는 준비해 두었던 통나무를 불에 달구어 폴리페모스의 눈을 찌른다. 폴리페모스가 비명을 지르자 동료 족속들이 모여든다. 그들이 누가 찔렀는지 묻자 폴리페모스는 '우티테스'라고 대답한다. 그러자 동료 족속들은 모두 나가 버린다. 오디세우스는 폴리페모스가 동굴의 바위를 열고 나가자 염소의 배 밑에 매달려 무사히 빠져나온다. 오디세우스는 섬을 떠나면서 자기를 밝힌다. 우티테스가 아니라 이타카의 왕 오디세우스라고. 폴리페모스는 자기의 아버지인 바다의 신 포세이돈에게 복수를 부탁한다.

아도르노는 오디세우스의 이야기를 인용하면서 자기를 보존하려는 계략이 기만에 의존함을 지적한다. 키클롭스 족속은 이름과 대상을 구분하지 못한다. 아직 주술적이다. 오디세우스는 이미 이름과 대상의 구분을 알고 있다. 이것은 계몽적인 인식의 발달을 의미한다. 계몽적인 인식은 자연의 힘을 기만하는 출발점을 이룬다. 아도르노는 인간의 기만이 결국 자기기만으로 이어지는 것에 주목한다. 계몽적인 인식은 인간의 고유한 동일성을 부인하고 개체적인 인간을 보편적인 언어를 사용하는 일반적인 주체에 동화시킨다. 계몽의 인식은 인간의 자기 소외의 원천이다.

아도르노에 따르면 신화의 단계에서 일어나는 주체의 자기 소외는 근대 계몽주의에 이르러 정점에 이른다. 계몽이 사물을 보편적인 개념에 의해 지배하기 위해서는 먼저 자신을 개별 주체에서 보편 주체로 상승시키는 과정이 전제되어야 한다. 즉 계몽 주체는 선험적이며 보편적인 주체이다.

계몽적인 인식이 자연의 힘, 그 질적인 차이성을 배제하는 것이라면 주체의 내적인 자연의 억압, 주체의 자기 소외를 전제로 한다. 계몽의 주체 아래에서 인간은 평준화된다. 인간은 사물의 세계에서 자기에게 맡겨진 기능을 수행하는 톱니바퀴가 된다.

계몽과 지배

《오디세이아》에 나오는 요정 세이렌 이야기는 계몽과 사회적인 지배 사이의 공모를 보여 준다. 세이렌은 아름다운 노래를 부른다. 노래를 듣는 사람은 모두 황홀해서 유혹에 빠지고 만다. 오디세우스는 마녀 키르케의 섬을 빠져나오면서 키르케로부터 세이렌의 노래를 이기는 계략을 배운다. 계략에 따라 오디세우스는 미리 선원들의 귀를 밀초로 막아 놓는다. 자신은 밧줄로 돛대에 묶도록 하여 무슨 일이 있어도 풀어 주지 않게 한다. 세이렌의 노래를 들은 오디세우스는 자신을 풀어 달라고 호령했으나 선원들은 미리 받은 명령에 따라 말을 듣지 않았다. 결국 무사히 세이렌의 유혹을 이겨 냈다는 이야기다.

세이렌 이야기를 통해 아도르노는 오디세우스와 선원, 지배자와 피지배자의 관계에 주목한다. 물론 피지배자인 선원들은 향락을 얻지 못한다. 그들은 오직 노동에 처하기만 한다. 반면 지배자인 오디세우스는 세이렌의 아름다운 노래를 들을 수 있다. 그는 향락을 얻지만 노동하지는 않는다. 언뜻 헤겔의 《정신현상학》에 나오는 주인과 노예의 관계를 연상시킨다. 여기서도 주인은 향락을 즐기고 노예는 노동한다. 다만 《정신현상학》에서 노예는 노동을 통해 자기 인식에 이르며, 이것이 지배를 전복하는 핵심 계기이다. 《계몽의 변증법》에서는 다르다. 지배자와 피지배자는 공동의 생존을 모색한다. 지배자는 자기 몸을 돛대에 묶어 놓는다. 피지배자는 생존을 위해 지배자의 명령을 듣지 않도록 미리 명령된다. 관계는 평등한 외양을 지닌다. 지배자와 피지배자는 서로의 역할을 분담하면서 공동의 생존을 더욱 효율적으로 만든다. 지배가 영속되는 것이다.

세이렌 이야기에 나오는 지배와 공동선共同善의 관계는 근대 사회, 특히 총체적으로 관리되는 사회에 이르러 절정에 이른다. 아도르노가 '집합성(공동선)과 지배의 통일체'라 이름 붙인 관계이다. 지배와 피지배로의 분화는 전체의 자기 유지와 공동선에 기여한다는 것이다.

지배는 보편적으로 명령하는 언어를 지배의 매개로 하기에 계몽적인 인식의 발전을 전제로 한다. 지배는 이제 사람에 의한 지배(왕이나 자본가의 지배)나 폭력을 통한 억압이라는 외양을 벗어 던진다. 지배는 기능적인 분화로 나타난다. 그것은 현실적인 이성의 지배로 나타난다. 지배의 기능적인 분화가 조직적이고 합리적일수록 공동선의 발전에 더욱 효율적이다. 공동선이 발전될수록 지배는 더욱 합리적인 형태를 가진다.

미메시스로서의 예술

아도르노에 따르면 기능적이며 집단적인 지배의 이상에 도달한 것이 1960년대 사회이다. 경제, 정치, 문화 등 모든 영역에서 기술적인 집단 지배가 강화되었다. 1960년대 사회는 물질적인 풍요를 얻고 겉보기에 평등하면서 자유로운 사회에 이르렀다. 아도르노에게 노동자는 물질적인 풍요를 위해 자본가와 공모 상태에 있다. 따라서 노동자를 기초로 한 계급 투쟁이 사회를 변혁하지 못한다.

그렇다면 새로운 사회를 지향하는 유토피아적인 힘은 어디서 나오는가? 아도르노는 예술에서 나오는 초월적이고 부정적인 힘에 주목한다. 예술은 본래 자연 세계에 대한 미메시스mimesis 즉 모방을 통해 출현했다. 주술가가 자연의 행위를 모방함으로써 자연을 달래려고 할 때가 예술의 출발점이었다. 주술 중 자연을 달래려는 의지는 계몽으로 발전하지만, 자연을 모방하는 것은 예술 속에 보존됐다. 예술은 자연을 재현함으로써 자연적인 진리를 간직한다. 예술은 자연을 기만하고 지배하는 계몽에 대립한다.

예술은 총체적으로 관리되는 사회를 부정하면서 초월하는 힘인 유토피아적 힘을 가지게 된다. 비록 현실 사회에서 본다면 예술은 환상이고 꿈이지만, 진리의 측면에서 본다면 예술이 현시하는 유토피아의 세계가 오히려 근원적인 실재이다. 오직 예술만이 진리를 간직한다. 그러기에 사회를 변혁하는 힘은 예술 자신에게 있다. 예술이 현실적인 실천을 대신하며, 사회를 변혁하는 유일한 실천이다.

총체적으로 관리되는 사회가 인과적이고 원근법적이라면, 부정적이고 초월적인 예술은 현실 사회를 모사하거나 재현해서는 안 된다. 예술은 현실 사회의 필연성을 재현한 형식으로 구성되어서도 안 될 것이다. 아도르노는 비재현적인 예술의 모범으로 모

더니즘 예술을 들고 있다. 모더니즘 예술은 비인과적이고, 반원근
법적이고, 형식 파괴적이어서 자유의 이념이 드러나는 세계이다.

마르쿠제와
에로스의 해방

에로스가 해방에 이르면 온몸이 에로스의
기관인 성감대로 부활한다.
에로스는 육체적인 노동 속에서도 자기를
나타낸다. 노동은 이제 유희가 된다.

*

과잉 억압

　마르쿠제는《에로스와 문명》에서 기술이 진보하면서 자연이 정
복되어 물질적으로 풍요한 사회가 도래했다고 했다. 그런데도 그
는 오늘날 도처에서 '인간의 인간에 의한 가장 효과적인 노예화
와 파괴'가 행해진다고 말하면서 도대체 어떻게 된 영문인지 물
었다. 그의 물음은 '끔찍한 야만 상태'에 대한 아도르노의 물음과
동일한 맥락에 있다. 아도르노가 계몽주의의 탄생 과정으로 거
슬러 올라가 대답하려 했다면, 그에 반해 마르쿠제는 프로이트의
정신분석학을 향해 전진한다.

　몇 가지 점에서 프로이트에 대한 마르쿠제의 해석은 정통 프로
이트 해석과 구별된다. 프로이트는 현실 원칙을 쾌락 원칙에 대립
시켰다. 현실 원칙은 욕망을 억압한다. 원초적인 사회에서 현실적
으로 자원이 결핍되므로 현실 원칙에 따른 억압이 일어난다. 이
런 억압은 원초적인 사회 구조인 오이디푸스 관계 아래서 원부原
夫에 의해 일어나는 억압이다. 마르쿠제는 오늘날 물질적인 풍요

마르쿠제

에 도달한 상태에서 현실 원칙에 따른 억압은 더 이상 의미가 없다고 보았다. 그는 오늘날의 억압 체제를 과잉 억압이라고 했다.

본능 개념을 이해하는 것에서도 구별된다. 프로이트는 죽음의 본능과 삶의 본능이 각기 독립적으로 존재한다고 간주한다. 프로이트는 점차 파괴적인 죽음의 본능이 삶의 본능보다 원초적이라고 여겼다. 반면 마르쿠제는 무기물로 돌아가려는 퇴행적인 죽음의 본능과 생명체의 더 큰 단위를 이루려는 삶의 본능인 에로스(성적인 리비도) 사이에는 공통의 에너지가 있다고 보았다. 공통 에너지는 서로 대립적인 방향으로 전환을 할 수 있으며, 궁극적으로 본다면 삶의 본능이 우위에 있다고 간주한다.

마르쿠제가 삶의 본능을 우위에 두었다면 본능에 어떤 합리성이 존재할 수 있음을 암시한다. 본능은 사회적이며 문명 건설에 유용한 측면을 가진다는 것이다. 마르쿠제의 입장은 본능은 쾌락의 원칙에 따라 즉각적인 만족을 추구하고 현실을 무시하기에 반사회적이고 반문명적이라는 프로이트의 가정과 대립한다. 본능에 대한 긍정적인 이해에 기초하여 마르쿠제는 억압적인 문명에 대립하는 비억압적인 문명의 가능성을 확신한다.

마르쿠제는 프로이트의 유아 성욕이라는 개념에 자극을 받아 원초적인 성적 리비도는 온몸 전체에 분포되어 있다고 간주한다. 원래 성적 리비도는 자유롭게 자기를 만족시키는 쾌락을 목적으로 한다. 성적 리비도가 사회적으로 억압되면서 성기에 국한되거나 자신을 생식 수단으로 전락시킨다. 결국 성적 욕망은 쾌락성과 자율성을 상실하는데, 마르쿠제는 이를 성욕의 국지화라 말한다.

원초적인 사회에서

마르쿠제는 문제가 되는 1960년대 사회를 분석하는 입각점으로 원초적인 구조인 오이디푸스 사회를 가상적으로 그려 낸다. 그의 설명을 따라가 보자.

프로이트가 설명하듯 오이디푸스 관계에서 아이는 어머니에 대한 동일화 단계에 있다. 이는 아이가 자신과 동일시하는 나르시시즘의 관계이다. 아버지는 성적인 쾌락을 독점적으로 소유하기 위해 아이를 어머니에게서 분리한다. 거세 위협이라 하는 분리를 통해 아이의 성적인 리비도가 억압된다. 아이의 성적인 리비도의 억압은 아버지와의 동일화를 야기하며, 이를 통해 이상 자아가 형성된다.

마르쿠제는 프로이트의 설명에 공격 충동이라는 개념을 개입시켜 오이디푸스 관계를 더욱 복잡하게 만든다. 성적인 리비도의 억압은 아이에게서 공격 충동을 강화한다. 양자 사이에 에너지 전환이 일어나는 것이다. 이제 아이는 아버지를 살해하려는 욕구를 가진다. 그런데 오이디푸스 단계에서 이미 아버지와 동일화에 의해 이상 자아가 형성되어 있었다. 이상 자아는 아이의 공격 충동인 아버지를 살해하려는 욕구를 금지한다. 이를 통해 아이는 죄의식을 가지게 된다. 프로이트가 죄의식을 성적 리비도의 억압에 의한 것이라 본 반면, 마르쿠제는 아이가 욕구하는 공격 충동에서 죄의식이 나온다고 본다.

오이디푸스 관계에서 아이는 이중적으로 억압된다. 한편으로는 성적 리비도가 억압되고, 다른 한편으로는 공격 충동이 억압된다. 한편으로 억압된 성적 리비도는 승화의 길을 취한다. 그 산물이 노동이다. 노동과 더불어 성적 충동이 성기에 국소화되고 이성 대상으로 향한다. 이를 통해 결혼 관계가 출현하고, 친족 체계가 성립된다.

다른 한편으로 억압된 공격 충동은 죽음에의 충동이라는 특성상 대체물로 승화되지 못한다. 공격 충동은 그저 억압될 뿐이다. 억압된 공격 충동은 더욱 농축된다. 공격 충동에 대한 죄의식도 더욱 강화된다. 언젠가 공격 충동은 억압을 넘어 자기를 발산하지 않을 수 있다.

비인격적인 제도의 지배

마르쿠제는 원초적 사회에서 욕망 구조를 설명한 다음, 그 발전 과정을 인류의 역사 과정 위에 전개한다. 인류의 역사 과정은 결국 아버지의 지배 방식의 변화 과정으로 볼 수 있다.

마르쿠제의 가상적인 설명에 따르자면, 원시 아버지가 유일하게 지배하던 원초적인 사회 구조는 형제들의 연합된 반란으로 무너진다. 마침내 증오가 폭발한 것이다. 아버지를 공동으로 살해한 만큼 그들에게 후회와 죄의식이 커진다. 그들은 원부의 역할을 자기들이 대신하지 않고 형제들 사이의 연합된 지배를 택한다. 일종의 원초적인 사회 계약이 일어나는 셈이다.

형제들의 계약으로 구성된 관계가 지배의 역할을 담당한다. 형제들은 지배 구조에 따라 자신의 성적 리비도를 억제하고, 아울러 자신의 공격 충동도 억압한다. 이 단계는 역사적으로 보아 아마 부족 연합이나 중세적인 국가 체제를 의미하는 것으로 보인다.

형제들의 연합된 지배에 따라 사회적으로 필요한 노동이 분업화되고, 더 효율적인 생산성을 달성한다. 지배의 효율성은 더욱 커진다. 성적 리비도의 측면에서 부족의 여성에 대한 공동의 금기가 확대된다. 원부 시대의 근친상간 금기라는 원칙이 족외혼이라는 형태로 발전한다. 발전에 발맞추어 성적 리비도는 생식적인 욕망에 한정된다. 성적 욕망에 대한 자유롭고 쾌락적인 추구가 원천적으로 배제된다.

그러나 상당히 안정된 사회에서조차 억압된 공격성은 남아 있다. 그것은 사회를 위협하는 악마적인 힘이고, 형제들 간의 균형을 언젠가 파괴하고 만다. 마르쿠제는 형제들의 연합 지배 형태가 더 발전함으로써 근대적인 지배 기구가 탄생한다고 한다. 인적인 지배가 전적으로 제거되고 총체적인 관리 기구가 대신한다. 관리 기구는 비인격적이어서 엄정하게 작용한다. 이 기구는 과학적으로 구성되고, 체계적으로 행사되며, 어떤 지배 기구보다 철저하게 효율적으로 작용한다. 이 기구는 감정을 가지지 않고 기계적인 리듬에 의해 지배한다. 마르쿠제는 헤겔의 용어를 빌려 이런 지배 기구를 '현실적 이성'이라고 부른다. 비인격적 기구에 의한 억압은 철저하고도 전면적으로 이루어짐으로써 인간은 완전하게 종속된다.

총체적인 관리 기구에 의해 성적 리비도는 철저하게 수탈된다. 그에 따라 노동 생산성은 극도로 발전하고 물질적인 풍요를 달성하지만, 인간의 노동은 소외된다. 노동은 만족 없이 일어난다. 노동은 기계의 통제에 따라 수행되는 불쾌하고 고통스러운 일이 된다. 물론 고통의 대가가 주어진다. 풍요로운 물질 소비이다. 이런 만족은 어느 정도 쾌락을 주지만, 이는 성적 리비도를 통해 얻어지는 근원적인 쾌락과 구별되는, 억압적이고 도착적인 쾌락일 뿐이다.

이 사회에서 도착적인 성적 욕망은 개방되고, 문화 산업은 욕망을 무한대로 도발하고, 섹스 산업은 지칠 줄 모르게 만족 수단을 생산한다. 모든 인간관계, 모든 사회적인 공간은 도착적인 욕망의 구름으로 뒤덮여 있다. 사장과 여비서, 관리자와 여직원, 성직자와 신도, 교사와 학생의 관계는 성적인 관계로 포화되었다. 마르쿠제는 이를 '억압적인 탈승화'라고 규정한다.

이제 지배는 합리화된다. 이미 오이디푸스 단계에서 아버지는 아이를 지배하지만, 동시에 아이를 보호함으로써 지배를 합리화한다. 총체적인 관리 기구 하에서 물질적인 풍요에 도달하면서 지배의 합리성은 정점에 이른다. 억압적인 만족과 탈승화를 통해 만족이 지배의 도구가 된다.

표면적으로 보면 지배는 사라진 것 같다. 도착적인 만족과 쾌락이 흘러넘치기 때문이다. 실질적으로 억압은 사라지지 않았다. 총체적인 관리 기구 아래에서 특히 공격 충동은 철저하게 억압된다. 공격 충동이 억압되면 더욱 깊은 죄의식이 발생할 수밖에 없다. 공격 충동을 만족시키는 대체물이 없으므로 승화 방식으로 만족될 수 없다. 한층 세어진 공격 충동을 억압하려는 이상 자아(여기서는 총체적인 관리 기구가 그 역할을 맡는다)가 강화되고, 죄의식도 더욱 깊어진다.

이상 자아가 자기를 방어하는 방식도 철저하다. 이는 어느 시대보다도 끔찍한 야만적인 폭력과 파괴로 나타난다. 파괴는 전면적인 것이다. 마르쿠제는 이를 '국제적인 규모의 사디즘 단계'라고 이름 붙였다.

폭력은 주로 소수 이단자들에게로 향하고 있다. 정신병자, 소수 민족, 동성애자, 청소년 등은 존재하는 것만으로도 총체적인 관리 기구에 위협이 되기 때문이다. 그러기에 억압은 존재 자체를 지워 버리는 방식인 말살을 취한다.

마르쿠제는 총체적으로 관리되는 사회에서 공격 충동은 '공허 속으로 가라앉았다'라고 말한다. 지배가 비인격적인 존재여서 과거 원부의 이미지를 갖는 '냉혹하고 자애롭고 반역의 욕망을 자극하고 처벌하는 개인'은 더 이상 존재하지 않는다. 공격 충동은 이미 순종적인 '미소 띠는 동료, 분주한 경쟁자, 순종하는 관리, 믿을 만한 사회 역군' 속에서는 특정한 목표를 찾을 수가 없다. 부유하는 공격 충동은 막연히 모든 인간에 대한 근본적인 증오로 발전한다. 제노사이드genocide 충동이 출현하는 것이다.

비억압적 문명의 가능성

마르쿠제 이론은 표면적으로 자유롭고 풍요로운 1960년대 사회의 이면에 과잉 억압이 숨어 있다는 사실을 설명해준다. 마르쿠제의 목표는 과잉 억압 체제, 즉 총체적인 관리 기구의 해체이

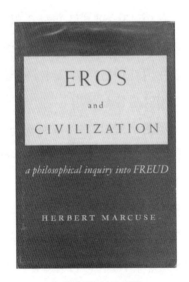

마르쿠제, 《에로스와 문명》

다. 마르쿠제는《에로스와 문명》에서 비억압적인 문명의 가능성을 모색한다. 그는 정신적인 혁명을 주창한다. 정신적인 혁명을 이끄는 것은 역사적인 주체의 내면에 있는 에로스의 해방이다.

그러나 에로스, 즉 성적인 리비도는 충동적으로 자기를 만족하는 것이 아닐까? 문명의 역사 이래 에로스란 항상 인간 내부에 숨어 있는 악마로 간주하여 왔다. 가족과 사회를 파괴했고, 이성을 뒤흔들어 파괴했다. 중용과 절제라는 미덕을, 조화와 균형이라는 아름다움을 송두리째 전복시켰다. 그런 에로스의 해방이라니? 무정부주의로 가자는 말인가?

마르쿠제는 에로스의 해방이 문명 파괴가 아닌 새로운 비억압적 문명을 낳을 가능성을 제시하고자 한다. 에로스는 성기에 국지화된 도착적 성적 욕망과 구별된다. 프로이트에 따르면 에로스는 '살아 있는 실체를 더 큰 단위로 통합하는 본능'인 리비도이다. 마르쿠제는 그 흔적을 찾아 오이디푸스 단계 이전으로 거슬러 올라간다. 거기에는 어머니와의 리비도적인 결합이 있다. 이 결합은 동시에 일차적인 나르시시즘(자기애)이다. 죽음과 같은 만족의 느낌이 아니라 생생한 환희와 열락에 가까운 느낌이 있다. 바로 이것이 원초적인 에로스의 흔적이다. 이 느낌은 서구 문명의 역사에서 나르키소스의 이미지나 오르페우스의 이미지, 미적인 감수성 속에 살아남아 있다.

억압된 사회에서 성적 리비도는 도착의 형태로 전락한다. 성적 도착은 억압의 흔적을 가지고 있다. 본래의 성적 리비도 즉 에로스와는 구별된다. 예를 들어 사디즘과 마조히즘은 억압의 흔적을 가진다. 나치의 친위대에게서 나타나는 모습이다. 한편 성적 도착을 통해 에로스를 가늠할 수는 있다. 사디즘과 마조히즘은 본래의 성적 리비도가 성기적 관계에 제한되지 않음을 짐작하게 해준다.

마르쿠제는 에로스가 맹목적이지 않고 자체 내에 고유한 이성을 가지고 있다고 본다. 그는 프로이트가 제시한 두 가지 승화의 개념과 연관해 이해한다. 프로이트는 외적인 억압에 의해 성적 만족의 대상을 다른 대체물로 전이하는 억압적인 승화와 구별되는 비억압적인 승화가 존재한다고 본다. 비억압적 승화란 직접적인 성적 목적을 포기하지 않으면서도 본래의 쾌락과는 질적인 차이를 가지는 쾌락을 얻는 것을 말한다. 억압적인 승화가 욕망의 대상을 바꾸는 것이라면 비억압적인 승화는 욕망의 형태를 변화시키는 것이다. 구체적으로는 사회적인 본능, 부모와 자식 간의 사랑, 친구 간의 우정, 부부간의 애정이 예가 된다.

비억압적인 승화가 가능하다면 그것은 본래 성적 리비도 속에 내재하는 자기 승화의 가능성이 아닐까? 이와 같은 자기 승화를 마르쿠제는 리비도의 고유한 이성이라 규정한다. 마르쿠제는 플라톤의《향연》에 나타나는, 아름다운 육체에 대한 사랑에서 출발하여 마침내 선의 이데아에 대한 사랑으로 전환되는 과정이 그런 자기 승화라고 추측한다.

자기 승화의 개념 못지않게 주요한 것은 리비도적 욕망과 노동의 결합이다. 억압된 사회에서 리비도적 욕망과 노동은 대립했다. 리비도적 욕망은 성기에 국한되었다. 반면 노동은 탈에로스화된 육체에 의해 이루어지는 고역이었다. 에로스가 해방에 이르면 온몸이 에로스의 기관인 성감대로 부활한다. 에로스는 육체적인 노동 속에서도 자기를 나타낸다. 노동은 이제 유희가 된다.

억압된 사회에서 개인은 사회와 대립했다. 개인은 사회적으로 유용한 노동을 수행하는 기계의 부속품이었다. 고유한 개성을 가진 인간으로서 개인은 사라졌다. 인간과 인간의 관계는 상품과 상품의 관계처럼 메마른 물질적 교환 관계가 되었고, 총체적인 관리 기구에 의해 조정되었다.

에로스의 해방으로 인간관계도 변화한다. 남녀 간의 성적 관계처럼 에로틱한 관계가 모든 인간관계를 지배하게 된다. 마르쿠제는 에로스와 노동, 에로스와 사회가 통합되어 전면적으로 에로스가 구현되는 것을 이상적인 목표로 삼았다. 노동이 에로틱한 즐거움을 주는 사회, 사랑하는 연인들처럼 에로틱한 인간 사회! 그것이 마르쿠제가 목표로 하는 자유의 왕국이다.

1960년대 사회에 대해 지식인, 학생 중심의 저항 운동이 전개되자 마르쿠제의 사상은 경전이 되었다. 특히 1960년대 저항 운동은 도덕적·리비도적 해방을 위한 문화 혁명을 동반했고, 그것을 전제로 했다. '모든 권력을 소비에트로'라고 말한 레닌에 빗

대어 1960년대 학생들은 '모든 권력을 상상력에게로'라고 주장
했다. 마르쿠제의 에로스 해방이라는 주장에 대한 공명이 이런
구호 속에 발견된다.

베냐민의 기계 복제 시대의 예술

과거와 미래는 현재 속에 존재한다.
현재는 과거와 미래의 연관 체계이다.
과거와 미래의 관계가 역사의 시간성이다.

✳

언어의 성좌

베냐민은 고등학교 시절 유대교 근본주의에 해당하는 카발리즘의 영향을 받았다. 그 영향은 대학 시절 그의 마음을 사로잡은 언어 이론에 남아 있다.

카발리즘은 성경 말씀이 하느님이 직접 하신 말씀이며, 표면적인 의미의 배후에는 하느님의 뜻이 감추어져 있다고 본다. 카발리즘은 감추어진 비의를 포착하기 위해 노력했다. 성경에 쓰인 문자의 의미가 아니라 문자의 형태 속에 비의가 감추어져 있다.

언어에 관한 베냐민의 초기 사상도 이와 유사하다. 그는 각각의 사물에는 본질이 있는데, 그것은 자연 과학적 의미에서의 본질이 아니라 하느님이 사물에 부여한 정신적 본질이라 하였다. 정신적인 본질은 사물 속에 내재하는 언어이다. 언어는 사회적인 약정으로 의미를 지시하는 기호를 의미하지 않는다. 그것은 하나님의 말씀처럼 기호 형태 속에 고유한 의미를 지니는 신비한 언어이다. 기호 형태와 의미 사이에는 어떤 직접적인 연관이 존재

베냐민

한다는 것이다. 따라서 굳이 해석을 필요로 하지 않는다. 그저 기호 형태를 본다면 곧바로 의미가 알려진다.

어머니를 지칭하는 각국의 언어는 모두 유성음인 'ㅁ'으로 시작한다. 아버지를 지칭하는 언어는 모두 파열음 'ㅂ'으로 시작한다. ㅁ, ㅂ의 고유한 형태적 성질 속에 어머니다운 것과 아버지다운 것이 있기 때문 아닐까? 이처럼 베냐민은 고유한 형태 속에 의미가 직접 드러나는 언어를 '이름'이라 하였다. 이는 성경에서 아담이 하나님의 위임을 받아 사물에 이름을 붙였다는 것을 상기시킨다.

이름과 의미, 즉 사물의 정신적인 본질 사이에 있는 연관은 이미지와 지시체 사이처럼 감각적 유사성에 의존하는 것은 아니다. 양자는 직접적이고 필연적인 연관을 가지지만, 비감각적 유사성에 의존한다. 비감각적 유사성이란 소리와 색깔 사이의 유사성처럼 공감각적인 현상과 같은 것인데, 사물의 정신적인 본질(언어)과 사물의 물질적인 형태 사이의 신적인 합일을 토대로 한다.

베냐민은 신비한 이름은 신적인 무한성을 직접 보여 준다고 한다. 베냐민에 따르면, 최초의 언어는 신적인 언어였으나 바벨탑 이후 인간의 언어는 타락하였다. 이름과 의미 사이의 직접적인 연결 관계는 단절되고, 오직 몇몇 흔적에만 원초적인 언어의 특징이 남아 있다. 시인들의 상징 언어나 마술사의 마술 언어가 그렇다.

나머지 일반 언어 속에도 아직 희미하게나마 사물의 정신적인 본질을 드러내는 흔적이 남아 있다. 철학의 과제는 신적 언어를 회복하는 것에 있다. 그렇다면 어떻게 원초적인 언어로의 복귀가 가능할까? 여기서 베냐민의 독창적인 사유가 나타난다.

베냐민이 도입하여 이후 현대 철학에서 핵심적인 개념이 된 것이 '성좌'라는 개념이다. 밤하늘을 보면 무한히 많은 별들이 빛나고 있다. 별들은 자연 과학에서는 합리적으로 조직되어 있다. 태양계니 은하계니 하면서 말이다. 별들은 자연 과학적 질서 외에 또 다른 질서를 지니고 있다. 일찍부터 신화나 전설을 통해 내려

온 질서이다. 여기서 별들은 견우성과 직녀성이며, 큰곰자리거나 작은곰자리이다. 이것이 별들의 성좌이다.

일단 성좌로 별들을 묶어 보면 태양계니 은하계니 하는 것은 사라지고 오직 특정한 성좌에 자리 잡은 별들만 보인다. 성좌는 별들을 선험적으로 규정하는 질서이다.

별들의 성좌가 나타나는 이유는 무엇인가? 성좌란 그저 인간이 자의적으로 구성한 허구에 불과할까? 오히려 성좌에는 필연적인 의미가 있지 않을까? 신이 각 별에 특정한 사명을 부여했고, 신적인 사명이 배후에 있기에 별들과 별들은 성좌 속에서 공명할 수 있는 것이 아닐까? 성좌란 별들 사이의 공명이 만들어낸 것이 아닐까? 이렇게 생각해 본다면 별들의 성좌는 감추어진 신적 무한성을 보여 주는 것이 아닐까 싶다.

별들의 성좌는 자연 과학적인 질서를 너머 있다. 이것에 도달하려면 먼저 자연 과학적인 질서에서 별들을 떼어 내야 한다. 이를 파편화 과정이라 할 수 있다. 성좌에서 하나의 별은 자체로 의미를 지니지 않는다. 성좌 속에서만 별들이 각자 고유한 의미를 지닐 수 있다. 이런 측면을 구조 연관이라 말하자. 또한 성좌는 인간이 자의적으로 구성한 것이 아니다. 신적인 소명에 의해 별들이 공명하여 형성되는 것이다. 성좌는 신의 소명을 보여 주는데, 베냐민은 이를 신적인 이념이라 하였다. 파편화와 구조 연관, 이념이라는 세 가지 개념이 베냐민 철학의 핵심 방법론이다.

베냐민의 방법론을 언어에 적용해 보자. 우리는 일정한 언어 질서 속에 들어 있다. 이것은 의사소통의 질서이다. 우리는 이 질서에서 개별 언어 요소들을 떼어 내어 파편화시켜야 한다. 파편화된 언어 요소들 사이에서 심층적이고 구조적인 어떤 연관이 발견될 것이다. 바로 언어의 성좌이다. 언어의 성좌는 우연적인 것이 아니고 신적인 이념을 통해 형성된 것이다.

의사소통의 질서에서 언어의 형태와 의미 사이는 우연적이며 사회적인 약정의 관계를 지닌다. 하지만 언어의 성좌 속에서 언어의 형태와 의미 사이에는 직접적이고 필연적인 연관이 있다. 이 언어는 신적인 언어인 이름으로서의 언어이다.

파편화를 통한 심층적이고 구조적인 연관 속에서 신적인 이념을 발견하려는 시도가 문학예술에 적용되면 예술 장르에 관한 철학이 출현한다. 베냐민은 이런 관점에서 바로크 시대의 알레고리라는 수사적인 형식에 주목한다. 그는 바로크 시대의 정신적인 이념으로부터 알레고리라는 예술 형식의 가능성을 도출하려 했다. 이런 시도가 그의 실패한 교수 자격 취득 논문인《독일 비애극의 원천》의 탄생한 배경이다.

알레고리와 독일 비애극

베냐민은《독일 비애극의 원천》에서 바로크 시대의 비애극을 분석한다. 여기서 발견되는 알레고리 개념은 20세기 초 상품 자본주의 분석을 위한 기본 모델이 되므로 그의 사상에서 매우 중요하다.

우선 알레고리란 무엇인가를 설명해야 한다. 알레고리란 그리스어로 '다른 것을 말하다'라는 뜻이다. 일반적으로 어떤 말이 표면적인 의미와 다른 무언가를 의미할 때 그것을 알레고리라고 말한다. 어떻게 보면 모든 비유가 다른 무언가를 지시하는 알레고리지만, 보통은 좁은 의미에서 사용된다.

좁은 의미에서 알레고리는 두 개의 구조가 서로 중첩할 때 발생한다. 하나의 구조 속의 어떤 요소가 다른 구조 속에 등장하여 의미를 얻으면 알레고리가 된다. 알레고리와 의미 사이에는 직접적인 관련이 없고 간접적인 관련만 존재한다. 그 사이에는 대체로 사회 문화적인 연관 관계가 존재한다. 그런 점에서 알레고리는 유사성에 기초한 은유나 인접성에 기초한 환유와 구분된다. 유사성이나 인접성은 직접적인 연관을 지닌다는 점에서는 공통적이다.

베냐민은 17세기 절대주의 시대 비극을 고대 비극과 구분하여 비애극이라 한다. 비애극은 주로 역사극의 형태를 띠고 있는데, 당대의 현실을 직접 다루기보다는 과거 역사에서 소재를 찾는다. 그 소재는 17세기 바로크 시대인 절대주의 시대와 마찬가지로 군주의 절대권이 존재했던 동로마 제국의 역사에서 끌어왔다.

동로마 역사에서 왕과 궁정 귀족은 서로 대립한다. 왕과 귀족은 결국 모두 몰락하고 만다. 그들을 몰락시켰던 것은 무엇인가? 17세기 비애극은 고대 비극에서처럼 몰락의 필연적인 동기를 제시하지 못한다. 그런데도 그들은 몰락할 수밖에 없다. 어떤 보이지 않는 힘이 그들을 조종하기 때문이다. 그 힘은 세속 세계 너머에 있으면서 세속 세계를 지배하는 운명의 힘, 신적인 힘이다.

세속 세계의 필연적인 몰락을 보여 준다는 점에서 비애극은 멜랑콜리의 분위기를 지닌다. 필연적인 몰락은 세계의 분열, 즉 세속 세계와 신적 세계의 분열에 원인을 둔다. 베냐민은 세계의 이원적인 분열을 야기했던 정신은 루터교라는 복음주의 신학에 기초한다고 본다. 멜랑콜리 정신은 루터교 복음주의의 이면이다.

바로크 시대 비애극에서는 두 가지 세계가 중첩되어 있다. 세속 세계와 신적 세계이다. 세속의 모든 사건들은 신적 세계에서 비로소 의미를 지닌다. 모든 세속적인 사건들은 신적 세계에 대한 알레고리가 된다.

이와 같이 베냐민은 비애극의 알레고리라는 형식이 당대의 정신적인 이념의 표현임을 입증하려 했다. 주요한 것은 바로크의 시대정신이 무엇이었는가 하는 역사적인 탐구가 아니다. 베냐민의 분석에서 더 주목되어야 할 것은 세계의 분열이다. 분열된 세계는 또한 자본주의 사회의 특징이기도 하다. 자본주의 사회 역시 보이는 세계와 보이지 않는 세계로 분열되어 있다.

전자는 표면적인 경쟁의 질서이며, 개인의 자의가 지배한다. 후자는 시장 및 가치 법칙의 질서이다. 심층적이면서 표면의 질서를 배후에서 지배하는 필연적인 힘이다. 이런 분열을 자본주의 사회에서는 인간의 소외, 물화라고 한다. 그러므로 바로크 시대의 알레고리에 대한 베냐민의 분석은 곧바로 자본주의 시대, 물화된 시대의 알레고리적 형식에 대한 분석으로 이어지게 된다.

기계 복제 시대의 예술

청년기에 카발리즘의 영향을 받았던 베냐민에게서 1920년 초에 정신적인 변화가 일어났다. 루카치의《역사와 계급 의식》이란 책과 이탈리아 여행 중 습득한 마르크스주의 영향이 결정적이었다. 당시 그는 개인적으로 교수 자격 취득의 실패, 부친과의 불화, 극심한 경제적 곤란, 결혼 생활의 파탄 등으로 고통스러웠다.

고통 속에서 베냐민의 관심은 과거를 떠나 현재로 돌아왔다. 그는 1933년 나치를 피해 파리로 망명하면서 프랑크푸르트학파의 사회조사연구소에 가담하여 현실을 분석했다. 그는 우선 자본주의의 기계화가 가지는 의미에 관한 연구에 몰두했다.

1938년 베냐민은《보들레르의 작품에 나타난 제2 제정기의 파리》라는 저서를 집필한다. 그 저서는 미완으로 남은《아케이드 프로젝트》의 한 부분이었다. 그는 파리를 산보하는 사람들의 인식 경험을 살펴보았다. 산보객들은 거리를 향해 이어져 있는 아케이드의 전시 창문을 들여다본다. 산보객들이 각각의 전시 창문을 통해 얻는 경험들은 서로 무관한 경험들인 산만한 경험들이다.

산만한 경험들은 관찰자에게 충격을 준다. 베냐민은 산만한 경험들이 몽환 효과를 자아낼 것으로 생각한다. 그 효과는 에로틱하면서도 죽음에의 충동을 불러일으키는 효과이다. 산보객들이 느끼는 몽환적인 느낌은 19세기 말 파리에서 보들레르의 시에 등장하는 느낌과 유사하다. 보들레르는 대도시에 등장한 최초의 산보객이었다.

17세기 비애극의 알레고리 연구는 19세기 말 산책자의 몽환 경험의 연구로 이어졌다. 또한 몽환효과는 뒤이어 등장하는 기계 복제 시대의 아우라 상실 경험의 개념과도 연관된다.

베냐민은 기술 발전에 따라 지각 양식이 변화된다고 본다. 그는 기술 발전을 복제 기술을 중심으로 분석한다. 현대는 기계적인 복제가 가능한 시대이다. 결정적인 이유는 카메라의 등장 때문이다. 카메라가 인간의 개입 없이 복제를 가능하게 한다는 이유만은 아니다. 카메라는 원본과 완전히 동일한 복제를 가능하게 해 줘서 원본과 복제본의 구분조차 사라져 버리기 때문이다.

베냐민는 기계 복제가 등장하기 이전의 전통적인 지각 방식과 기계 복제 시대의 지각 방식을 비교한다. 전통적인 지각에서는 원본이 있어 복사본은 가능한 원본에 충실하려고 노력했다. 이 때 원본은 다른 복사본과 구분되는 것이어서 오직 일회적으로만 존재한다. 기계 복제 시대에서는 굳이 어떤 것이 원본이라 규정될 수 없다. 모든 복사본은 동일한 가치를 지니며, 다만 서로 다른 관점에서 복사된 것에 불과하다.

지각 방식에서 변화가 일어나면 예술에 대한 우리의 관계에서도 변화가 일어난다. 전통적인 지각 방식의 시대에서 예술은 자체로 아우라를 지니고 있었다. 아우라는 유일하면서도 진정한 것이어서 다른 무엇과도 비교될 수 없다는 느낌을 준다.

아우라는 주관적인 느낌인데도 객관적인 대상 자체가 지닌 고유한 성질처럼 여겨진다. 그 결과 예술품은 도달할 수 없는 어떤 초월성을 지닌 것처럼 보인다. 베냐민은 이를 '먼 것의 일회적인 나타남'이라 규정한다. 전통적인 예술품은 단순히 관찰의 대상이 되지 않고 숭배하는 대상이 된다. 예술은 제의 가치를 지니며, 많은 예술품은 종교 숭배와 연관되어 생산되었다.

베냐민이 말하는 아우라의 예를 보여 주기는 매우 힘들다. 베냐민이 들고 있는 예인 초상 사진을 보자. 정장을 차려입고 엄숙하게 입을 다문 초상 사진은 무언가 묵직한 무게를 느끼게 한다. 초상 사진을 수많은 사진과는 전혀 다른 유일한 사진이다. 다른 사진들은 일상 활동을 하는 인물을 보여 주지만, 초상 사진은 미리부터 일상과 단절하여 고요한 정적이 흐르고 바람도 불지 않는 공간에서 찍힌다. 초상 사진이 지닌 무게감이 바로 아우라가 아닐까? 초상 사진은 후일 영정으로 제사상에 올라 숭배된다.

이와 같은 예술품을 생산하는 자도 어떤 초월적인 능력을 지닌 자로, 또는 신의 부름을 받은 자로 간주한다. 예술의 독자는 일상을 초월해 멀리 존재하는 예술품을 고요함 속에서 주의를 집중하여 관조한다. 관조적인 태도를 통해 독자는 현실과 단절되면서 가상의 세계인 예술 세계로 몰입한다.

전통 시대의 예술품과 달리 기계 복제 시대의 예술품은 아우라를 상실한다. 복사본은 일회적인 것도 아니고 진정한 것도 아니기 때문이다. 복제 시대의 예술품 중 가장 대표적인 경우를 베냐민은 영화로 보고 있다. 영화는 몽타주의 예술이다. 각각의 컷은 서로 다른 관점에서 촬영된 것이다. 컷들은 고유한 차이를 지닌 것으로 파편적이다. 영화는 파편성의 예술이다.

베냐민은 기계 복제 시대의 예술 작품은 독자와 관계하여 새로운 가치나 의미를 지니게 된다고 한다. 우선 예술품은 소유의 대상이 된다. 예술의 독자는 작품을 자신의 시간에 자신이 있는 공간 가까이 두려 한다. 예술품은 복제가 가능하여 많은 사람이 동시에 소유할 수 있게 되었다. 베냐민이 사용하는 '소유' 개념은 축적이란 개념과 연관되지 않는다. 예술품이 멀리 있지 않고 대중들 가까이 다가간다는 의미로 해석된다.

베냐민은 소유 대상으로서의 예술을 전시 가치의 개념과 연결시킨다. 전시 가치란 예술 작품이 고유한 가치 때문이 아니다. 독자에게 미치는 영향 때문에 가치 있는 것으로 여겨진다는 뜻이다.

어떻게 보면 베냐민에게 현대 예술품은 타락하여 흔하디흔한 상품같이 취급받지만, 그는 현대 예술에 부정적인 평가를 내리는 것 같지는 않다. 오히려 그는 긍정적으로 평가한다. 이런 평가는 흔히 예술품의 고귀함과 초월성을 옹호하는 순수 예술 옹호자를 당혹하게 하는 지점이다. 더구나 베냐민은 산보객의 체험을 이야기하면서 파편성의 개념을 허무주의와 연결해 부정적으로 평가했다.

베냐민의 현대 예술에 대한 긍정적인 평가는 1920년대 후반 사회주의에 경도되면서 기계 발전을 긍정적인 평가를 했다는 것과 연관되리라 생각된다. 기계 복제 시대의 파편성을 지니는 영화 예술은 일종의 충격을 준다. 베냐민은 충격 체험이 자본주의 사회에 노예화된 이데올로기적인 자아를 해방하는 효과를 야기할 수 있다고 본다. 베냐민은 영화 예술이 지닌 정치적인 기능을 해방자의 편에 두게 된다.

기계 복제 시대 예술에 대한 긍정적인 평가는 예술 작품의 생산에서도 나타난다. 예술 작품은 더 이상 전문가의 기술을 필요로 하지 않는다. 기계 복제는 비전문가에 의해서 충분히 가능하다. 예술은 엘리트의 산물이 아니라 대중이 참여하는 예술이 될 수 있다. 동시에 누구라도 예술을 비평할 수 있는 능력을 지니면서 감상자가 비평가를 겸하게 된다. 부르주아 예술은 환상을 불어넣어 수동적인 관찰자를 야기하면서 지배 이데올로기로 대중을 강요했지만, 사정이 바뀌었다. 대중은 스스로 비평가로서 자기반성적으로 예술을 체험하면서 자신을 변화시킨다. 예술은 이제 대중을 혁명으로 나서게 하는 무기이다.

역사철학 테제

베냐민은 불행하게도 나치의 탄압을 피해 미국으로 망명을 시도하던 중 피레네 산맥 한가운데서 자살을 택하고 말았다. 그는 프랑크푸르트 사회조사연구소의 동료들이 나치를 피해 들어갔던 미국도 나치즘의 세계와 동일한 세계임을 예감했을까? 아니면 다가오는 메시아를 죽음으로 입증하려 했을까? 우리는 베냐민의 죽음을 정확히 평가할 수는 없다. 다만 마지막으로 남겼던 지극히 메시아적인 〈역사철학 테제〉와 그의 죽음이 무관하지 않으리라는 느낌만을 갖는다.

〈역사철학 테제〉는 테제만을 남긴 미완성 작품이다. 우리는 이 테제에서 그가 유대교의 메시아사상을 통해 마르크스주의를 변형했다는 것을 알 수 있다. 양자의 결합은 독특한 시간관을 발생하게 했는데, 프로이트와 라캉의 정신분석학에서 발견되는 시간관과 닮았다. 베냐민의 시간관을 설명하기 위해 크게 두 개의 선을 그려 보자.

하나는 과거에서 현재를 거쳐 미래로 흐르는 연속적인 시간의 화살표이다. 이는 진보 사관이 묘사해 온 역사적인 시간으로, 과거는 기원에 해당한다. 이 시간 속에서 무언가가 아직은 성숙하지 않은 채 과거에 출현했고, 점차 성숙해져 미래의 어떤 지점에서 완전한 성숙을 이룰 것이다. 이 시간 속에서 우리는 삶을 영위한다. 목적의식을 가진 주체로서 자발적으로 행동하면서 약간의 성취에 뿌듯함을 느낀다. 물론 행동이 실패하는 것은 다반사이나, 적어도 일정한 방법으로 행동한다면 어떤 목표에 도달할 것이라는 기대가 지배한다. 방법에 대한 절대적 확신은 비록 좌절의 순간이나 방황의 순간에도 우리를 굳건히 지켜 준다.

그러나 베냐민은 진보의 시간에 비판적이다. 연속적 시간은 배제의 역사이다. 수많은 역사적 사건들 중 일정한 시간의 화살표에 해당하는 것만 서술된다. 나머지 사건들은 역사적인 시간에서 배제된다. 배제된 사건은 언젠가는 "정말 일어난 거 맞아?" 하는 말과 더불어 존재하지도 않았던 사건으로 도외시되고 만다.

그러면 진보의 화살표에 교차하는 또 하나의 화살표를 그려 보자. 진보의 화살표를 좌에서 우로 수평으로 그렸다면, 이번 화살표는 수직으로 그리자. 화살표의 바닥에는 과거가 있다. 위에는 미래가 있다. 두 화살표가 만나는 지점이 현재이다. 이 시간은 역사 役事, Geschichte 속에서 일어나는 시간이다.

새로운 화살표에서 과거, 현재, 미래는 서로 중첩되는 시간이다. 과거의 사건은 현재의 기원이 아니다. 미래는 현재의 결과가 아니다. 과거는 현재와, 현재는 미래와 서로 공명한다. 과거는 현재로 불려 온다. 이를 회상이라 부른다. 미래는 현재에 자기를 나타낸다. 이를 예고라 부른다.

회상의 예로 로베스피에르Maximilien François Marie Isidore de Robespierre가 프랑스 혁명을 로마 공화정의 부활로 간주했던 것을 들 수 있다. 예고의 예로 메시아적인, 또는 유토피아적인 기대를 통해 일어난 혁명적인 사건들을 들 수 있다.

과거와 미래는 현재 속에 존재한다. 현재는 과거나 미래의 연관 체계이다. 과거와 미래의 관계가 역사의 시간성이다.

진보적인 시간과 역사의 시간이 교차하는 현재는 파국이 일어나는 시간이다. 파국은 진보적인 시간의 측면에서 일어난 파국이다. 파국은 진보적인 시간의 한계이면서 그 순간은 역사의 시간이 출현하는 순간이다. 파국을 넘어서 과거의 순간이 마치 무의식적인 기억이 출현하듯이 부활한다. 이 순간에 미래의 예고가 번개와 벼락이 되어 엄습한다. 따라서 현재에서 파국은 혁명의 순간이다. 동시에 구원의 시간이다. 베냐민은 이 현재의 순간을 '정적Stillstand의 순간'이라 하였다.

혁명이 성공하여 실제로 어떤 결과가 만들어질 수 있다. 그러면 역사의 화살표가 새로운 진보의 화살표로 바뀐다. 혁명이 실패로 돌아가 현재의 시간이 연속될 수도 있다. 실패는 완전한 소멸이 아니다. 현재의 실패한 혁명은 언젠가 그때의 순간과 공명하면서 역사 속에서 다시 새롭게 활성화될 것이다.

진보의 시간은 항상 승리자의 시간이며, 그러기에 기념비의 역사이다. 역사를 만든 민중이 고통받고 소망했던 사건은 실재성을 상실한다. 진정한 유물론적 역사는 진보의 역사에서 사라진 고통과 소망의 실재성을 회복시킨다. 회복은 역사에서 역사의 시간을 회복하는 것을 통해서만 가능하다.

베냐민의 역사철학은 말년에 이르러 다시 청년기의 메시아 사상을 회복했음을 의미한다.

◆ 제3장 ◆

1980년대의
포스트모더니즘

1960년대의
저항 운동

온갖 비웃음과 음흉한 거짓의 세계여, 안녕/견디기 어려웠
던 암흑의 땅이여, 안녕/
이 절망스러운 세상에서 우둔하기 짝이 없는 인간들이/
틀어쥐고 있던 무한한 자유가 눈앞에 보이는데/상상이나
할 수 있겠나? 그런 세상을.

이유없는반항

전후 미국에서 등장한 신흥 노동자들은 미국의 번영을 이끌었던 세대이다. 그들은 포드-테일러 시스템과 총체적으로 관리되는 사회에서 청교도적인 도덕과 자기 억제력으로 적응해 나갔다. 마침내 그들은 어느 시대보다도 안정된 삶과 물질적 풍요, 여유를 누리게 되었지만 제대로 즐기지도 못했다.

그들의 아이들은 그렇지 않았다. 아이들은 오직 일에만 정신이 팔렸고 엄격한 도덕률에 매여 있는 부모들의 지루한 삶과 고루한 생활 방식을 견딜 수 없었다. 아이들은 부모들의 보호 속에서 자랐다. 부모들의 자아를 억누르고 있던 전쟁과 가난이라는 원초적인 경험이 없었다.

아이들은 더 이상 청교도적인 억압을 받아들일 수 없었다. 가정의 간섭과 학교의 통제에서 벗어나기 시작했다. 아이들은 한편으로는 자본주의의 풍요가 마련해 준 상업적인 쾌락과 관능적인 만족을 추구하였으며, 다른 한편으로는 자본주의적 합리화와 경쟁을 거부하고 연대와 사랑의 삶을 추구하기 시작했다.

1960년대 초 미국 경제의 새로운 발전(군수 산업) 축이었던 로스앤젤레스를 중심으로 신흥 노동자들과 전문 기술 관료층이 모여들었다. 그들의 아이들은 가정의 간섭과 학교의 통제를 떠나서 캘리포니아 해변으로 나가 서프보드를 타면서 해변 파티를 열고 경쾌하고 관능적인 음악을 즐겼다. 청년들이 즐겨 들었던 음악은 마침 발달한 라디오를 통해 전국으로 확산되었다. 당시 청년들이 즐겼던 비치보이스The Beach Boys의 <Surfin'USA>의 노랫말은 이렇다.

"우리는 서프보드를 닦죠/6월을 기다리고만 있을 수는 없으니까요/우리 모두는 벌써 여름으로 가 있어요/사파리도 하고요/선생님께 우리가 파도타기를 하고 있다고 말해 주세요/서핀 USA"[43]

노래의 경쾌함 속에서는 더 이상 전쟁의 참상과 궁핍의 고통은 느껴지지 않는다. 그 청년들이 앞으로 무엇을 할지, 합리화되고 기계화된 경쟁 사회에 어떻게 뛰어들지 그때는 알 수 없었다. 부모의 눈에 청년들의 모습은 이유 없는 반항으로 보였다.

드러나는 부패와 비트족의 저항

1950년대 미국을 실질적으로 지배했던 세력은 군산 복합체였다. 세계대전과 한국 전쟁, 냉전을 거치면서 부를 축적한 군수 산업 자본가들은 관료 엘리트들, 특히 군부 엘리트들과 결탁하여 정부의 막대한 예산을 군수품 생산으로 돌렸다. 정치가들은 선거에서 살아남기 위해 자본가의 지원을 필요로 했다. 그들에게 가장 주요한 것은 핵 개발과 우주 개발 프로그램이었다.

군산 복합체 세력은 사회를 실질적으로 지배하기 위해 폭력과 테러도 서슴지 않았다. 발전하는 노동자의 정치 운동을 매카시즘과 마피아 조직을 동원하여 가혹하게 유린했다. 전후 부흥을 타고 간신히 최하위 도시 노동자층으로 편입되었던 흑인에 대한 차별 정책은 미국의 내적인 모순을 흑인들에게 전가하였다. 문화에 있어서 성적인 잠금장치는 점증하는 여성의 사회의식을 묶어 두는 철의 차꼬로 작용했다.

1960년대 물질적 풍요와 사회 민주화의 이면은 수많은 흑막과 폭력으로 가득 차 있었다. 물질적 풍요와 민주 질서는 흑막과 부정, 폭력이라는 자본주의의 벌거벗은 치부를 가리는 한 장의 손바닥만 한 손수건에 지나지 않았다.

그러다 치명적인 사건이 다가왔다. 1960년 초 민주당의 케네디 John Fitzgerald Kennedy가 대통령에 당선된 것이다. 지배 세력을 향한 대중의 점증하는 염증과 불만은 젊은 케네디가 제시한 이상주의라는 매력에 부딪혀 폭발했다. 케네디는 한편으로는 쿠바 위기 중에 냉전 체제를 확고히 했고, 다른 한편으로는 이와 모순되게도 미국 사회의 내적 개혁을 추진하고자 했다.

산업 성장으로 도시 노동자층에 편입되기 시작한 흑인 계층은 이미 1950년대 말부터 권리와 자존을 획득하는 민권 운동을 시작했다. 1960년 2월 노스캐롤라이나에서 흑백 차별에 대항한 보이콧(Sit-In 운동)을 계기로 불붙은 흑인 민권 운동은 1961년 5월 학생들의 프리덤 라이더스freedom riders 운동으로 발전하였다.

1963년 4월 킹Martin Luther Jr. King 목사가 앨라배마 주에서 인종 차별에 반대하는 시위를 개시했다. 인종차별주의자들은 방화와 폭력으로 맞섰다. KKKKu Klux Klan가 새로이 조직되었다. 미국이 둘로 분열되었다. 케네디는 민권에 관한 연설을 하였고, 1963년 8월 28일 킹 목사가 인도하는 흑인 시위대의 워싱턴 대행진이 있었다. 이때 킹 목사는 '나에게는 꿈이 있습니다'로 시작하는 유명한 연설을 하였다.

미국의 동부 지역은 제2차 세계대전 당시 많은 진보적인 망명자들의 천국이었다. 그들은 레스토랑과 대학을 중심으로 자신들의 사상과 예술을 표현하였고, 문화적으로 황무지였던 미국의 젊은 세대에게 깊은 영향을 주었다. 감화를 받은 젊은이들은 이상주의적이며 비판적인 지식으로 무장되었다. 젊은이들은 이제까지 알지 못했던 미국 사회의 이면을 들여다보고 분노했다.

분노한 지식인들 중 비트족이 있었다. 비트족은 기타를 손에 들고 진솔한 삶의 기쁨과 슬픔을 표현했으며, 양심과 민중성을 구현한 프로테스트 포크protest folk를 부르면서 체제 개혁을 촉구했다. 흑인들의 민권 운동에 열렬히 참가했으며, 케네디의 사회 개혁에 동참했다. 비트족을 중심으로 하는 청년 학생들은 대학으로 돌아와 체제 저항 운동을 펼쳤다. '민주 사회를 위한 학생 연합Students for a Democratic Society, SDS'은 결성 이후 최초로 반핵 시위를 1962년 2월 16일에 전개하기도 했다.

그즈음에 프로테스트 포크 가수인 밥 딜런Bob Dylan은 유명한 노래인 〈Blowin' in the Wind〉를 발표하여 다음과 같이 노래했다.

"사람들의 울음소리를 듣기 위해 얼마나 많은 귀가 있어야 하나/ 너무나 많은 죽음이 있다는 것을 알기 위해 얼마나 더 많은 사람이 죽어야 하나/ 친구여, 대답은 바람에 날려 가지 바람에 날려 가."[44]

밥 딜런이 노래 부를 때만 해도 희망이 있었다. 케네디 시대의 모든 소용돌이를 참고 있던 군산 복합체 세력은 케네디가 월남전에 개입하기를 거부하면서 자신의 목줄을 끊으려고 하자 결국 들고 일어났다. 1963년 11월 22일 미국의 희망 케네디가 암살되었다. 사실 케네디를 암살하면서까지 월남전에 개입하지 않을 수 없을 정도로 군산 복합체의 상황도 절박하였다. 그만큼 미국의 내적 모순이 심화하였음을 의미한다.

대학의 위기와 히피족의 출현

당시 대학은 군산 복합체에서 매우 주요한 역할을 담당했다. 대학은 정치, 경제의 전문 기술 관료들을 배출했으며, 과학 기술을 연구하거나 사회 통제 기술을 가르치는 등 역할이 나날이 증대했다. 사회의 점증하는 요구에 따라 1950년~1960년대 들어와 대학은 양적으로 팽창했다. 결과적으로 노동자의 자녀들, 여학생들에게도 대학 교육의 기회가 부여되었지만, 학생들의 높은 기대감에 비해 대학은 실질적으로 준비되어 있지 않았다. 더구나 대학의 교육 체제는 산업 사회의 요구에 따라 기술 교육 위주였고, 권위주의 문화가 팽배했다.

대학생들은 대학의 현실 앞에 절망했다. 그들 앞에 있는 것은 음산한 콘크리트 더미였다. 내부에는 특권을 추구하기 위한 치열한 경쟁이 존재했다. 그들은 권위주의적인 대학의 기구나 제도 앞에서 절망했다. 절망에서 서서히 대학 교육을 개혁하고자 하는 의식이 싹트게 되었다. 대학에서 학생들은 참여를 높이고, 사회 비판적인 교육 내용과 민주주의적인 교육 방식, 개방적인 문

사랑에 빠진 히피의 모습

화를 원했다. 그들의 지극히 사소한 요구조차 대학의 권위주의적인 구조는 받아들이려 하지 않았다.

반자본주의적이고 반도덕주의적인 경향성을 지닌 학생들(신흥 노동자층의 아이들)은 대학의 현실에 저항하기보다는 우선 대학 주변에 자기들만의 고유한 은신처를 만들었다. 가정과 학교를 떠나 자기들만의 낙원을 건설한 것이다. 대표적인 곳이 샌프란시스코의 '헤이트-애시베리Haight-Ashbury' 지역이었다.

그들은 무소유 공동생활, 자유로운 성관계를 즐기면서 생산과 억압을 부정하고 쾌락과 자유의 삶을 추구하였다. 그저 되는 대로 몸을 눕히면 집이었고, 배가 고플 때 빵을 먹을 수 있으면 족했다. 옷도 아무것이나 집어 걸쳐 입으면 되었다. 옆에 있으면 누구나 친구였고, 마음 내키면 하룻밤 같이 자는 것도 문제없었다. 그들은 환각제인 LSD를 상습적으로 복용하면서 초현실적인 환상 속에 빠져들었다. 현실 속에 없는 것을 LSD를 통해 얻으려 했다. 그들의 심정은 다음과 같은 히피의 말을 통해 잘 이해할 수 있을 것이다.

"나는 나무 아래 누워서 하늘을 올려다보고 있었습니다. 어느 순간 나뭇잎 하나하나가 나와 너무나 친한 생명체처럼 느껴졌어요. 한동안 나 자신도 나무가 되었다고 느꼈습니다. 난 두 팔을 가지처럼 뻗어 나무를 꼭 끌어안았죠. 바로 옆의 여자 친구를 보니 마치 망원경을 거꾸로 들여다보았을 때처럼 아주 멀리 있는 것만 같았습니다."[45]

LSD 경험을 보고하는 글이지만, 어떻게 보면 그들이 당시 가장 원했던 것이었다. 대상과의 에로틱한 합일을 추구하는 정신은 그들이 좋아했던 인도 철학자인 오쇼 라즈니쉬Osho Rajneesh의 명상

정신이기도 했다. 히피들은 인도와 연관된 것이라면 무엇이나 좋아해서 인도 의상, 인도 음식, 인도 악기가 유행했다.

머리를 얻어맞은 히피들

비트족의 후예인 대학 내의 적극 행동파는 SDS를 중심으로 대학 개혁을 위해 일어났다. 1964년 9월 버클리 대학에 자유 발언 운동이 일어났다. 이는 학내 개혁 운동을 당국이 규제하자 일어난 운동이었으나, 근본 원인은 대학을 멀티버시티multiversity[46]로 만들려는 시도에 대한 불만이었다.

미국의 군산 복합체 세력은 자신의 이해를 관철하기 위하여 월남전에 적극적으로 개입하기 시작했다. 케네디가 암살된 이후에 그들을 제동할 브레이크는 없었다. 1964년 8월 통킹만 사건이 조작되었다. 1965년부터 미국의 월남전 개입이 강화되어 1965년 2월 월맹 폭격이 시작되었고, 전투병 파견이 이루어지게 되었다.

대학생들의 대학 개혁 운동은 점차 반전 시위로 발전해 갔다. 1965년 3월 처음으로 대학생 연합에 의한 반전 시위가 일어났다. 10월에는 25개 주 100개 도시에서 반전 시위가 벌어졌다. 그해 11월 베트남 평화를 위한 워싱턴 대행진이 있었다. 다음 해 1966년 5월 11일 시카고 대학에서 징병 학력 테스트를 막기 위해 학생 4백 명이 대학 본부를 점령했다.

처음에 정치 운동에 거리를 두던 현실 도피적 히피들도 적극적인 행동에 나서게 되었다. 1966년 11월 '사랑, 평화, 자유를 위한 걷기 운동'이 출현하면서 처음으로 히피들이 행동에 나섰다. 히피들은 반전 시위에 꽃을 들고 나갔고, '필요한 것은 오직 사랑뿐'이라는 구호를 외쳤다.

군산 복합체 세력은 발전하고 있던 흑인 민권 운동을 위협으로 인식하면서 무지막지한 방법으로 억압했다. 1965년 2월 흑인 독립주의자인 말콤 X Malcolm X가 암살되었다. 흑인들은 더욱 강하게 일어섰다. 1966년 10월 흑인 무장을 주장하는 블랙팬더당이 건설되었다. 킹 목사가 흑인 운동과 반전 운동이 결합해야 한다고 역설하면서 민권 운동과 반전 운동의 결합이 일어났다. 1967년 7월 디트로이트에서 20세기 최대의 흑인 봉기가 일어났다. 45명이 사망하였으며 2,000여 명이 부상당했다.

히피들의 참여로 확산된 반전 시위에 대한 정부의 태도도 흑인 민권 운동과 마찬가지였다. 1967년 10월 5만여 명의 히피들과 청년들이 미국 국방성 본부인 펜타곤 앞에서 시위를 벌였다. 정부가 폭력으로 진압하자 드디어 일부가 무장하기 시작했다. 무장행동에 나선 히피들을 '이피 yippie'라고 불렀고, 당시에는 '머리를 얻어맞은 히피들'이라고 말했다. 대표적인 무장 단체는 1967년 12월 제리 루빈 Jerry Rubin 등이 중심이 된 '국제청년당 Youth International

Party(약칭 YIP은 이피의 어원)'이다.

정부의 탄압하에서 몽상적인 히피들의 마음은 더욱 절망적이었다. 그들은 관능적인 욕망이나 파괴, 죽음에의 유혹들을 노골적으로 드러냈다. 히피들의 심정을 대변하는 음악이 사이키델릭록Psychedelic rock이다. 도어즈The Doors 그룹의 짐 모리슨Jim Morrison이 부른 노래 〈An American Prayer〉가 대표적인 곡이다.

"당신은 죽음이 얼마나 창백하고 변덕스러우며 오싹하게 다가오는지 아는가?/이상한 시간에 예고도 없이 예정도 없이/당신이 침대로 데려간 두렵고도 지나치게 다정한 친구처럼/ 죽음은 우리 모두를 천사로 만들어/큰 까마귀의 발톱처럼 부드러운 우리 어깨에 날개를 달아 주지/더 이상 돈도 아름다운 드레스도 필요로 하지 않게 되지/또 하나의 이 왕국은 지금까진 최고였어/다른 사람의 입이 근친상간을 폭로하고/하잘것없는 법칙에 대한 복종을 벗어던지기까지/나는 가지 않을 거야/나는 Giant Family보다/Feast of friends를 더 좋아하지."47

68혁명

드디어 역사적인 1968년도가 밝아 왔다. 그해는 저항과 암살이라는 폭력으로 얼룩졌다. 1968년 1월 31일 베트남에서 구정 공세가 개시되자 미국 전역의 대도시와 거의 모든 대학교에서 반전 시위가 발생했다. 겨우 미식축구용 헬멧을 쓰고 자전거 체인으로 무장한 시위대에게 군산 복합체 세력은 총을 발사했다. 1968년 2월 사우스캐롤라이나 주립 대학에서 시위 중이던 학생들이 총에 맞아 3명이 사망하고 27명이 부상당했다. 이를 계기로 학생들의 반전 시위도 더욱 격렬하게 일어났다. 4월에는 컬럼비아 대학에서 점거 시위가 처음으로 시도되었다.

그해 4월 4일 흑인 민권 운동의 기수였던 킹 목사가 암살되면서 흑인들의 분노는 걷잡을 수 없어졌다. 5월에 흑인들은 워싱턴 시내를 점거하여 '부활의 도시'를 선언했다. 6월에는 미국 진보 세력의 희망이었던 로버트 케네디도 암살되었다. 마침내 정부는 워싱턴에 비상사태를 선포하고 '부활의 도시' 이후 도시를 점거한 흑인들을 무참한 폭력으로 해산시켰다.

1968년은 세계 혁명의 해였다. 독일에서도, 이탈리아에서도 학생들과 지식인, 노동자들이 들고 일어났다. 동구 헝가리에서도, 프랑코Francisco Franco 독재하의 스페인에서도 봉기가 일어났다. 가장 격렬하고 전형적인 특징을 보여 주는 것은 프랑스에서 일어난 5월 혁명이었다.

파리에서 일어난 5월 혁명은 억압적인 문화 정책도 한몫을 담당했다. 1968년 2월 시네마테크 프랑세즈의 책임자 랑글루아Henri

Langlois의 해임에 반대하는 지식인, 예술가의 항의 운동은 5월 혁명의 기폭제였다.

5월 혁명의 뿌리는 대학의 문제였다. 기술자 교육을 위해 많은 대학이 서둘러 개학했으나 부족한 시설, 권위주의적인 교육 방식, 대학과 문화와 학문의 산업 종속은 학생들의 분노를 촉발했다. 마침 드골Charles André Joseph Marie de Gaulle 정부의 교육부 장관 푸세Christian Fouchet가 급속한 기술자 교육을 위해 2년제 대학이라는

소르본 대학
좌우에 레닌과 마오쩌둥의 초상이 걸려 있다.

제안을 들고나오자 학생들의 분노가 터져 나왔다.

1968년 3월 다니엘 콩방디Daniel Cohn-Bendit가 주도하여 낭테르 대학(파리 10대학)을 점령했다. 5월에 경찰이 낭테르 대학으로 진입하자 파리의 모든 대학이 폐쇄되었고, 5만여 명의 학생들이 파리 시내에서 시가전을 전개했다. 파리 시가지에 바리케이드가 세워졌고, 학생들은 소르본 대학을 점거하였다.

미국의 학생 시위는 주로 흑인들의 민권 운동과 결합하여 성장했다. 대다수 노동자들은 침묵으로 일관했다. 반면 프랑스에서 학생 시위는 노동자의 총파업과 결합하여 격렬한 형태를 나타냈다. 공산당은 학생들의 시위에 가담하기를 거부하며 노동자들의 자제를 요구했다. 프랑스의 노동자들은 공산당이 장악한 분파와 자유로운 분파로 나뉘었다.

이미 양적으로 성장한 신흥 노동자들은 프랑스에서 전통적으로 강했던 아나코생디칼리즘의 영향을 받고 있었다. 신흥 노동자들은 가난보다는 포드-테일러 시스템에 의해 노동에서 소외되고 자주성이 박탈당하는 것에 깊은 상처를 받았다. 이들은 자주적인 관리에 깊은 관심을 지녀 왔다. 학생들이 대학을 점거하고 자주적으로 운영하자, 이들도 그에 맞추어 봉기했다. 5월 르노자동차 공장의 노동자들이 공장을 자발적으로 점거하기 시작했다. 이어서 천만 프랑스 노동자의 총파업이 일어났다.

마침내 파리는 해방되었고, 그들의 구호대로 '상상력에 모든 권력'이 주어졌다. 정부는 5월 혁명에 미온적이었던 공산당 산하의 노동총동맹과 협상하여 최저 임금을 증액하고 주당 노동 시간을 단축하는 등 양보했다. 파업에 돌입한 신흥 노동자들은 협약을 거부했다. 그러자 드골은 국회를 해산했고, 급진 학생 조직을 불법화하였다. 최종적으로 6월 총선에서 드골 계열이 압승하면서 5월 혁명은 실패로 돌아갔다.

1968년 이후 다른 나라의 혁명 운동은 소강상태에 이르렀으나, 미국에서는 1969년에도 반전 운동이 멈추지 않았다. 1969년 4월 대학생 연합이 하버드 대학 본관을 점거했다. 1969년부터 '일기 예보자Weathermen'48라는 폭력 저항 단체가 본격적으로 움직이기 시작했다. 이 단체는 9월 시카고에 모여 '분노의 날'을 전개했다. 군산 복합체 세력도 반격에 나섰다. 12월 흑인 독립운동 단체인 블랙팬더당의 핵심인 프레드 햄프턴Fred Hampton이 암살되었다.

미국에서 분열이 가장 심각했던 시기는 1970년이었다. 그해는 1월 '일기 예보자'들이 아메리카 은행을 폭파함으로써 시작되었다. 4월 닉슨Richard Milhous Nixon이 중국의 양해를 구하고 베트콩의 배후 수송로를 차단하기 위해 캄보디아를 침공했다. 미국 내 반전 시위는 극에 이르렀고, 정부도 못지않게 가혹하게 진압했다.

5월 켄트 주립 대학에서 시위 중이던 학생 네 명이 경찰의 총격으로 사망했다. 이어 4백만 명에 달하는 학생들의 동맹 휴업이 일어났다. 샌디에이고에서 5천 명 이상의 교수 대표자들이 캘리

포니아교수연합을 조직하여 반전을 호소했다. 전국학생파업위원
회가 열려 2천여 명의 적극적 행동 조직을 결성했다.

5월 잭슨 주립 대학에서 시위 중이던 흑인 학생 2명이 총격으
로 사망했다. 이어 애틀랜타에 만 명 이상이 모여 미국의 캄보디
아 침공과 흑인 탄압에 항의하는 반전, 민권 운동 집회를 열었다.
6월 '일기 예보자'들은 뉴욕의 경찰 본부를 폭파했다.

1971년 5월 5만여 명이 워싱턴에서 반전 시위를 전개한 것이
최후의 격렬한 시위였다. 이후 닉슨이 미군을 월남에서 철수하게
하자 반전 운동도 점차 사라지게 되었다.

음악 축제

히피들의 행동은 아무리 급진적이었다고 하더라도 상당한 한
계가 있었다. 우선 그들의 주장은 반전 평화 운동에 전적으로 한
정되어 있다. 이 운동의 의의는 인정하더라도, 그들은 당시 등장
하고 있었던 노동 계급과 흑인 민권 운동에 대한 공감과 연대를
위한 고민은 없었다. 이것이 역사가들이 히피 속에 흑인은 없었
다고 말하는 이유이다. 원래 히피는 백인 신흥 노동자층의 고등
교육을 받은 이상적인 청년들이 중심이었다.

히피들의 행동은 미국 사회에서 광범위한 지지를 받았다고 하

더라도, 근본적으로 새로운 대안 체제를 내세우지 못하고 비판과 항의의 수준에 머물렀다. 일단 월남전 문제가 닉슨에 의해 해결되고, 무장 투쟁이 어이없이 진압되거나 여론의 지지를 받지 못하자 히피들의 행동은 일시에 무너지고 말았다.

히피의 저항 운동보다는 음악 축제가 오늘날 더 잘 알려져 있다. 히피들은 1967년 1월 Human Be-In 이벤트, 1967년 10월 몬테레이 축제, 1969년 8월 우드스탁 축제 등을 열었다. 과연 더러운

축제에서 춤추는 히피의 모습

지상에서 해방된 아름다운 낙원이었다. 평화와 사랑, 공동체와 약물, 명상과 음악이 한데 뒤범벅이 되어 혼돈 속에 하나의 새로운 세계가 열렸다. 수십만의 청년들은 음악을 통해 하나가 되었고, 그들의 자유로운 삶이 있는 그대로 표현되었다. 음악은 더러운 지상에 대항하는 무기였으며, 동시에 유일한 자유로운 삶이었다.

어떻게 보면 히피들은 음악을 통해서만 하나로 일치할 수 있었다. 음악이 끝나면 갈 곳은 더 이상 없었다. 이윽고 음악의 세계에도 상업주의와 폭력, 타락이 스며들어 왔다. 그것이 1969년 12월 알타몬트의 비극이라 한다. 음악회가 지상에서 열리는 한 그 가능성은 배제할 수 없지 않았을까?

결국 음악 축제조차 문을 닫고 말았다. 도어즈 그룹의 짐 모리슨이 1971년 7월 프랑스에서 자살한 것은 히피들의 최후를 장식하는 비극적인 대단원이었다. 그의 대표적인 노래 〈종말The End〉에 나오는 아래 구절은 1960년대 저항 운동의 운명을 암시한다.

"정겨웠던 친구여, 잘 있게/하나뿐인 나의 친구여, 잘 있게/그토록 잡고 싶었던 자유의 투쟁과도 안녕/하지만 자네는 나를 따라오진 말게/온갖 비웃음과 음흉한 거짓의 세계여, 안녕/견디기 어려웠던 암흑의 땅이여, 안녕/이 절망스러운 세상에서 우둔하기 짝이 없는 인간들이/틀어쥐고 있던 무한한 자유가 눈앞에 보이는데/상상이나 할 수 있겠나? 그런 세상을."[49]

포스트
모더니즘

뼈저린 좌절감 앞에서 현실 세계와 배후
세계라는 분열이 나타났다.
세계의 분열이 바로 포스트모더니즘의
알레고리 양식이 가진 역사적인 배경이
아닌가 한다.

✳

포스트모더니즘 일반

포스트모더니즘은 건축에서 모더니즘에 대한 반란으로 시작되었다. 모더니즘 건축은 1940년대에 이르면 원래의 유토피아적인 정신을 상실하고 과학적인 기능주의로 전락했다. 모더니즘 건축은 경제적이고 기능적이기는 했지만, 형태적으로 추상적이고 획일적이며 한정된 재료(철, 유리, 시멘트)로 단순화되었다. 모더니즘 건축의 특성들은 금욕적이고 자율적인 엘리트 정신을 표현해 왔다. 건축물은 주변의 자연적 배경이나 문화 환경에서 유리되고 고립되었다. 더구나 공기, 빛, 열을 자체 내 자립적으로 해결하려다 너무 많은 에너지를 소모하게 되었다.

모더니즘 건축의 문제점을 극복하기 위해 등장했던 것이 포스트모더니즘 운동이다. 포스트 모더니즘은 우선 건축이 배제하였던 구상적인 요소를 회복하거나 주변의 자연 배경, 역사, 환경과 조화를 추구하려 했다. 그것은 모더니즘의 엘리트주의를 넘어서기 위한 것이었다. 그런데도 포스트모더니즘은 모더니즘이 지닌

몇 가지 요소들, 특히 경제성이나 기능주의 측면을 벗어던져 버
릴 수는 없었다. 결과적으로 포스트모더니즘은 구상성과 기하학
적인 추상성, 주변과의 연속과 고립성 등을 혼합적으로 나타내
게 되었다. 이것이 포스트모더니즘을 혼성 모방적이라고 규정하
는 이유이다.

포스트모더니즘 건축의 혼성 모방적인 성격을 그저 작가 정신
의 미숙함이나 이국적 취미 정도로 해석하지 않고 적극적인 의
미를 부여하려 했던 철학자가 데리다Jacques Derrida였다. 그의 해체
주의 철학은 포스트모더니즘 건축의 혼성 모방적인 성격을 서로
다른 두 구조의 중첩으로 이해했다.

상호 텍스트적인 의미

기호의 체계를 흔히 구조라 한다. 구조주의에 따르면 각각의
구조는 독자적으로 존재한다. 존재란 기호 체계에 의해 생산되
며, 순수한 객관적인 세계란 존재하지 않는다. 어떤 구조도 진리
에 더 가깝거나 먼 것은 아니다.

소쉬르Ferdinand de Saussure에서 레비스트로스Claude Lévi-Strauss에 이
르는 전기 구조주의는 하나의 구조가 자체로 완결되어 있다고
본다. 구조 속 어떤 요소의 의미는 구조에 의해 완전하게 주어진

다. 마치 기하학에서 한 점은 X, Y, Z의 좌표 체계로 완벽하게 결정되듯이 말이다. 하나의 고유한 구조를 지닌 언어작품을 일반적으로 텍스트[50]라고 말하는데, 전기 구조주의에서 의미는 텍스트 내적이라고 하겠다.

1960년대 프랑스에 등장한 후기 구조주의(푸코, 데리다 등)는 전기 구조주의에서 말하는 고유한 구조, 또는 유일한 텍스트라는 개념을 비판한다. 하나의 구조는 자체 내 구조를 넘어서서 다른 구조들과 관련을 지닌다. 하나의 텍스트 내부에 이미 다른 텍스트가 중첩되어 있다는 것이다. 중첩의 양상은 다양하다. 직접 서로 교차하는 경우도 있으며, 둘 이상의 텍스트들이 평행하지만 서로를 반영하는 관계가 형성될 수도 있다. 텍스트들의 중첩을 후기 구조주의에서는 상호 텍스트성이라고 말한다.

텍스트들의 중첩 속에서 한 텍스트의 어떤 요소의 의미는 고유한 텍스트 내에서만 결정되지는 않는다. 그 의미는 중첩되어 있는 다른 텍스트에 의한 의미까지도 포함한다. 이런 기호를 전통적인 수사법 개념을 빌어 알레고리라고 규정할 수 있다. 포스트모더니즘 건축에 등장한 혼성 모방적인 성격은 이제 두 개의 텍스트가 중첩되는 상호 텍스트성으로 해석된다.

해체주의

포스트모더니즘에서 어떠한 텍스트들 사이에서도 중첩이 가능하다. 결과적으로 텍스트 속 요소의 의미는 무한히 굴절될 수 있다. 의미는 영원히 열려 있으며, 텍스트들이 중첩되는 계열에 따라 끊임없이 새롭게 해석된다. 어떤 의미도 분명하거나 확정되지 않는다. 이를 포스트모더니즘에서는 '의미의 흩뿌림', 산종散種이라고 부른다. 의미의 흩뿌림이라는 개념은 포스트모더니즘을 이데올로기 비판 개념과 연결한다.

모든 텍스트는 또 하나의 텍스트가, 심지어 대립하는 텍스트가 교차되거나 반영되어 있다. 모든 텍스트가 상호 텍스트성을 가진다. 의미는 고정되지 않고, 다른 의미와의 경계는 불분명하며, 끝없이 흩뿌려진다. 그런데도 하나의 텍스트에 중첩된 다른 텍스트들은 은폐되고 감추어진다. 표면적으로 보면 텍스트는 완결되어 있고 다른 텍스트와 확연하게 구별된 것처럼 보인다. 그러면 의미는 고정되어 다른 의미와 분명하게 대립하면서 불변하는 것으로 보인다.

이데올로기 개념은 마르크스가 역사적인 것을 자연적인 것으로 간주하는 근대 자연법사상을 비판하면서 주목받았다. 이후 변화하는 것을 고정된 것으로, 인위적으로 산출된 것을 자연적인 것으로 간주하는 모든 생각이 이데올로기로 비판받았다. 텍스트 내에서 고정되지 않고 불분명하며 가변적인 의미가 고정되고 대립하며 불변적인 의미로 여겨진다면 이것도 이데올로기가 아닐 수 없다.

그렇다면 이데올로기적인 의미에서 어떻게 벗어날 수 있는가? 하나의 텍스트 속에 은폐되고 감추어진 다른 텍스트를 찾아내면 된다. 중첩된 다른 텍스트를 발견하는 과정을 후기 구조주의에서는 해체라고 한다. 해체란 이데올로기에서 해방되는 과정이다. 문제는 감추어진 다른 텍스트를 어디에서 발견할 수 있는가이다.

하나의 텍스트 내에 다른 텍스트가 은폐되고 감추어져 있다면 그 장소는 아무래도 한 텍스트의 주변일 것이다. 그 장소는 주어진 텍스트에서는 무언가 애매모호한 자리이며, 정확하게 규정되지 않고 부유하는 곳이 될 것이다. 이런 인식을 통해 후기 구조주의는 수많은 개념들을 이데올로기적으로 비판하면서 해체하여 왔다. 남성 중심주의, 백인 중심주의, 유럽 중심주의, 이성 중심주의 등의 개념이 해체적인 비판의 대상이라 하겠다.

포스트모더니즘의 예술 의식

포스트모더니즘은 후기 구조주의에 의해 비판의 무기가 되었다. 1960년대 비판적 지식인들은 포스트모더니즘의 가능성을 환영했다. 지식인들은 1960년대를 지나가면서 해방의 잠재력을 상실해 가는 모더니즘을 포스트모더니즘으로 대체하였다. 포스트모더니즘이 모더니즘의 아방가르드 정신과 다시 결합하게 되었다.

모더니즘은 근본적으로 상징적이다. 진리와 그 표현은 직결되어 있다. 직접적인 연결이 모더니즘의 근본적인 특징이다. 직접적인 연결은 근원적인 주관성을 통해 가능하다. 포스트모더니즘의 본질적인 특징은 중첩에 있다. 하나의 텍스트와 다른 텍스트가 근본적으로 분열되어 평행적으로 존재하면서 양자의 연결은 간접적으로만 가능하다. 간접적인 관계는 알레고리 관계가 된다. 모더니즘 기법과 포스트모더니즘 기법은 동일한 아방가르드 정신에 기초하면서도 근본적으로 대립한다고 하겠다.

왜 당대 아방가르드 정신은 포스트모더니즘으로 전환했는가? 이 문제를 역사적으로 어떻게 이해할 수 있을까? 역사적인 시점의 차이일까? 20세기 초 진리가 아직 실현되지 않았던 시대에 살았던 모더니즘은 당시 계몽적인 진리를 비판하면서 또 다른 진리의 가능성을 인정할 수 있었다. 반면 1960년대 이후 진리가 이미 실현된 사회를 보고 난 세대들에게는 진리 자체가 의미를 상실한 것이 아니었을까? 그래서 포스트모더니즘은 진리 자체를 거부한 것이 아닐까?

1960년대 이후 포스트모더니즘 시대라고 해서 계몽적인 진리 외의 다른 진리의 가능성을 상정하지 못할 이유는 없다. 단순히 시점 차이만으로는 충분히 설명되지 않는다. 알레고리에 관한 베냐민과 헤겔의 입장을 참조하는 것이 역사적인 이해에 도움이 되지 않을까 한다.

베냐민과 헤겔의 입장을 종합해 보면 알레고리 양식은 자본주의적인 분열과 연관되어 있다. 표면적으로 자본주의 사회에서 각자는 자유롭게 생산하여 교환한다. 이면에서는 가치 법칙이 지배하는 시장이 자본주의 사회를 지배하고 있다. 세계가 이원적으로 분열되면 인간의 자기 소외가 발생하고, 표면 세계는 이면 세계를 의미하는 알레고리가 된다. 자본주의적인 분열은 바로크 시대에 알레고리 예술 양식이 지배적이었던 역사적인 이유이다.

그렇게 본다면 알레고리를 핵심적인 기법으로 하는 포스트모더니즘 역시 인간의 자기 소외를 표현하는 것이 아닐까 한다.[51] 20세기 후반 관료주의와 인간 소외에 맞서 대대적인 저항이 일어났으나, 1970년대 초에 이르면 대체로 진압된다. 많은 혁명적인 지식인들은 혁명의 실패를 뼈저리게 느끼게 되었다. 그들에게 관료주의, 인간 소외는 더 이상 극복할 수 없는 힘이 되었다. 뼈저린 좌절감 앞에서 현실 세계와 배후 세계라는 분열이 나타났다. 세계의 분열이 바로 포스트모더니즘의 알레고리 양식이 가진 역사적인 배경이 아닌가 한다.

좌절감 앞에서, 인간의 자기 소외 앞에서 의식은 현실 세계를 무의미한 것으로 보면서 시니컬한 웃음을 터뜨린다. 현실 세계의 모든 것은 무언가의 알레고리에 불과하다. 이 시니컬한 웃음이 곧 포스트모더니즘이 아닐까?

포스트모더니즘의 기법

포스트모더니즘 예술가들은 작품의 텍스트를 해체하는 다양한 기법을 실험해 왔다. 그 구체적인 기법들을 간단하게 살펴보자. 대체로 혼성 모방, 소원화(패러디), 표류하는 주체 등의 개념으로 이루어져 있다.

대중 이미지

포스트모더니즘의 선구자 앤디 워홀Andy Warhol은 주로 상품 통조림이나 유명인의 사진을 이용해서 작업했다. 리히텐슈타인Roy Fox Lichtenstein은 대중문화에 속하는 만화 이미지를 차용해 왔다. 건축에서 포스트모더니즘을 개척한 로버트 벤츄리Robert Charles Venturi Jr.는 미국의 서부 개척사와 관련된 이미지를 건물 전면에 그려 붙였다. 마리오 보타Mario Botta는 로마 유적의 이미지를 건축에 재현했다.

모더니즘 예술은 이미지의 재현 자체를 기피했다. 미술에서의 추상적인 경향, 건축에서의 기하학적인 형태들이 모더니즘의 엄격성과 순수성을 보여 주었다. 포스트모더니즘은 모더니즘의 아킬레스건을 건드리면서 재현 이미지를 도입했다. 그것도 가장 친근한 대중 이미지나 상업 이미지를 도입한다. 대중들에게 재미와 유흥을 제공하려는 것인가? 포스트모더니즘은 소비적인 쾌락을 위한 상품과 마찬가지 수준에 있는가?

　구체적인 대중 이미지에만 주목한다면 그렇게 평가되는 것도 가능하다. 하지만 포스트모더니즘의 특징은 구체적인 대중 이미지를 사용한다는 것에 있지 않다. 그 특징은 이미지들을 결합하는 방식인 혼성 모방적인 성격에 있다. 혼성 모방적인 결합에서 하나의 요소는 고유한 의미를 지니지 않고 다른 텍스트에서 의

리히텐슈타인, 물에 빠진 소녀, 1963년

미를 반영한다. 대중적인 상업 이미지가 포스트모더니즘 작품에 등장하더라도 본래의 고유한 의미는 파괴되고 만다.

대중적인 상업 이미지는 일상에서 대중을 매혹하는 환상적인 이미지이다. 포스트모더니즘에서 대중적인 상업 이미지는 오히려 대중의 환상적인 이미지를 깨뜨리는 소원화 역할을 수행한다고 보겠다. 소원화 역할은 앞에서 설명한 의미의 해체라는 이데올로기 비판 의식과 연결될 수도 있다.

소원화 효과는 모더니즘에서 이미 출현했다. 특히 1960년대 후기 모더니즘의 패러디와도 통한다. 다만 모더니즘에서 패러디

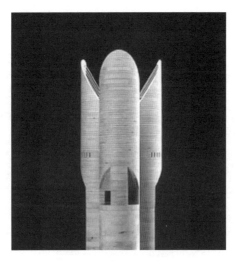

마리오 보타, 밀라노 말펜사 공항 교회, 1998년
로마 병사의 투구를 닮은 모습이 특이하다.

가 전통적으로 신성한 고급 예술로 간주한 것을 패러디했다면, 포스트모더니즘은 상업적이고 대중적인 이미지를 패러디한 것으로 이해된다.

혼성 모방과 파편화

포스트모더니즘은 의식적으로 다양한 텍스트들을 뒤섞으려고 한다. 이질적인 텍스트들의 충돌은 기존 텍스트의 이데올로기를 폭로하는 작업으로 생각된다. 만일 작가가 일정한 의도를 가지고 다양한 텍스트들을 뒤섞어 구성한다면 작가가 선택한 특정한 텍스트가 다른 텍스트들을 지배해 통일해 버린다. 따라서 포스트모

벤츄리, Casa Glen Cove, 1985년
그리스적 기둥, 북구식 나무 기와지붕, 20세기 초 영국의 벽돌 굴뚝 등
다양한 양식들이 혼합된 건물이다.

더니즘은 아무런 의도 없이 다양한 텍스트들을 뒤섞으려 시도한다. 우연에 의존한다는 측면에서 하나의 장난, 천진난만한 유희이다. 이와 같은 측면을 포스트모더니즘은 혼성 모방이라 규정한다.

유희 정신은 모더니즘에서도 출현했다. 모더니즘은 유희를 통해 어떤 근원적인 진리가 드러난다고 보았다. 포스트모더니즘에서 유희는 그저 유희로 머문다. 유일한 목적은 단지 텍스트의 불변하고 완결된 의미를 폭로하는 것에 있다.

혼성 모방적인 성격과 더불어 포스트모더니즘 텍스트는 파편성이라는 특징을 지닌다. 표면적으로는 그럴듯하게 전체화되어 있지만 실제로는 혼성 모방적이어서 각각은 본래의 연관에서 떨어져 나온다. 파편화를 통해 하나의 요소는 다른 텍스트 속에서의 의미를 반영하면서 알레고리가 된다.

포스트모더니즘의 텍스트 해석은 프로이트가 꿈을 해석하는 방식과 닮았다. 프로이트는 꿈을 해석하면서 먼저 전체화된 모습을 파괴하여 파편화시키라고 했다. 파편화된 조각으로부터 자유 연상을 통해 무의식적인 기억에 도달한다.

다성적인 목소리

텍스트의 혼성 모방적인 성격은 비단 단일한 매체들 사이에서만 일어나는 것은 아니다. 시각 매체와 문자 매체의 혼합이 일어나기도 하고, 예술 담론과 비평이나 철학적 담론 사이의 혼합이 일어나기도 한다. 심지어 서로 다른 주관의 담론이 뒤섞인다. 즉 작가의 목소리와 독자의 목소리가 섞이기도 한다. 포스트모더니즘의 혼성 모방적인 성격은 확장되어서 다성적인 텍스트라고 규정할 수 있다.

다성적인 텍스트에서 발화의 주관은 동일하지 않다. 하나의 텍스트, 하나의 발화 주관에서 다른 발화 주관으로 끊임없는 표류가 일어난다. 이는 정신분열증 환자의 주관이 끊임없이 표류하는 것과 마찬가지이다.

혼성 모방적인 포스트모더니즘에서 저자는 죽었다고 말한다. 그것만으로는 부족하다. 포스트모더니즘 작품은 저자의 죽음을 넘어서서 다성적인 목소리 사이에 끊임없는 표류가 일어난다.

내러티브의 파괴

혼성 모방적인 성격은 내러티브의 파괴라는 방식으로 전개되기도 한다. 회화에서 작품의 원근법 공간이야말로 중심적인 주관을 구성하는 데 결정적이다. 중심적인 주관이 구성되면 회화는 실제 존재하는 대상처럼 현실감을 지닌다. 중심적인 주관이나 예술에서 현실감이란 원근법 코드가 만들어 낸 결과일 뿐이다. 미술에서 원근법 체제가 갖는 역할을 문학이나 다른 예술에서는 인과적으로 구성된 내러티브가 수행한다.

포스트모더니즘 예술가들은 원근법 구도나 인과 내러티브와 같은 장치들을 파괴한다. 작품은 비인과적으로 구성된다. 작품의 극적인 공간이 무너지고 시간은 파편화되는 것처럼 보인다.

내러티브의 파괴도 모더니즘이 적극적으로 추구했던 바이다. 모더니즘은 내러티브를 파괴한 후 공간의 병치와 중첩을 통해 진리를 위한 새로운 예술 공간을 창출한다. 그것이 몽타주, 콜라주 기법이다. 그에 반해 포스트모더니즘에서 내러티브는 파괴되는 것으로 머무른다. 파괴된 파편들은 본래의 의미를 상실하면서 무의미한 유희로 전락한다.

소원화 기법

모더니즘 극작가 브레히트Bertolt Brecht는 연극에 화자를 도입하여 소원화 기법을 제시했다. 소원화 기법은 연극에 관객이 몰입하는 것을 방지하기 위해서이다. 이 기법은 감추어진 화자를 폭로함으로써, 관객이 상황에 일정한 거리를 두고 같이 숙고하도록 만드는 것이다. 소원화 기법은 포스트모더니즘에서도 주요하다. 어떻게 보면 포스트모더니즘의 모든 기법은 텍스트의 균열을 드러내어 텍스트를 해체하는 것으로 모두 소원화의 기법이라 할 만하다. 포스트모더니즘에서 소원화는 고정되고 분명한 이데올로기를 해체하는 데 기여한다.

포스트모더니즘의 소원화 기법은 이데올로기를 해체하면서 씁쓸한 패러디 효과를 야기한다. 포스트모더니즘의 패러디는 풍

자적이라기보다는 해학적인 특성이 강하다. 풍자가 타자에 대한 비웃음이라면 해학은 자신에 대한 비웃음이다. 풍자에는 지배층에 대한 공격성이 담겨 있다면 해학에는 대중에 대한 연민이 담겨 있다. 연민 속에서 대중의 어리석음이 비판된다.

포스트모더니즘 작품에서 독자는 대중적인 상업 이미지를 본다. 동시에 독자는 이미지를 보고 있는 자신을 본다. 독자는 대중을 매혹하는 이미지가 사실은 진실성이 없다는 사실을 알게 되고 대중을 비웃는다. 이 대중은 곧 자신이 아닌가? 독자는 비웃음으로 자신을 비웃는다. 모더니즘이 관객을 진지하게 고통스럽게 만든다면 포스트모더니즘은 독자가 자신을 비웃게 만든다. 비웃음으로 독자는 자기를 해방한다.

표류하는 주관성

포스트모더니즘에서 텍스트의 배후에 깔린 대립하는 텍스트가 폭로되면서 고정되고 분명한 의미가 해체되고 미적으로 패러디가 출현한다. 포스트모더니즘은 패러디를 통해 경직된 부르주아 주관성을 해방하고자 한다. 포스트모더니즘에서 해방된 주관은 표류하고 횡단하는 주관성이다.

20세기 초 모더니즘은 진리를 직접 체험하는 근원적인 주관성을 전제로 했다. 주관성은 현실에 대항하는 숭고하면서도 비극적인 주관성이다. 주관성은 아방가르드에서도 여전히 유지되었다. 아방가르드의 실험은 더욱 격렬해졌지만, 그럴수록 주관성은 더욱 고매한 것이었다.

포스트모더니즘에서 근원적인 주관성은 사라지고 표류하는 주관성이 등장한다. 포스트모더니즘의 주관성은 파괴하고 도주하는 게릴라들처럼 텍스트들 사이를 표류하고 횡단하는 주관성이다. 이 주관성은 한편으로는 장난에 빠진 악동들처럼 유쾌하고 쾌활하다. 다른 한편으로는 바그너Wilhelm Richard Wagner의 오페라에 나오는 '방황하는 네덜란드인'처럼 삶과 죽음의 경계 사이를 영원히 떠돌 뿐이다.

푸코와
관료적 권력

일망 감시의 권력은 개인화된 신체로 들어가
자기 감시로 작용하며, 한순간이라도 결함이
나 중단을 보여 주는 법 없이 작동한다.

68혁명 이후

1968년 5월 프랑스에서는 학생 혁명이 일어났다. 흔히 68혁명이라 한다. 전후 프랑스 지도자였던 드골이 대통령 자리에서 물러났다(그는 총선에서 승리했음에도 자발적으로 사임했다). 비슷한 시기에 독일에서도 학생들의 반정부 시위가 격화되었다. 전후 독일을 지배했던 기독민주당 정권이 무너지고 사회민주당 정권이 들어섰다.

많은 변화에도 실질적으로 변한 것은 아무것도 없었다. 여전히 자유라는 이름 아래 억압은 지속했다. 1960년대 이후 간헐적으로 저항 운동이 일어났다. 과거처럼 대규모적인 열정을 지닌 운동은 아니었다. 저항은 청소년, 흑인 등이 일으킨 국지적인 파괴 운동이었다. 한 차례 파괴의 폭풍이 지나가면 언제 그랬나 싶게 거리는 다시 말짱해졌다.

이제 주변부 계층들 중심의 운동, 파편화된 문제를 둘러싼 운동이 등장했다. 대표적인 것은 여성 운동과 환경 운동이었으나, 근본적인 사회 개혁을 지향하지는 못했다. 1960년대 그토록 분노했던 학생, 지식인들도 어느덧 체제 내화된 것 같았다. 그들은 자기들에게 주어진 운명에 고분고분해졌다. 그들의 비판은 성적인 문제나 문화적인 문제에 제한되었다. 그들은 미국에서처럼 명상 운동에 빠져들든가, 프랑스에서처럼 정신분석에 사로잡혔다. 지식인들은 나르시시즘에 빠져들었다. 깊은 좌절감, 허망한 냉소가 살아남은 좌파 지식인들의 어깨를 짓눌렀다.

이와 같은 변화 앞에서 사회와 운동에 대한 새로운 인식이 요구되었다. 지식인들의 마지막 안간힘이 시작되었다. 지식인들의 문제의식은 내성적으로 전환되었다. 그들은 주관성 자체를 문제 삼았다. 주관성이 담론으로 구성되는 것임을 발견하게 되었다. 그들은 담론을 파괴하고 주관성을 해체하는 것을 지향했다. 주관성을 해체함으로써 새로운 혁명의 열정이 등장할 수 있다는 기대를 가졌다. 그들의 문제의식에 푸코가 주요한 기여를 했다. 푸코는 인간 자신을 통제하는 개체 주관성이 부르주아의 권력에 의해 탄생하였음을 밝혀내려 했다.

담론으로서의 과학

푸코의 일차적인 관심은 지성사, 특히 과학사에 있었다. 실제로 그는 1960년대부터 10년 동안이나 정신 의학의 역사, 인문 과

푸코

학의 역사를 실증적으로 연구해 왔다.

　과학이란 얼핏 보면 객관적으로 서술된 것처럼 보인다. 과학에 담긴 내용의 진리성만이 문제이지, 서술하는 방식은 문제 되지 않았다. 푸코에 의하면, 과학의 객관성은 서술하는 독특한 방식에서 파생되는 결과이다. 교과서는 독특한 서술 방식을 가지고 있어서 내용들이 객관적인 진리처럼 권위를 지닌다. 푸코는 과학사에 있어서 내용이 아니라 서술하는 방식을 먼저 살펴보아야 한다고 주장한다.

푸코는 과학사를 담론의 역사로 규정한다. 담론이란 무엇인가? 일반적으로 담론이란 소설에서와 같이 어떤 화자가 이야기의 내용을 전달하는 경우를 말한다. 소설에서는 비단 화자만이 담론을 구성하는 요인은 아니다. 내러티브의 많은 요인들, 즉 기승전결이라는 인과적 구성 원리라든가 장면의 몽타주 구성 등이 총체적으로 결합함으로써 소설의 담론을 구성한다.

과학도 하나의 담론이다. 과학도 일정한 서술 방식으로 구축되기 때문이다. 과학에도 화자가 있으며, 체계적인 설명이라는 전체 구성 원리가 있고, 예증과 논박이라는 장면 구성 방식이 있다. 모든 요인들이 결합하여 과학적 담론을 결정한다.

푸코가 과학사에서 찾아내고자 하는 것은 과학을 구성하는 담론의 체계였다. 그는 담론 체계가 일정한 서술 규칙들의 복합체로 이루어져 있고, 시대에 따라 변형되는 것이라는 가정하에 작업을 전개했다. 그의 관점은 근본적으로 구조주의 방법론이다.

소쉬르나 레비스트로스 등 전기 구조주의자들은 주로 제도나 언어의 구조를 탐구했다. 그들은 대상의 불변적 구조인 랑그langue의 분석에 치중하면서, 실천하는 구체적인 행위인 파롤parole은 개인적이며 우연한 것으로 돌렸다. 푸코는 파롤조차도 일정한 구조 체계를 이루고 있다는 가정하에 탐구를 시작한다. 그런 점에서 푸코 이후를 전기 구조주의와 구별하여 후기 구조주의라 한다.

푸코에 의하면 담론 분석은 과학사 연구에서 다양한 의미를 지닌다. 우선 그는 과학사에서 어떤 연구의 대상 영역이란 객관적으로 존재하는 것은 아니라고 본다. 연구의 대상 영역 자체가 일정한 담론 체계에 의해 구성되며, 새로운 담론 체계가 출현한다면 이전의 대상 영역은 해체되고 새로운 대상 영역이 생겨난다.

예를 들어 의학의 대상 영역인 인간의 육체는 근대 생명 과학의 담론 체계에 의해 성립했다. 조선 시대 지식인들은 인간의 육체를 해부할 수 없는 것으로 간주했다. 육체 손상은 설혹 그가 죽었다고 하더라도 인격 모독으로 간주했다. 그들은 인간의 육체를 정신 영역에 속하는 것으로 보았고, 물질이라는 조작적인 탐구 대상으로 보지 않았다. 오늘날 의학자들은 인간의 육체에 의학적인 시술을 아무런 거리낌 없이 행한다. 이런 시술은 인간의 육체가 정신이 아니라 물질이라는 근대 생명 과학의 담론에 의해서 가능해졌다. 근대 생명 과학이 인간의 육체를 탄생시킨 것이다.

푸코는 담론의 주관은 담론을 말하거나 쓰는 현실적인 저자나 발화자가 아니라 본다. 수학책에 방정식의 근을 결정하는 공식에 관한 진술이 있다고 하자. 이 진술을 쓴 사람은 책의 저자이지만, 저자가 공식을 발견한 자가 아니다. 저자는 발견자를 밝힐 필요성조차 느끼지 않는다. 저자의 역할이란 단지 대사를 외우는 배우 정도에 지나지 않는다. 이 진술은 수학계에서는 일반적으로 인정되는 원리이다. 진술의 진정한 주관은 바로 수학자들의 세계이다. 주관의 문제에서 주요한 것은 누가 저자인가 하는 문제가 아니다. 담론이 어디에서 말해지는가이다.

담론에서 부분을 이루는 진술들은 연합적으로 존재한다. 문장 또는 명제가 성립하려면 구성하는 규칙에 따르기만 하면 된다. 문장과 명제는 고립적이다. 문맥의 역할을 해 주는 것이 없다. 연합된 어떤 문장이나 명제들과의 접합 없이 자체만으로 존재 가능하다. 담론에서의 진술은 그와 다르다. 진술이 존재하기 위해서는 대상들의 장場과의 관계, 주관과의 관계, 인접하는 다른 모든 장과의 관계를 가져야 한다. 진술은 항상 다른 진술들이 기식寄食하는 여백을 가진다. '그는 글을 읽는 사람이다'라는 진술은 '지식인'이라는 대상과 관계해서만, 진술을 말하는 프롤레타리아 비판가와 관계해서만, '노동자는 노동을 한다'라는 다른 담론과 관계해서만 진술로서의 역할을 제대로 수행할 수 있다.

푸코는 담론의 물질성도 강조한다. 동일한 문장은 어떤 사람이 발설하는가, 어디에 인쇄되어 있는가에 따라 다른 진술이 된다. '그는 글을 읽는다'라는 진술은 문자로 인쇄된 경우와 사이버 세계에서 전자화되어 있는 경우 서로 다른 담론을 이룬다. 만일 음성으로 말해진다면 또 다른 담론을 이루게 될 것이다. 인쇄된 경우 지적인 반성과 숙고의 영역으로 들어온다. 음성으로 말하여진 경우 다급하게 진리를 밝혀 준다. 사이버 세계에서는 반성을 야기하지도 않고 진리의 현현도 아니다. 요설이라는 담론 속으로 들어가게 된다.

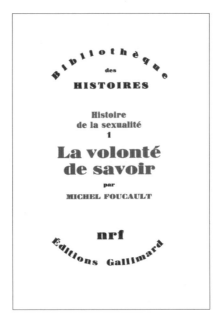

푸코, 《성의 역사》

    푸코의 작업은 과학사 연구를 통해 인간 과학의 대상을 성립시키는 담론 체계 자체, 즉 인간 과학의 에피스테메episteme를 찾으려는 것이었다.《지식의 고고학》은《말과 사물》,《임상 의학의 탄생》에서 시도했던 고고학적인 연구 방법을 체계화했다. 그런 연구 결과로 담론 체계가 역사적으로 변형된다는 것이 밝혀졌다.

    여기서 문제가 등장하게 된다. 담론 체계가 역사적으로 어떻게 형성되는가 하는 문제이다. 푸코의 관심은 여기서 전환되었다. 푸코는 담론 체계를 역사적으로 성립시켰던 조건을 탐구하게 된다. 이것이《성의 역사》나《감시와 처벌》에서 그가 시도했던 계보학 작업이다.

근대 훈육 국가의 권력

푸코는 담론의 역사 조건을 권력에서 찾는다. 어떤 사회에서든 권력이 '담론 생산을 통제하고, 선별하고, 조직하고, 재분배하는 일련의 과정들'을 지배한다. 그는 구체적으로 근대 인간 과학과 근대 훈육 권력 사이의 관계에 주목한다.

푸코는 현대 관료 국가의 기원이 거슬러 올라가서 근대 훈육 국가에 있다고 보았다. 관료 국가는 훈육 국가의 연장선상에 있다는 것이다. 그는 근대 훈육 국가의 독특한 지배 방식을 살펴보기 위하여 먼저 형벌 체제를 살펴보았다.

근대 사회로 들어오면서 형벌 체제가 근본적으로 변화되었다. 1757년 3월 2일 프랑스에서 벌어진 처형 장면은 절대주의 시대의 형벌을 바로 보여준다. 국왕 시해범을 처형하는 장면은 대중에게 공개되었다. 또한 형벌은 끔찍한 고문과 육체적인 고통을 강요하는 것이었다. 이러한 형벌 방식은 근대 국가가 확립된 이후 변화한다. 근대 국가 성립 이후인 1838년 파리 소년 감호원의 규칙을 보면 군대의 규칙 같기도 하고, 공장의 규칙 같기도 하다. 근대 국가에서 형벌은 감옥의 형태를 취하게 된다. 그렇다면 변화의 의미는 무엇인가?

- 형벌을 구경거리로 삼던 방식이 소멸했다. 재판은 공개되더라도 형벌은 비공개적으로 행사되었다. 이런 변화는 권력의 지배 방식이 변화되었음을 의미한다. 더 이상 권력이 자신을 과시할 필요가 없어졌다는 것이다. 오히려 과시는 처형자에 대한 동정심을 낳고 저항을 불러일으킨다는 점이 인정되었다.
- 신체에 제재를 가하지만, 그 목적은 개인의 자유를 박탈하기 위한 것이며 육체적인 고통을 부과하려는 것이 아니다. 처벌은 신체가 아니라 자유로운 인격에 가해졌다. 이때부터 감옥이 등장하는데, 감옥은 개인의 자유로운 신체 활동을 세세한 규칙으로 묶어 두고 신체 활동을 제약하려는 목적을 갖고 있었다. 권력이 신체 활동을 제약하는 것은 인간의 영혼을 형성하려는 목표를 가진다.
- 영혼 형성이라는 목표에 비추어 죄수가 저지른 행위보다는 행위를 저지른 내면적인 욕망이 문제가 되었다. 죄수의 내면은 샅샅이 조사되며, 일탈적인 욕망은 실제 범죄와 무관하게 단죄되었다. 근대의 형벌은 내면의 범죄적 욕망을 제거하는 데 초점을 맞추었다. 범죄의 인지, 책임 주관의 인지, 법률의

인지가 중요한 문제로 떠올랐다. 범죄를 둘러싼 평가, 진단, 예후, 규범에 관한 판단의 총체가 형벌의 한 부분으로 자리 잡았다. 정신의학자, 심리학자, 행정 재판관, 교육자, 시설 관리자들은 국가의 형벌권을 분할하여 행사하였다.

감옥의 등장을 통해서 본 형벌 방식의 변화를 기초로 푸코는 근대 훈육 국가의 권력 개념을 일반화하였다. 그의 권력 개념은 전통적인 권력 개념과 근본적으로 다른 독특한 것이다. 그의 권력 개념이 지닌 주요 특징을 살펴보자면 다음과 같다.

소권력

푸코는 전통적인 '법률적' 권력 개념에 반대했다. 법률적인 권력 개념에서 권력은 대상에 외부적이고, 중앙 집중화되어 있고, 일반적으로 작용한다. 권력을 제한하고, 규칙을 부여하고, 금기를 세우고, 검열하는 부정적인 것으로, 흔히 국가 권력을 생각할 때 표상으로 삼는 것들이다.

푸코는 법률적인 권력 개념에 반대한다. 그에 따르면 권력은 밑에서 나온다고 한다. 권력이란 각각의 출현 영역(가정, 학교, 교회, 공장 등)에 내재한다. 그러므로 푸코는 이를 소권력이라 불렀다. 소권력들은 서로 뒷받침하거나 대립하며, 하나의 세력 관계나 형세를 이루어 전체적인 권력을 형성한다. 푸코는 형세에 따라 권력이 작용함을 자주 바둑판에 비유했다. 바둑판의 돌 한 알, 두 알은 아무런 힘을 가지지 않는다. 돌들이 일정하게 연결되면 상대의 침입이 허용되지 않는 힘이 출현한다. 바둑판에서 흑과 백은 상호 세력 관계를 형성하면서 전체적으로 지배와 피지배가 결정된다.

미세 권력이면서 생산적인 권력

푸코는 《감시와 처벌》에서 18세기 신체형이 소멸하고 감옥형으로 전환하는 계기를 역사적으로 조사하였다. 그는 변화의 의미를 18세기 사회 전반에 확산되는 훈육 개념을 통해 포착하였다. 훈육은 신체 활동을 해부학적으로 미세하게 나누고 다시 재구성함으로써 더 효율적인 활동이 가능하게 한다. 군사 훈련이나 체육 훈련을 생각해 본다면 쉽게 이해될 것이다.

푸코는 훈육의 확산과 더불어 권력은 신체의 표면이 아니라 세부 수준에까지 이른다는 점에서 이를 미세적 권력이라 하였다. 각 행위의 구성 요소가 아니라 행위의 구조, 하나하나의 행위가 결합하는 방식 자체가 통제 대상이 되었다. 권력은 인간의 외부에 있지 않고 내부인 신체 속에 새겨 넣어진다. 군대를 갔다 온 학생들의 걸음걸이를 보자. 흐느적거리는 여학생이나 어슬렁거리는 신입생들 사이로 그들은 보무당당하게 걸어 다닌다. 그들은 자기도 의식하지 못한 채 권력을 통해 새롭게 주조되었던 것이다.

그들은 살아 걸어 다니는 권력이 되었다.

신체에 대한 훈육은 단순히 억압하고 금지하려는 목적이 있는 것은 아니다. 훈육을 통해 신체 효율이 증가하면서 생산성이 높아진다. 더 많이 생산하는 노동자, 더 탁월한 병사, 더 우수한 학생들이 만들어지는 것이다. 그런 점에서 푸코는 훈육 권력을 생산 권력이라 하였다.

감시 권력

효과적인 훈육을 위해 신체는 관찰되어야 하고, 분석되어야 하고, 효율적으로 재구성되어야 했다. 재구성은 강제적이지 않고 자발적으로 수행되어야 했다. 효과적인 훈육 수단이 곧 감시, 규범적인 제재, 시험의 방법이다.

훈육 수단으로 정점에서 나타났던 것이 파놉티콘panopticon[52]이다. 일망 감시 방법은 혼돈되고 뒤엉킨 공간 내에 치밀하고 세분화된 규율을 투사했다. 원리는 다음과 같다.

- 죄수는 보이기는 해도 볼 수는 없어야 한다.
- 감시가 중단되어도 효과는 계속되어야 한다.
- 죄수 스스로 자신을 감시하는 감시자가 되어야 한다.

파놉티콘 방식을 통해 권력은 자동으로 작동한다. 피감시자는 감시되고 있다는 것만으로 권력에 복종한다. 감시가 설혹 사라지더라도 감시받고 있다고 믿어진다. 마침내 피감시자는 스스로 자신을 감시한다. 피감시자는 자신에 대한 권력의 일부가 된다. 왕의 권력은 폭력적이며 국민에게 직접 발휘하는 힘에 의존한다. 일망 감시의 권력은 개인화된 신체로 들어가 자기 감시로 작용하며, 한순간이라도 결함이나 중단을 보여 주는 법 없이 작동한다.

파놉티콘, 자기 감시의 권력은 사회적으로 확산되었다. 대표적인 것이 중앙정보부이다. 정보부원들은 음지에서 양지로 지향한다. 그들이 양지에서 일하며 자기를 나타내 보인다면 누구나 피할 것이다. 그들은 음지에서 감시하므로 누구나 자기가 보이지 않는 곳에서 감시당한다고 생각한다. 누구나 미리 자기를 검열하는 것이다. 중앙정보부는 정보를 캐기 위해 존재하지 않는다. 존재함으로써 이미 충분한 권력 역할을 수행한다.

쾌락의 권력

《감시와 처벌》의 권력에 대한 논의는 《성의 역사》에서 쾌락을 산출하는 권력에 대한 논의로 이어진다. 푸코에 의하면 감시의 시선은 피감시자의 신체 한 부분을 집중적으로 주시하면서 무감각하게 있었던 신체에 활기를 불어넣는다. 신체는 시선에 의해 도발되어 무기력한 상태를 벗어나 쾌락을 추구하게 된다.

신체적인 쾌락 추구는 죄의식을 담지하고 있다. 권력이 감시의 시선, 금지의 명령을 통해 신체를 도발시켰기 때문이다. 쾌락은 이제 에로틱하게 된다. 바타유Georges Bataille는 에로티시즘이 금기의 위반에 기초한다고 본다. 모든 신체적인 쾌락은 금기를 위반하는 죄의식을 동반하므로 에로틱하게 된다.

매춘을 법적으로 금지하는 이유는 무엇일까? 거의 모든 나라에서 매춘은 합법화되지 않았다. 그러면서도 매춘은 묵인돼 왔다. 가끔 언론이 매춘의 실상을 폭로하면 일시적으로 경찰이 투입되어 단속한다. TV 화면에는 경찰에 끌려가는 매춘 여성들이 방영된다. 결코 매춘하는 남자들의 모습은 나오지 않는다. 그러고는 그만이다. 나머지 한 해의 대부분 동안 매춘은 묵인된다. 매춘은 여전히 법적으로는 불법이다. 매춘은 존재해서는 안 되지만 존재하지 않는 것도 아니다. 매춘은 어디서도 찾을 길이 없지만 누구나 어딘가 있다는 사실을 안다.

매춘이 이중 속성을 유지하는 이유를 달리 어디서 찾을 수 없을 것 같다. 그것이 푸코가 말하는 쾌락 권력의 전략이 아닐까? 국가는 매춘을 금지함으로써 이상야릇한 흥분을 부여했다. 붉은 불빛, 야릇한 흥분, 타락한 몸짓, 더러움과 죄의식 등은 쾌락 권력을 목표로 하는 것이 아니었을까?

권력과 생산 양식

푸코에서 권력의 훈육적인 지배 방식은 근대 생산 양식과 접합되어 있다. 근대 자본주의는 농민을 농촌에서 유리시켰다. 원축原蓄[53] 과정을 통해 도시로 유입된 농민들은 부랑인이 되어 떠돌았다.

근대 권력의 제일 과제는 부랑하는 농민을 노동자로 만들어 내는 것이었다. 봉건제의 과시적이고 금기적이며 중앙 집중화된 권력은 그런 목적에 무력했다. 이런 요구를 수행했던 것이 훈육 권력이었다. 훈육 권력은 뒤엉켜 있어 잠재적인 폭동의 무리였던 군중을 분할하여 개인화시켰다. 개인을 감시하고 자기 감시적으로 만들어 스스로 권력에 복종시켰다. 마침내 권력은 개인에게 걸맞은 욕망과 죄의식조차 불어넣었다. 근대적인 노동력으로서의 개인이 이로써 산출된 것이다.

지식 대상의 산출

권력은 지식 대상을 구성하고 그에 대한 의지를 규정한다. 권력은 지식 절차를 지배하여 지식과 권력의 복합체를 형성한다. 지식 대상이란 결코 객관적으로 존재해서 지식에 의해 발견되는 것은 아니다. 오히려 지식 대상은 권력 작용에 의해 만들어진다.

푸코는 근대에 들어오면서 새로운 성적 대상이 산출되었다고 한다. 주변적인 성의 대상들이었다. 자본주의 이전의 성적인 담론의 대상은 이성애에 바탕을 둔 혼인이었다. 혼인에 위반되는 것과 자연으로부터의 일탈이 구분되지도 않았다. 외도, 간통, 미성년자 간음, 근친상간 등은 남색 등과 구별 없이 중죄로 다스렸다.

18~19세기 혼인에 대한 담론은 줄어들고 아주 간결하게만 말해졌다. 대신 수음, 동성애, 몽정, 강박 관념, 광기 등에 성 담론이 집중되었다. 반혼인법적인 일탈과 반자연적인 일탈이 구별되었으며, 반자연적인 일탈에 해당하는 주변적인 성적 욕망이 지식 대상으로 출현하게 되었다.

근대 이후 주변적인 성적 대상들이 출현한 이유는 무엇인가? 동성애, 수음 등에 사람들이 왜 주목하게 되었는가? 근대 권력과 무관하다 할 수 없다. 근대 권력은 기독교와 결합했다. 기독교는 근면 성실하게 노동하는 프로테스탄트 윤리를 확립했다. 프로테스탄트 윤리관 때문에 인간의 내면적인 의지가 샅샅이 조사되었고, 혹시라도 이탈하려는 힘이 발생하면 경계 대상이나 억압 대상이 되었다. 인간의 내면이 조사되면서 근면 성실한 노동 의지와 대립하는 모든 것은 성 담론 안에 집어 넣어졌다. 성적 욕망이라는 이름으로 규정되었고, 죄의식의 대상이 되었다. 근대에 들어와서 일탈적인 욕망이 새로운 이름을 얻게 된 것이다.

지식의 새로운 대상은 권력 작용에 따라 출현했다. 권력은 떠돌면서 지식 대상이 되지 못했던 것들을 조명하여 대상으로 산출한다.

앎에의 의지

푸코에 따르면 진실이란 담론 내적인 것이다. 하나의 담론이 지식 대상을 구성하므로 지식이 진리인가 아닌가는 어디까지나 담론 내에서 규정된다. 대상에 대한 진실 추구는 담론 자체를 넘어서는 객관적인 과정이 아니다. 주어진 담론을 시인하고 강화하는 주관적인 과정일 뿐이다.

앞에서 말한 것처럼 18~19세기에 어린아이의 성이라 할 수 있음이 지식 대상으로 성립되었다. 권력은 모든 어린아이를 의혹의 대상으로 삼았다. 권력은 어린아이의 성적 욕망을 경계하고 조사하면 할수록 더욱더 감시망에서 빠져나간다고 믿었다. 권력은 더욱 확실하고 단단하게 방어벽을 세웠다.

권력은 어린아이의 성을 수수께끼 같은 비밀로 설정했고, 원인과 결과를 포착하도록 선동했고, 모든 곳에 감시 장치를 마련했다. 고백이 강요되었고, 교정하기 위한 수단이 강구되었다. 부모들과 교사들에게 끊임없이 위험이 경고되었다. 만일 어린아이를 충분히 감시하지 않는다면 그들에게 죄를 묻겠다고 협박했다. 부모들이나 교사들을 대상으로 고백 기술을 가르치는 교육이 강화되었다.

모든 권력 작용이 어린아이의 성에 대한 진실 의지를 산출했다. 진실 의지는 어린아이의 성적 욕망이라는 개념을 다가갈수록 물러나는 대상으로 만들었다. 인간 과학의 방법을 규정하는 것도 권력이다. 미시적인 훈육 권력이 확립되어 대상을 분할하고 감시하기 시작했다. 권력이 인간 개개인을 기록, 분류, 평가하는 가운데 실증적인 인간 과학이 형성되었다.

성 과학 역시 마찬가지이다. 성애 기술과 성 과학을 비교한다면 쉽게 이해된다. 성애 기술은 실천적이고 비법 전수적이며 쾌락 자체를 즐기기 위한 것이었다. 성 과학은 고백 기술에서 발전되었다. 철저하고 강요적이며(숨어 있으려 하기 때문에 끌어내기 위해) 효과적인 고백 기술이 체계화되었다. 그것이 정신분석학의 질문서이고, 최면술이고, 자유 연상법이다.

지식 권력 복합체

푸코의 담론 분석이 궁극적으로 겨누는 것은 '지식 권력 복합체'라는 개념이다. 이 개념은 지식이 권력에 종속적인 작용을 한다거나, 다만 이데올로기적인 기능을 행한다는 전통적인 마르크스주의 입장과 구분된다. 푸코는 지식 자체가 하나의 권력이 되었으며, 나아가 지식이 권력의 매우 주요한 부분을 이루고 있다고 한다. 근대 권력은 담론 권력이다. 권력에 의해 담론이 형성되었으며, 거꾸로 담론 없이는 권력이 행사될 수도 없다는 것이다.

근대 감옥이 훈육 권력으로 변모하면서 감옥 주위에는 많은 지식인들이 모여들었다. 정신분석학자, 사회 과학자, 종교인, 윤리학자 등은 단순히 권력의 도구로써 훈육 대상을 기록하고 분석하고 평가하는 것만은 아니다. 어떻게 기록하는가, 어떻게 분석하는가, 어떻게 평가하는가 등이 하나의 권력이었다. 정신분석학자가 어떤 사람을 정신병자라 규정한다면 법원 판결은 법률적으로 그대로 재가할 뿐이다. 이미 정신분석학자가 재판관에 앞서 재판한 셈이다. 그러니 그들은 권력 수단이 아니라 권력 자체다.

생각해 보면 오늘날 국가 권력은 이미 교수들이 인수한 것처럼 보인다. 국가 기구의 모든 단계에서 각종 명목으로 교수들이 참여하고 있다. 몇몇 쓸모없는 인문학자들만 제외하면 교수치고 국가 기구의 위원이 되지 못한 사람이 없을 정도이다. 위원이 된 교수들은 국가 정책을 분석하고 평가하면서 나름대로 권력을 가지게 되었다. 지금은 단순히 권력을 보조하는 정도를 넘어선 지 오래다. 전국의 교수들이 단결하기만 한다면 국가를 인수하기란 여반장일 것이다.

전국의 교수들이여, 단결하라! 국가를 털어먹자!

데리다와 해체주의

실제 세계의 모습은 모호하다. 모호한 것을
단순한 것으로 환원하여 확신을 부여하는
것이 이데올로기이다. 이데올로기를 벗어
나서 본래 모호한 세계의 모습을 되찾는 것
이 데리다가 요청하는 해체 작업이다.

계몽주의 비판

데리다 철학의 역사 배경은 1960년대이다. 이 시대 사회는 국가를 중심으로 돌아갔다. 관료들은 보통 민주주의 제도 하에서 실질적으로 국가를 장악했다. 한편으로는 자본주의 위기가 통제되고 거대한 복지 국가가 형성됐다. 다른 한편으로는 관료 억압 체제가 구축되었다. 관료들은 과거의 권력자들과 달리 합리적인 이성을 통해 지배했고, 시민들의 자발적인 복종에 의존했다.

이성이 어떻게 비이성으로, 자유가 어떻게 억압으로 전락할 수 있는가? 비판적인 지식인들은 관료주의의 기묘한 역설을 풀기 위해 고심했다. 비판적인 지식인들의 의심 어린 시선은 근대 계몽주의로 돌려졌다. 근대 계몽주의야말로 합리적인 이성과 자유로운 주관 개념을 역사상 처음으로 정립했던 이론이었다.

계몽주의를 비판했던 선구자는 아이러니하게도 파시즘에 연루되었다고 의심받던 하이데거였다. 하이데거는 근대 자연 과학과 계몽주의의 기초가 되는 형이상학을 극복하려는 과제를 제시하면서 근대 형이상학의 기초가 동일성 개념에 있다고 보았다. 근대 형이상학은 대상화되지 않는 사물들을 대상화하고, 개별 사물들의 질적인 차이를 무시한 채 추상적으로 양적인 동일성만을 포착하려 했다. 하이데거는 대상화되고 양화되기 이전의 세계, 사물들이 성스러운 어둠 속에 있었던 고향의 세계로 복귀하고자 했다.

하이데거의 계몽주의 비판을 이어받아 1950년대 비판 철학자들도 마찬가지 방식으로 계몽주의를 비판했다. 계몽주의 때문에 인간 자신도 사물화하여 지배의 대상이 되어 버렸다는 것이

데리다

다. 그 가운데 아도르노는 계몽의 동일성 원리에 대립하여 자연의 질적인 차이를 비대상적으로 그려 내는 미메시스를 강조했다.

데리다는 68혁명에 적극적으로 참여했던 저항 세대로서 관료제의 억압을 분석해야 한다는 과제를 안고 있었다. 그는 하이데거의 근대 형이상학의 극복이라는 개념에서 힌트를 얻었다. 계몽주의 비판이라는 과제는 동일하다고 하더라도 데리다가 접근하는 길은 하이데거나 아도르노와 달랐다. 1960년대는 프랑스 지식인 사회를 휩쓸고 있었던 구조주의 영향을 배제한 채 사유할 수 없었다. 데리다는 구조주의 사유 방식을 매개해서 계몽주의 극복을 추구하지 않을 수 없었다.

구조주의

계몽주의 비판의 길에 나선 데리다가 입각했던 원점이 구조주의이다. 데리다 철학은 구조주의를 넘어서 있다. 그의 철학은 후기 구조주의라 불린다. 그런 만큼 우선 구조주의의 일반적인 입장이나 후기 구조주의의 기본 관점을 간단히 알아보자.

우선 구조주의를 보자. 구조주의는 20세기 초 소쉬르의 언어학에서 제기된 음소 체계라는 개념에서 출발했다. 구조주의가 인문학에 널리 퍼지게 된 것은 레비스트로스가 소쉬르의 음소 체계를 인류학에 받아들여 탁월한 성과를 이루었기 때문이다. 구조주의 방법론의 가능성에 먼저 눈뜬 사람들 중 하나가 프랑스의 공산주의 이론가 알튀세르였고, 정신분석학자 라캉이었다. 그들에 의해 구조주의는 역사철학, 정신분석학에까지 적용되었고, 이후 인문, 사회 과학 전반의 포괄적인 방법론으로 발전하였다.

구조주의를 이해하기 위한 출발점은 기표와 기의라는 쌍대 개념이다. 구조주의는 하나의 기표가 항상 다른 기표와 일정한 관계를 가지고 있다고 본다. 관계 속에서 하나의 기표는 다른 기표에 대해 판명하게 구분되는 변별적인 특성을 지닌다. 어떤 기표의 의미는 그 자체로 주어지지 않고 변별적인 관계 속에서 주어진다는 것이 주요하다.

물론 하나의 기표가 특정 기의와 관계 맺는 것은 사회적으로 약속되었기 때문이다. 왜 수많은 사물들 중에 하필이면 그 사물이 어떤 기호 체계에서 기표로 선택되었는가? 기표가 될 수 있는 자격이나 가능성은 어떻게 설명되는가? 구조주의는 하나의 기표가 다른 기표와 갖는 변별적인 관계 때문이라고 대답한다.

구조주의는 본질주의와 구분된다. 본질주의는 어떤 기표에는 고유한 성질이 있어서 특정한 의미가 부여된다고 본다. 세계의 모든 언어에서 어머니를 가리키는 기표는 유성음 'ㅁ'으로 시작한다. 본질주의는 유성음 'ㅁ'이 무언가 어머니처럼 부드럽고 따뜻하고 관대한 성질을 지니기 때문에 어머니를 가리킨다고 설명한다. 반면 구조주의는 유성음 'ㅁ'은 파열음 'ㅂ'과 변별적인 관계에 있어서 언어 기호로 채택되었으며 전자는 어머니를, 후자는 아버지를 가리키게 된 것은 역사적 우연이라고 설명한다.

어떤 대상들은 다양한 변별적 관계들로 분석된다. 그와 같은 변별적 관계의 복합체를 구조라 한다. 각 대상은 구조 속에서 위치에 의해 규정된다. 그 위치는 각 변별적 관계에서 차지하는 위치의 복합체이다. 마치 공간 위의 점이 규정되는 것과 마찬가지이나. 공간은 X축, Y축, Z축으로 분석되고, 각각의 점은 세 축 위의 위치의 복합체(X1, Y1, Z1)에 의해 규정된다.

한 가지 예를 더 들어보자. 교수의 눈에 학생들은 남학생이냐 여학생이냐, 재학생이냐 복학생이냐, 앞에 앉는 학생이냐 뒤에 앉는 학생이냐 하는 세 가지 변별적인 관계로 규정된다. 세 가지 변별적인 관계가 학생이란 개념의 구조이다.

학생이 안경을 썼는지, 머리를 묶었는지, 얼굴이 하얀지 등은 눈에 전혀 들어오지 않는 성질이다. 교수들이 학생들을 개별적으로 구별하지 못하는 이유이다. 그러니 교수들에게 선물을 드릴 필요가 없다. 선물을 누구한테서 받았는지 알지 못하기 때문이다.

구조는 크게 두 가지로 구분된다. 하나는 통합syntagma 구조이다. 구조를 이루는 요소들이 결합해서 하나의 대상을 구성하는 경우이다. 한국인 남자 옷의 구조는 상의, 하의, 아래 속옷, 위 속옷과 같이 네 가지로 이루어진다. 네 가지를 다 함께 갖추어져야만 한국인 남자가 옷을 입었다고 말할 수 있다. 한국인 중 아무도 위 속옷을 입지 않고 상의만 입지 않는다. 반면 외국인 남자의 옷은 세 가지 요소인 상의, 하의, 아래 속옷으로만 구성되어 있다. 통합 구조의 측면에서 외국인 남자의 옷과 한국인 남자의 옷은 구분된다.

다른 하나는 계열paradigma 구조이다. 서로 대체 가능한 것들 사이의 관계이다. 하의에는 양복바지, 청바지, 반바지, 면바지 등이 있다. 그날 날씨나 나가는 장소에 어울리게 서로 대체된다.

구조주의는 역사주의와 대립된다. 역사주의는 사물의 인식에서 역사성, 통시성通時性을 강조한다. 제사의 의미가 무엇이냐 하고 물으면, 역사주의는 제사가 본래 출현했을 때로 거슬러 올라가 신을 모시는 기능이라고 답한다. 오늘날 비록 약화하기는 해도 여전히 지속하는 그 기능이 제사의 본질적인 의미라는 것이다.

구조주의는 사물의 인식에 있어서 구조의 주요성을 강조한다. 구조의 요소들은 시간적으로 동시에 존재하므로 공시성共時性이라 한다. 구조주의는 제사가 가지는 의미를 오늘날 사회 구조에서 찾아 아래처럼 규정할 것이다.

자본주의 사회에서 상품 생산은 경쟁을 강조한다. 경쟁은 논리적으로 본다면 합리적으로 진행되지만, 실제로는 사람들 사이의 담합으로 방해받는다. 불완전한 경쟁이 일어나는 것이다. 자본주의 사회에서 제사는 사람들 사이의 담합을 도와준다. 가족이라는 이름으로 일정한 시간에 만나 서로 인적, 물적인 교류를 통해 단결한다. 단결은 자본주의의 경쟁에서 남보다 유리한 기회를 얻게 한다. 제사는 자본주의의 질서를 보완하면서도 동시에 그 합리화를 방해하는 이중적인 기능을 지닌다.

현전의 신화

구조주의를 길게 설명한 이유는 구조주의가 근대 계몽주의를 비판하기 때문이다. 계몽주의는 인식에 있어서 현전現前의 개념에 의존한다. 현전이란 말 그대로 눈앞에 나타난다는 뜻이다. 객관적인 존재가 어떤 방식으로든 인간 의식에 직접 출현한다는 것이다. 경험주의는 감각 경험이 객관적인 존재와 의식이 직접 맞부딪히는 지점이라 한다. 관념론자는 인간 이성이 사물의 본질을 직관하는 지점이 있다고 한다. 경험과 직관이 사물의 근원적인 현전을 주고, 나머지 모든 인식들을 궁극적으로 현전에로 환원시키려는 것이 계몽주의의 기본 인식 원리이다. 계몽주의는 현전의 철학으로 간주한다.

구조주의에서는 현전하는 객관적 실재란 없다. 어떤 대상이란 그 개념의 체계, 곧 구조에 의해 규정되는 것이다. 개념의 구조가 대상의 경험이나 직관에 앞서서 선험적으로 존재한다. 객관적인 실재로부터 직접 주어지는 것이란 있을 수 없다.

그렇다면 개념의 구조로 규정되기 이전에 무엇이 있었던 것이 아닐까? 칸트가 말한 물 자체처럼 말이다. 그런 것은 없다는 것이 구조주의의 입장이다. 한국인의 음소 체계와 미국인의 음소 체계가 서로 다르다. 한국인은 미국인의 발음을 경험하지 못한다. 들리는 발음을 규정하지 못하는 게 아니라 한국인의 음소 체계를 벗어나는 미국인의 발음은 아예 들리지도 않는다. 다시 말해 존재하지도 않는다는 것이다.

구조주의에 의하면, 심지어 어떤 존재가 의식에 마주 대해 있다는 의미에서 대상성이란 것조차 구조의 특정한 성격에 의해 만들어진다고 한다. 근대 회화를 보자. 르네상스 이래 근대 회화는 입체적인 느낌을 주면서 실재하는 대상으로 보인다. 관람자는 자기 눈앞에 정말 회화와 같은 풍경이 펼쳐져 있다고 생각한다. 입체적인 느낌인 대상성은 어디서 나오는가? 사실 원근법 구도에 의해 만들어진 것이 아닌가? 원근법 구도는 그림을 그리는 방식으로, 일정한 구조를 가지고 있다. 사물의 대상성은 그런 구조의 산물인 것이다.

구조주의의 입장에서 본다면 계몽주의 철학은 일종의 기만이다. 객관적인 실재로서 대상은 주관의 개념 구조가 산출한 것에 불과한데, 계몽주의는 이런 사실을 은폐한다. 계몽주의는 객관적인 실재가 존재하고, 주관적인 의식에 직접 현전한다고 설명한다. 계몽주의는 만들어진 것, 역사적인 것을 자연적인 것이며 영원한 것으로 간주하는 일종의 이데올로기이다. 구조주의는 계몽주의가 현전의 신화에 빠졌다고 비난한다. 구조주의는 계몽주의가 객관적인 실재라고 하는 것이 사실은 개념 구조의 산물임을 폭로한다.

데리다는 현전 신화의 기만성은 계몽주의로부터 유래한 근대의 여러 개념들에 숨어들어 있다고 본다. 데리다는 남근 중심주의, 서구 중심주의, 백인 중심주의 등을 예로 들고 있다. 데리다는 지금까지 거론된 것과 다른 또 하나의 현전 신화를 언급한다. 그것이 곧 음성 중심주의이다.

음성 중심주의와 차연

음성 중심주의는 전기 구조주의자들과 데리다 같은 후기 구조주의자들을 구별하는 이정표가 된다. 양자가 구분되는 경계선은 구조라는 개념에 있다. 이미 구조가 변별적인 관계들의 복합체라는 것을 설명했다.

구조를 담지하고 있는 어떤 대상은 눈으로 보아서는 이해되지 않고 반드시 해독되어야 한다. 대상의 의미는 감추어진 개념 구조에 비추어 눈에 보이는 성질을 보아야만 이해된다. 이것을 해독이라고 말한다.

어떤 대상의 개념을 규정하는 구조는 유일하고 보편적이며 완결된 것인가? 전기 구조주의자들은 소쉬르처럼 언어 체계를 모델로 하여 구조의 유일성, 보편성, 완결성을 강조했다. 데리다를 비롯한 후기 구조주자들은 언어 모델을 의심한다. 언어의 구조 체계를 인간 사회의 다양한 구조 체계를 해석하는 모델로 삼을 수 없을뿐더러, 언어 체계조차도 유일하고 보편적이고 완결된 것은 아니라는 것이다.

한국 음식과 서양 음식은 서로 다른 구조를 가지고 있다. 한국 음식은 공간적으로 구성되어 있다. 주요 요소는 밥, 국, 반찬이다. 서양 음식은 시간적으로 구성되어 있다. 전채, 주식, 후식으로 이루어진다. 한국 사람은 음식을 한 상에 차려 먹지만, 서양 사람은 차례로 음식을 날라 온다. 그러다 보니 식사 시간에 시중을 드는 하인, 하녀들이 발달한 모양이다.

최근에는 한국 음식과 서양 음식을 혼합한 퓨전 음식이 등장하였다. 서양 음식에서 후식으로 쓰이는 과일이 상 위에 버젓이 올라오기도 한다. 그렇다면 과일은 한국 음식의 반찬에 해당하는가? 퓨전 음식에서 반찬인가, 후식인가를 따지는 자체가 무의미해진 것이 아닐까?

퓨전 음식은 하나의 대상 개념 속에 다중 구조가 들어 있는 경우이다. 어떤 대상 개념의 경우 표면적으로 구조가 매우 단순하게 보이더라도 사실은 복합적일 수 있다. 임권택 감독의 영화 〈춘향전〉은 고유한 구조를 가지는데, 원래 고전 소설인《춘향전》

을 깔고 있다. 이것에 비추어서 읽어야만 이해된다. 고전 소설 《춘향전》의 구조는 영화 〈춘향전〉의 구조에 배음背音의 역할을 수행한다. 이 경우 하나의 구조는 직접적인 방식이 아니라 사유를 통해 다른 구조를 함축한다.

사유를 통해서 본다면 모든 대상이 복합 구조를 가지고 있는 것이 아닐까? 더구나 하나의 대상에서 복합 구조 자체도 사회나 역사의 변화에 따라 변화되는 것이 아닐까? 어떤 때는 이중적으로 구성되기도 하고, 어떤 때는 삼중적으로 구성되고, 어떤 때는 같은 삼중 구성이라도 구조를 이루는 요소들은 서로 다를 수 있다.

데리다는 구조 자체의 복합성에 주목하면서 전기 구조주의의 입장도 현전의 신화를 근본적으로 벗어나지 못했다고 비판한다. 왜 그런가? 구조가 단일하고 불변한 것이라면 구조가 대상에 고유한 것으로 생각될 수 밖에 없다. 그러면 어떤 구조가 고유한 이유는 무엇인가? 그것이 대상의 본질 또는 객관적인 실재이기 때문이 아닌가? 결국 전기 구조주의는 여전히 객관적인 실재의 현현이라는 현전의 신화에 매달려 있다.

이 지점에서 데리다가 끌어들이는 개념이 '차연différance'이라는 개념이다. 차연이라는 용어에는 약간의 트릭이 들어 있다. 불어 différer는 '차이 나다'와 '지연하다'라는 두 가지 뜻이 있다. 불어로 différence는 '차이'라는 뜻이다. différance(사전에는 없지만 데리다가 différer 라는 말을 명사화시켜 만든 말이다)는 지연을 의미한다.

데리다는 여기서 흥미로운 것을 발견한다. 두 단어는 음소적으로는 동일한 기표이다. 기표 차이는 다만 시각적 문자의 차이인 'e'와 'a'에 있다. 이는 음소의 차이가 없는데 문자의 차이를 통해 의미의 변화가 일어날 수 있음을 보여 준다.

언어학에서 소쉬르는 기표 차이는 음소의 차이로 환원될 수 있다고 보았다. 모든 의미의 차이는 음소의 차이를 근거로 한다는 것이다. 데리다는 위의 예를 들어 음소의 차이가 아닌 문자의 차이 역시 의미의 차이에 기여한다고 본다. 위의 예는 소쉬르의 입장을 비판한다. 언어 기표가 단일한 구조인 음소 구조만이 아니라 음소와 문자라는 복합 구조로 이루어져 있음을 입증한다.

데리다는 차연(차이/지연)이라는 말을 대상의 복합 구조를 상징하는 개념으로 사용한다. 데리다의 작업은 모든 개념 구조 속에 들어 있는 차연의 예들을 발견하는 것이다. 그는 하나의 대상 개념이 지닌 복합 구조를 찾아내고자 한다.

의미의 산종

데리다는 차연을 강조하면서 대상의 구조가 불변적이고 단일한 것이라 보는 전기 구조주의자들을 모두 음성 중심주의라고 비난한다. 초기 구조주의자들은 음성 속에 진리가 있다는 신화 때문에 기표를 음성 체계로 환원했다. 기표 속에 포함된 다른 체계들을 배제하면서 구조의 복잡성을 간과했다는 것이다. 어떤 대상의 개념 구조가 복합적이라는 것은 개념이 개방적임을 말해 준다. 하나의 대상 개념에는 다른 대상 개념이 이미 침투해 들어와 있기 때문이다.

대상의 의미가 개념 구조에 의해 결정된다는 것이 구조주의의 근본 입장이다. 의미가 결정되려면 개념 구조가 확정되어야 한다. 우리가 말하기를 마치지 않으면 의미가 확정되지 않다가, 말을 마치면 비로소 의미가 확정되는 것과 같다. 데리다가 말하듯이 모든 대상 개념이 복합 구조를 가지며, 더구나 이미 다른 개념 구조가 침투할 가능성이 열려 있다면, 어떤 대상의 의미가 확정될 수 없다. 그 의미는 끊임없이 유동적이다. 데리다는 의미의 불확정성, 유동성을 일컬어 의미의 산종이라 불렀다.

의미의 산종과 관련하여 아주 흥미로운 예가 있다. 필자는 대학 시절 실존주의에 빠졌다. 그때 실존이란 자기의 내면에 충실한 것을 의미했다. 순간적인 느낌과 양심의 부름이 시키는 대로 하라. 어떤 복종도, 합리적인 이성도 거부하라는 것이 실존의 의미였다.

대학 이후로도 실존이라는 개념은 여전히 필자를 사로잡았으나, 실존에 대한 이해가 다르게 되었다. 이 시절 실존이라는 말의 의미는 고독을 의미했다. 어떤 누구도 나의 고통과 슬픔을 알지 못했고, 설혹 알더라도 도움이 되지 못했다. 모든 것을 혼자서 짊어지고 가는 것이 실존이었다.

매번 실존의 의미가 너무나도 확실하게 다가왔다. 그러면서도 실존의 의미를 제대로 이해하지 못했다는 생각이 항상 구석에 남았다. 그러기에 더욱 실존이라는 말을 철저하게 이해하기 위해 매달렸는지 모른다. 의심을 메울 수 없어 다시 증거를 찾아 떠나려는 의처증 환자와 같았다.

지금 반백이 넘은 나이에 실존이란 말의 의미는 또 변화되었다. 실존은 다가오는 죽음을 의미하고, 삶의 허망함을 의미하게 되었다. 이조차 제대로 이해한 것인가? 의미가 앞으로 어떻게 바뀔지 모른다. 아마도 영원히 불확정적이지 않을까? 만일 데리다를 만났다면 '그게 바로 의미의 산종이지' 하고 말해 주었을지도 모른다.

보충 대리와 파르마콘

데리다는 개방 구조를 가진 것을 차연이라 하면서 이 개념을 더욱 철저하게 천착해 들어갔다. 차연과 관련된 또 하나의 개념이 보충 대리라는 개념이다. 철학에서 루소가 처음 사용했다고 하나, 원래 법률학 용어이다.

법에서 행위 능력이 없는 자를(미성년자, 한정 치산자) 대신해서 법률 행위를 수행하는 자를 보충 대리라고 말한다. 보충 대리는 전반적인 권한에 미치고 있으나, 이에 반해 지정 대리란 특정한 법률 행위에 한하여 대신한다. 법무사가 부동산 등기를 대리하는 경우가 지정 대리이다.

보충 대리는 한편으로는 법의 이념인 개인의 자치가 한계에 부딪히는 것을 보완하기 위해 등장했다. 다른 한편으로는 보충 대리가 피대리자를 대변하는 한계를 넘어서서 피대리자를 침해하는 월권을 기도할 수도 있으니 개인의 자치라는 법의 이념을 파괴하기도 한다.

루소는 법적인 보충 대리 개념을 자연과 교육의 관계 등에 적용했다. 교육은 자연적으로 자기를 계발할 능력이 없는 자에게 필요하다. 교육은 자연적인 자유 의지의 능력을 길러 주지만, 때로는 자유 의지의 능력 자체를 파괴해서 권위에 복종하도록 만들기도 한다.

차연의 개념을 설명하기 위하여 데리다는 플라톤의 '파르마콘 pharmakon'이라는 개념을 빌려 오기도 한다. 파르마콘이란 오늘날 약을 의미하는 그리스어인데, 본래는 '독을 지닌 당근'이란 말이다. 주술사가 치료를 위해 사용하는 물질이었다. 독은 원래 자연에서 자연적으로 형성된 하나의 생명체이다. 생명을 파괴하는 위험을 지니지만, 인체에 깃든 병마를 제거하는 기능을 지니기도 한다.

플라톤은 글과 말의 관계에서 파르마콘이라는 개념을 사용했다. 플라톤은 말은 직접적인 목소리여서 화자의 의도를 성실하게 드러낸다고 본다. 반면 글은 말하는 사람의 직접적인 의도와 상관없이 해석자의 의도에 따라 재해석될 가능성이 있다. 결국 말했던 자를 배반할 수도 있다. 다만 글에는 말의 의도를 오랫동안 보관할 수 있다는 긍정적인 기능도 있다. 이런 점에서 글은 말에 대하여 파르마콘에 해당한다고 한다.

보충 대리라는 개념이나 파르마콘이라는 개념은 모두 차연이라는 개념을 드러내 주는 비유적 개념이다. 보충 대리는 자신을 보완하는 것이 자기를 부정하게 된 경우이다. 파르마콘은 자기를 부정하는 것이 오히려 보완하는 경우이다. 방향이 정반대이기는 해도 보충 대리나 파르마콘은 모두 어떤 것 속에 대립하는 무언가가 이미 들어 있는 경우이다. 모두 차연이라는 개념이 상징하는 구조의 복합성을 보여 주는 비유 개념들이다.

데리다의 차연 개념은 헤겔의 모순 개념과도 닮았다. 헤겔의 모순 개념은 어떤 대상의 내부에 이미 그 대상에 대립하는 다른 대상이 들어 있다는 것을 말한다. 헤겔에게서 대상과 다른 대상 사이의 외면적인 대립이란, 대상과 그 내부에 들어 있는 다른 대상 사이의 내적인 대립을 기초로 한다. 사람들은 외면적인 대립에 부딪히면 보이지 않는 힘이 자신을 방해하고 억압한다고 생각한다. 이런 생각은 일종의 이데올로기적인 혼란이다. 헤겔은 외면적인 대립이 생기면 토대가 되는 내적인 대립을 찾아 해결해야 한다고 주장한다.

철학의 해체

모든 대상 개념은 복합 구조를 가지고 있다. 현전의 신화가 작동하면 복합 구조가 단순화되어 단일한 구조로 환원된다. 현전의 신화는 환원과 더불어 생겨난 특정 구조를 사물에 고유한 것, 본질적인 것으로 간주한다. 데리다는 현전의 신화를 이데올로기화 작업에 해당한다고 본다.

그렇다면 어떤 이데올로기화된 대상의 단일 구조라는 개념에서 해방되는 길은 어디에 있는가? 현전의 신화에 의해 배제되고 은폐된 구조적인 복합성인 차연을 찾아내는 것이다. 특히 보충 대리나 파르마콘에 해당하는 것을 찾아내야 한다. 차연을 찾아내면 고정되고 완결된 의미가 붕괴된다. 어떤 것의 의미는 불확실해지며 유동적으로 된다. 실제 세계의 모습은 모호하다. 모호한 것을 단순한 것으로 환원하여 확신을 부여하는 것이 이데올로기이다. 이데올로기를 벗어나서 본래 모호한 세계의 모습을 되찾는 것이 데리다가 요청하는 해체 작업이다.

데리다의 해체는 현대의 문화 비평에 광범위하게 사용되었다. 데리다가 유명해진 것은 미국에서 일단의 비평가들이 그의 방법론을 문학 비평에 사용했기 때문이다. 이후 해체 개념은 다양한 실험 예술가들이 권위를 전복할 때 사용되었다. 데리다 자신이 건축에 관심을 가지면서 해체 건축의 가능성을 모색하기도 했다.

데리다의 해체주의가 칼날을 겨누고 있는 진짜 표적은 철학이다. 철학은 플라톤 이래로 서구 형이상학의 근간을 이루면서 모든 이데올로기 중에서도 가장 핵심적인 기능을 수행해 왔기 때문이다. 데리다는 스승인 하이데거의 형이상학 극복이라는 과제를 철학의 해체 작업을 통해서 계승한다.

철학의 해체를 위해 데리다는 철학에 내재하는 차연을 발견하려 한다. 여기서 은유라는 개념이 철학의 차연으로 제시된다. 은유란 감각적인 유사성에 기초한 사유를 말한다. 문학과 예술에서 많이 사용되는 은유적인 사유는 논리적인 사유에 단적으로 대립되는 것으로 간주해 왔다. 일반적으로 철학은 논리적인 사유로 여겨진다. 논리적인 사유의 원리는 **A**는 **A**라는(또는 비**A**가 아니다) 동일률(또는 모순율)을 근거로 한다. 철학자들은 동일률에 따른 사유에 자부심을 가지고 은유에 몰두하는 예술가들을 추방하려 했다. 그것이 플라톤이 시인을 공화국에서 추방하려 했던 이유이기도 하다. 철학은 정말로 동일률의 원리에 충실했을까?

아마도 철학자의 이상은 소크라테스일 것이다. 가장 진지하고 성실했던 철학자로 소크라테스를 넘어설 사람이 있을까? 그럼 소크라테스를 살펴보자.

소크라테스는 시장 바닥에서 사람들을 만나기만 하면 토론으로 끌어들이면서 사물에 관한 정의의 문제를 제기했다. 이것이 논리적인 사유이다. 소크라테스는 논리적인 사유에 충실했으나,

결과적으로 청년들을 타락시켰다는 오명을 들으면서 독배를 마셨다. 소크라테스의 생애를 보면 철학자는 논리적인 사유에 철저하게 충실했던 것처럼 보인다.

데리다는 철학자들이 논리적인 사유에만 의존한 것은 아니라고 한다. 이미 많은 철학에서 논리적인 사유에 대립하는 은유의 흔적이 발견된다. 철학적인 사유에 내재하는 은유는 순수한 철학적 사유가 배제하지 못하고 남아 있는 찌꺼기가 아니다. 오히려 은유는 철학적인 사유의 한계를 보완해 왔다. 은유 없이는 철학적인 사유가 자립할 수 없다는 것이다. 나아가 철학적인 사유의 기초가 되는 토대에 은유가 자리 잡고 있으며, 철학은 은유 위에 세워진 집에 불과하다. 철학적인 사유의 토대인 은유를 데리다는 플라톤 철학에 나타나는 태양 은유를 통해 직접 보여 준다.

플라톤의 대표 저서《국가》의 마지막 부분에 유명한 동굴 비유가 나온다. 동굴에 갇힌 죄수는 동굴 밖으로 걸어 나와 환하게 비추는 태양 빛 아래에서 사물의 객관적인 실재인 진리를 본다. 어둠에 익숙한 죄수는 처음에는 눈이 부셔서 아무것도 보지 못한다. 점차 죄수는 사물의 진리를 확인하면서 동굴 속의 그림자들에 환멸을 느낀다. 동굴 밖의 진리를 본 죄수는 다시 동굴로 들어가 동료들에게 진리를 전달하려 한다. 플라톤은 철학자로서 현실 정치에 참여했다가 노예로 팔리기까지 했던 자신의 운명에 온갖 회한을 담아 동굴 속으로 돌아가는 영웅의 발걸음을 묘사했다.

동굴 비유는 감각을 통해 사물을 파악하는 것의 한계를 지적하고 진리를 향한 인식의 도정을 알기 쉽게 보여 주기 위함이다. 이 이야기에서 진리 인식은 태양 빛에 비유된다. 태양 빛에 비추면 모든 만물이 환하게 드러나듯 진리 앞에서 사물은 어떤 감춤도 없이 드러난다는 것이다. 태양 빛의 비유는 진리 인식을 쉽게

프랑크 게리Frank Gehry, 춤추는 빌딩, 1996년
댄싱 하우스라는 이름이 붙게 된 이유는 남녀가 춤을 추는 듯한 형상을 하고 있어서다.
건축이 기능적이어야 한다는 모더니즘 건축관의 해체를 보여 준다.

이해시키는 비유적 표현만은 아니다. 태양 빛의 비유는 진리 인식의 토대가 되는 것이다. 왜 그런가?

플라톤에서 진리 인식이란 진리가 눈앞에 나타남, 곧 현전이라고 규정된다. 현전이란 무엇인가? 현전이란 말은 본래 빛이 비춘다는 것에서 나온 말이다. 현전이란 말 자체가 하나의 비유이자 태양 빛의 은유인 셈이다. 철학자들은 진리의 개념을 태양 빛의 은유를 통해 비로소 이해하게 되었다. 태양 빛의 은유가 없었다면 진리라는 말 자체가 생각나지 않았을 것이며, 진리를 추구하는 철학 자체도 성립하지 않았을 것이다.

철학의 지반이 된 태양 빛의 은유는 오랫동안 철학을 지배해 왔다. 근대 철학의 아버지 데카르트도 태양 빛의 은유를 토대로 자기 철학을 전개했다. '생각하므로 존재한다'라는 데카르트 철학의 제일 원리도 '자연의 빛'에 의해 밝혀진 것이라고 말한다. 데카르트는 자신의 원리가 '자연의 빛'에 비추어 의심할 수 없는 진리라 주장했다.

데리다는 오랫동안 철학이 현전의 신화에 매달린 것은 태양 빛의 은유가 철학의 토대가 되어 왔기 때문이라고 한다. 현전의 신화를 벗어나기 위해 철학은 자기의 토대를 부수어야만 한다. 태양 빛의 은유를 벗어나야 한다.

데리다의 해체 작업은 매우 경쾌한 걸음으로 현전의 신화에 기초한 근대 세계를 전복한다. 그가 일으키는 전복은 작은 것에서 출발한다. 그는 대상 속에서 지금까지 무시되어 왔던 아주 사소하고 우연적인 사건들을 끄집어낸다. 이 사건들이 대상의 주변에 놓여 있어 대상에서 배제되지만, 실은 대상 자체에 가장 근본적이며 토대가 된다는 점을 밝혀낸다.

데리다의 해체 작업은 대상을 전복시킴으로써 대상을 풍자하는 유희만은 아니다. 그것은 현전의 신화 세계에 속박된 주관성을 해방하고자 하는 혁명적인 열의를 바탕으로 한다.

보드리야르와
현대인의 욕망

소비 사회는 자본주의적 소외 구조상 억압된 차이의 욕망을 이용하여 욕망을 대리로 만족하는 상품을 개발한다. 대리 상품은 차이의 기호이다

주관의 문제

　1960년대 학생, 지식인의 혁명 과정에서 관료 권력에 못지않게 주요한 문제가 주관의 문제였다. 전후 사회를 건설했던 사람들은 전쟁의 공포를 체험하고 폐허 속에서 가난을 겪었던 이들이었다. 가난과 전쟁으로 깊은 상흔을 가지고 있었다. 그들은 상흔을 오직 살고자 하는 생존 의지로 견디어 냈다. 근면 성실한 생활 태도, 한 푼이라도 저축하고 소유를 늘리려는 욕망, 소비를 통해 채워지는 만족감으로 자신을 지탱했다. 가족과 국가에 대한 충성심이 그들의 뼈대를 이루었다. 성적, 도덕적인 경건성은 그들의 위엄이었다.

　1960년대 관료주의 권력에 대한 저항은 내면에 존재하는 성적, 도덕적인 경건성과 소비주의, 소유욕, 가족에 대한 충성심 등을 향한 도전이기도 했다. 1960년대 혁명은 정치 혁명이면서 동시에, 아니 그 이상으로 강력한 문화 혁명이었다. 문화 혁명은 미국에서는 히피의 음악 축제로 나타났지만, 프랑스에서는 정신분석학의 유행으로 나타났다. 히피가 온몸으로 새로운 주관의 해방을 실천했다면 정신분석학은 주관의 해방 방향을 제시했다.

68혁명은 실패로 돌아갔다. 혁명 실패에도 불구하고 주관의 해방이라는 문제의식은 계속되었다. 혁명이 실패함으로써 문제의식은 도리어 강화되었다. 프랑스에서 68혁명에 앞장섰던 지식인들은 대중들의 억압된 주관성에서 실패의 책임을 찾았다. 그들은 68혁명에서 미진했던 문화 혁명을 더욱 철저하게 수행하고자 했다. 68혁명 뒤에 정신분석학은 더욱 강렬한 관심 대상이 되었다.

라캉 정신분석학의 영향

미국 정신분석학은 자아 중심적이다. 정신분석학은 미국적인 가치인 개인주의, 낙관주의, 현실주의와 결합하였다. 사회에 적응하지 못하는 인간은 자아의 통제력 부족으로 설명된다. 무의식의 쾌락 원칙은 원래 비사회적이고 파괴적인 것으로 간주한다. 반면 자아는 현실 원칙을 통해 활동한다. 인간은 현실 원칙을 통해 타인과 적절한 관계를 가질 수 있다. 자아에 의해 무의식을 통제하는 다양한 기법이 개발되었다. 미국에서 정신분석학은 의학적인 치료법으로 발전하였다. 정신분석학은 임상 훈련을 통해서만 분석자의 자격을 얻을 수 있는 고도로 엘리트적인 학문이 되었다.

문화 배경이 다른 프랑스에서는 정신 의학의 전통과 구조주의

라캉

철학의 영향을 받아 라캉의 독특한 정신분석학이 발전하였다. 라
캉은 무의식의 구조가 언어로 이루어진다고 하면서 애매모호했던
정신분석학을 일신했다. 정신분석학은 분석자가 자기를 환자에
투사할 위험에서 벗어나 언어 질서에 따른 엄격한 학문이 되었다.

  정신분석학은 병을 치료하는 목적이 아니라 인간을 이해하는
학문이 되었다. 라캉은 인간에 관한 한 자아가 아니라 무의식이
지배적이라는 점에서 비관적인 입장을 취했다. 그는 정신분석학
을 임상 훈련과 전문 의사 제도에서 해방해 지식인의 자유로운
해석적 실천이 되도록 하였다. 결과적으로 라캉의 정신분석학에
많은 예술가와 철학자들이 참여했다. 그의 학교에는 입학 자격

이 없다. 라캉은 분석자를 인가하는 것은 오직 분석자 자신뿐이
라고 주장했다. 정신분석학이 대중화되었다.

라캉의 정신분석학이 미친 영향은 광범위했고, 계몽주의의 자아
중심주의를 비판하는 핵심이 되었다. 라캉의 이론은 좌파의 정치
무기가 되었다. 그것은 문화 혁명을 수행하는 결정적인 무기였다.

근대인의 욕망 개념

라캉의 이론은 1960년대 사회의 소비주의를 비판하는 결정적
인 입각점을 제공했다. 보드리야르Jean Baudrillard는 라캉의 이론을
적용하여 1960년대 소비주의를 비판했다. 그는 소비주의로부터
주관이 어떻게 해방되는가 하는 문제를 해명하려 하였다. 그의
설명을 이해하는 출발점은 욕망 개념이다.

우선 근대 인간의 욕망 개념을 경제인, 즉 호모 에코노미쿠스
Homo economicus라는 개념을 통해 살펴보자. 근대 자본주의 인간을
대표하는 이 개념은 경제학 원론에서 자본주의 경제학의 전제로
제시된다. 경제인이란 어떤 인간을 말하는 것일까?

경제인은 본능적이고 자연적인 욕망을 행동의 원동력으로 갖
고 있고, 자기 욕망이 무엇인지를 분명하게 의식하고 있고, 자기
욕망을 자유로운 의지로 수행할 수 있고, 자기 욕망에 최대한 만

보드리야르

족을 줄 수단을 선택한다. 이 점에서 그는 합리적이고, 다만 사회적인 생산의 한계와 유효 수요에 의해서만 욕망을 제한하고, 욕망을 충족하는 유용한 것들을 쉬지 않고 생산하는 인간이다. 그의 욕망은 자연적이며 자유롭고, 자각적이며 합리적이다.

이런 욕망 개념은 일찍부터 비판됐다. 욕망의 사회 문화적인 상대성이 널리 알려졌다. 아무리 배고프더라도 서구인은 개고기를 먹지 않는다. 한국인이 절대 달팽이 요리를 먹지 않는 것과 마찬가지다.

욕망의 상대성에 착안하여 갤브레이스John Kenneth Galbraith는 욕망이 인위적인 방식으로 만들어진다는 점을 강조했다. 대량 생산 체제는 대량 소비가 가능하도록 사회 보장 정책을 통해 유효 수요를 증대하였다. 그에 못지않게 상품의 적극적 구매를 위한 광고 전략도 발전시켰다. 심리학에서 개발된 자극과 반응 모델이 광고 전략에 사용되었다. 이 전략은 상품의 유용성, 기능성, 경제성을 반복 강화하여 소비 욕망을 창출한다. 갤브레이스는 이것에 '인위적 가속 장치'라 이름 붙였다. 그는 자연적인 욕망과 달리 인위적인 욕망이 존재하며, 인위적인 욕망이 현대인에게는 더 압도적인 부분이라고 주장했다.

갤브레이스의 이론에서 인위적인 욕망은 자연적인 욕망의 확장이다. 인위적인 욕망은 자연적인 욕망을 반복 강화하는 학습으로 얻어지기 때문이다. 갤브레이스의 비판은 자연적인 욕망이 기초가 된다는 점에서 근대 경제인의 개념을 근본적으로 비판하는 것은 아니었다.

과연 궁극의 자연적인 욕망이란 있을까? 욕망은 최종적으로 자유롭고 자각적이며 합리적일까? 물음에 부정적인 대답은 다음과 같은 예들을 보면 쉽게 찾을 수 있다. 오늘날 많은 광고들을 보면 상품의 유용성과는 전혀 상관없는 방식으로 광고가 이루어진다. 이른바 이미지 광고라고 하는데, 자연적인 욕망과는 다른 욕망 개념을 보여 준다.

좀 오래된 예이기는 하지만, '그린 소주'의 광고를 보자. 그린 소주에 과연 얼마만큼의 자연이 들어 있을까? 겨우 몇 알갱이의 아스파라긴산으로 '그린'이 될 수 있는가? 그런데도 많은 사람들은 그린 소주를 마시며 자연을 실제로 느낀다.

대체로 이미지 광고는 현실에서는 더 이상 발견할 수 없는 것들을 자극한다. 자연이니, 사랑이니, 개성이니, 자유니 하는 것들은 인간이 소외된 자본주의 현실에는 더 이상 존재하지 않는다. 그것들은 존재하지 않아서 오히려 현대인들이 간절하게 소망하는 것들이다. 이미지 광고가 광고하려는 상품은 현대인들이 소망하는 것들과는 100퍼센트 무관하다. 그런데도 사람들은 광고 상품을 소비하면 자신의 소망이 조금이나마 실현되었다고 생각한다. 웃기는 것은 단순히 느끼는 척이 아니라 실제로 그와 같은 느낌을 갖는다는 사실이다.

소비자들의 태도를 좀 더 면밀하게 살펴본다면 어떤 병적인 증상이 나타난다. 소비자들은 처음에는 상품 광고를 보고 대체로 웃긴다는 반응을 보인다. 해당 상품이 광고가 소구하는 목표인 현대인의 소망과 전적으로 무관하다는 점을 잘 알기 때문이다. 그런데 머지않아 소비자들의 마음속에 광고 문구가 갑작스럽게 떠오른다. 사랑이라는 감정이 연인의 마음을 장악해 들어가듯 광고 문구가 소비자들을 지배한다. 급기야 해당 상품을 구입하고 싶은 충동이 발생한다. 충동은 순식간에 소비자들을 안절부절못하게 만든다. 어느새 충동의 노예가 되어 버린 것이다.

결국 무리에 무리를 범하면서까지 상품을 구입하고 만다. 서너 번 상품을 사용하고 나면 얼마나 사고 싶어 했는지 까맣게 잊어 버린다. 무슨 고물 장난감처럼 창고에 처박아 버리고 만다. 소비자들은 고물을 내버리기 위해 이삿날만 손꼽아 기다릴 것이다.

현대의 이미지 광고는 근대인의 자연적인 욕망 개념으로는 전혀 이해할 수 없는 것으로 보인다. 이 점을 착안하여 현대인의 욕망 개념을 새롭게 포착하려 했던 철학자가 보드리야르이다. 그는 라캉의 정신분석학적인 개념을 이용하여 현대인의 욕망에서 '차이의 생산'이라는 개념을 발전시켰다.

보드리야르의 욕망 이론

라캉은 인간의 욕망을 설명하면서 몇 가지 주요한 개념들을 제시했다. 인간의 욕망은 타자의 욕망에 지배된다는 것(욕망의 타자성), 욕망은 미시적이고 충동적이고 자기 증식적이라는 것(충동적인 욕망), 쾌락을 추구하는 욕망과 파괴를 추구하는 욕망이 이원적이라는 것(욕망의 이중성) 등과 같은 개념들이다. 라캉은 또한 주체가 욕망을 충족하는 양상에 따라 상징계, 상상계, 실재계라는 개념들을 도입한다. 라캉의 욕망 개념들을 보드리야르는 다음과 같은 세 가지 개념으로 단순화하였다.

욕망의 유동성

현대인의 욕망은 끝없이 이동한다는 특징이 있다. 학생의 욕망은 처음에는 청바지로 출발해 워크맨으로, 컴퓨터로, 핸드폰으로 이동해 간다. 귀부인의 욕망은 다이아몬드 반지에서 모피 코트로, 강아지로, 마침내 미술품에 이른다.

욕망은 동일한 욕망의 무한한 반복이 아니다. 욕망은 끊임없이 다른 곳으로 이동한다. 보드리야르는 현대인의 욕망을 히스테리 증상과 비교하고 있다. 히스테리 환자의 증상도 끊임없이 이동한다. 팔에서 어깨로, 다리로……. 히스테리 증상의 이동성은 증상이 나타나는 팔과 어깨와 다리에 원인이 있지 않고 근본적으로 다른 곳에 있기 때문이다. 히스테리 환자의 증상이란 감추어진 원인을 암시하는 기호이다.

마찬가지로 인간의 욕망이 끊임없이 이동한다면 사실은 원인이 다른 곳에 있을 것이다. 물론 청바지는 질기고 다이아몬드는 아름답다. 그것들을 자연적인 가치를 가지고 있지만, 학생이나 귀부인은 그 때문에 욕망하는 것이 아니다. 영원히 충족되지 못하는 근원적인 욕망이 원인이다. 이동하는 욕망은 근원적인 욕망을 지시하는 기호일 뿐인 것이다.

욕망의 충동성

우리가 핸드폰을 원할 때는 핸드폰만 있으면 모든 것이 해결될 듯한 느낌을 가진다. 정말로 필요해서 없으면 도저히 살 수 없을 것 같다. 참고 참다가(돈이 부족하니까) 어느 날 갑자기 미친 듯이 달려가서 핸드폰을 사고 만다.

핸드폰을 가지면 처음 이유가 되었던 많은 것들이 정말로 충족되는가? 아니다. 부풀었던 기대는 연기처럼 사라지고, 밤하늘의 네온사인처럼 야릇하던 상품은 그저 죽은 고철처럼 보인다. 그토록 필요했던 핸드폰이 사실은 없어도 되는 물건이었다는 점을 깨달으면 간절했던 욕망의 정체가 의심스러워진다. 어린아이는 장난감을 가지고 싶어 울고불고 야단을 치지만, 정작 장난감을 사 주면 사흘 만에 싫증을 내고 다시는 거들떠보지도 않는다.

욕망은 합리적인 이유를 갖지 않고 충동적으로 일어난다. 충동은 너무나 간절해서 그 충동에 붙일 수 있으면 어떤 이유라도 상관 없이 갖다 붙인다.

고통의 향유

향유란 쾌락을 느낀다는 의미이다. 단순한 만족감과 구분해서 아주 강한 쾌감을 동반할 때 향유jouissance라 한다.

원래 욕망이란 충족이 되고 나면 쾌감을 얻는다. 그런데 현대인의 많은 욕망에는 쾌감과는 무관한 것도 많다. 고통을 당하는

데 도리어 쾌감을 느끼는 현상은 정신병 환자에게서 자주 발견되는 증상이다. 우울증 환자가 자살하려고 자기 머리를 드릴로 뚫는다고 하자. 만약 고통스럽다면 뚫지 못할 것이다. 우울증 환자는 자기 머리를 드릴로 뚫는 순간 야릇한 쾌감을 느낀다. 고통이 섞인 쾌감, 아니 고통에 의해 강화된 쾌감이다.

현대인도 고통스러울 뿐인 욕망을 추구하는 경우가 많다. 남들이 보기에는 고통이지만 자신에게는 고통이 아니다. 그 자신은 야릇한 미소를 띠면서 쾌감을 느낀다. 지옥과 같은 바캉스를 죽자고 떠나는 사람들, 엑스포 전시장에서 몇 시간이고 인파에 떠밀리면서도 입장을 기다리는 사람들, 날씬해지려고 굶기를 밥먹듯이 하는 여학생들, 정력을 위해 무엇이든 먹어 치우는 남자들을 생각해 보라. 이런 예들을 보면 보드리야르가 현대인의 욕망이 지닌 특성으로 고통의 향유를 든 것은 전혀 엉뚱하지 않다.

소비 사회

보드리야르는 욕망 개념의 분석을 소비 사회라는 자본주의 사회 분석과 연결했다. 그가 말하는 소비 사회는 단순히 풍요로운 소비가 가능한 사회, 소비가 미덕인 사회를 의미하지는 않는다. 상품이 지닌 기호 가치의 소비가 중심이 되는 사회를 의미한다.

기호 가치란 무엇인가? 마르크스는 상품이 사용 가치와 교환 가치를 지닌다고 했다. 사용 가치는 상품이 인간에 대해 지니는 효용성을 의미한다. 교환 가치란 상품이 다른 상품과 교환되는 비율을 의미한다. 모든 상품은 결국 인간의 노동과 교환된다. 교환 가치란 노동량으로 표현되는 가치이다. 보드리야르는 마르크스의 두 가치 개념에 덧붙여 기호 가치를 제안한다.

기호 가치와 유사한 개념으로는 상징 가치도 있다. 어떤 사람이 애인에게 장미를 바친다면 장미의 사용 가치나 교환 가치 때문이 아닐 것이다. 자신의 마음속 사랑을 표현하기 때문에 장미를 바친다. 이때 장미는 사랑을 표현하는 상징 가치를 지닌다고 한다.

어떤 상품이 본래의 가치가 아니라 대체하는 다른 것으로 욕망된다고 할 때를 상품의 기호 가치라 한다. 여기서 대체되는 것은 유사성에 기초한 상징이 아니라 관습적이고 인위적인 관계에 기초한다. 기호 가치라는 개념은 오늘날 상품의 이미지화 과정을 생각해 본다면 쉽게 이해될 것이다. 청바지는 질기다는 특징이 아니라 젊음의 표상이라는 기호 가치로 구매되지 않는가? 삼성 노트북을 사용한다면 노트북의 본래 가치보다는 삼성이 가진 브랜드 이미지 때문이 아닐까? 이때의 브랜드 이미지가 기호 가치이다.

기호 가치는 욕망의 억압 현상과 밀접하게 연관되어 있다. 기호 가치를 보고 상품을 욕망한다면 인간이 욕망하는 어떤 본래의 것을 대체하기 때문이다. 왜 대체되어야 할까? 본래의 것을 욕망하

소비 사회의 한 단면

기가 금지되거나 억압되었기 때문이 아닐까? 우리는 본래의 욕망이 무엇인지, 왜 억압되는지를 묻기 전에 우선 욕망의 억압과 관련된 몇 가지 사실들을 주목해야 한다.

먼저 욕망의 유동성이라는 것을 보자. 정신분석학에서 인간의 근원적인 욕망은 억압된다. 억압된 욕망은 대체적인 방식으로 충족된다. 정신분석학에서 증상이란 욕망을 대체하는 것을 의미한다. 대체적인 증상이 욕망을 대리적으로 만족시키기는 하지만, 본래의 근원적인 욕망과는 무관하다. 대리적인 만족과 근원적인 욕망 사이에 괴리가 존재한다. 그 사이에 관계가 있다면 우연한 인접 관계일 뿐이다.

상품이 본래 욕망하는 것을 대체한다면 본래의 것을 대리 만족 시키기는 해도 양자는 무관하다. 상품은 근원적 욕망과 인위적 광고를 통해 연결되어 있을 뿐이다.

기호 가치는 현대 자본주의의 요구와도 밀접하게 연관되어 있다. 대량 생산 체제를 유지하기 위한 대량 소비는 어떻게 가능한지가 현대 자본주의의 근본 문제이다. 대량 소비를 위해 복지국가를 통해 유효 수요가 만들어지고, 갤브레이스 식의 인위적 기속 장치로 욕망이 강화되기도 한다. 그것만으로는 충분하지 못하다. 욕망의 자연적, 현실적인 한계가 존재하기 때문이다.

보드리야르는 자본주의 사회에서 소비의 한계를 돌파하는 방식이 상품의 기호화와 연관된다고 말한다. 상품이 기호화된다면 본래의 욕망이 억압되고 유동화되어서 어떤 상품도 본래의 욕망과 관계될 수 있기 때문이다. 본래의 욕망이 억압된 만큼 상품을 통한 충족은 그 욕망을 충족시킬 수 없다. 여기서 대체 욕망은 무한히 증식되니 소비의 무한한 가능성이 열리면서 마침내 상품의 기호 가치가 강조되는 소비 사회가 열렸다.

차이와 자본주의의 소외

앞에서 설명했듯이 상품의 기호 가치가 소비되는 소비 사회가

414

성립되려면 본래 욕망의 억압이 전제되어야 한다. 욕망의 억압 문제를 좀 더 면밀하게 분석해 보자.

정신분석학에서 인간의 본래의 욕망은 성적 욕망이지만, 인류 사회의 기본적인 가족 구조로 인해 성적 욕망은 억압된다.[54] 성적 욕망은 굳이 자본주의 사회가 아닌 모든 사회에서도 억압된다. 보드리야르는 정신분석학적인 설명보다는 사회학적인 설명을 끌어들인다. 그는 자본주의 사회에 주목하면서 욕망의 억압을 설명하려 한다.

자본주의 사회는 일반적으로 상품의 교환 가치가 강조되는 사회이다. 인간 역시 교환 가치로 간주한다. 인간은 어떤 기능을 가진 존재이거나, 어떤 사회 신분에 속하는 존재이다. 자본주의 사회에서 인간의 본래성은 소외된다. 소외는 자본주의의 사회 구조상 나타나지만, 1960년대 들어와서 사회가 관료적으로 지배되고 포드-테일러 시스템이 확산되면서 더욱 강화되었다.

보드리야르는 여기서 인간의 차이에 대한 갈망이 발생한다고 한다. 차이는 개인적인 차이이다. 너와 나의 차이는 개인의 특이성이나 개성을 의미한다. 차이라는 개념은 실존 개념을 바탕에 깔고 있다. 나의 실존은 나의 개성, 나의 차이이다. 차이에의 욕망은 소외된 자본주의 사회에서는 실현될 수 없다. 차이와 실존에 대한 욕망은 자본주의 사회에서 구조상 억압된다.

소비 사회는 자본주의적 소외 구조상 억압된 차이의 욕망을 이용하여 욕망을 대리적으로 만족시키는 상품을 개발한다. 대리 상품은 차이의 기호이다. 스타벅스 커피를 마시면서 청년들은 자신이 지적이고 자유로운 존재라고 믿는다. 주상 복합 아파트에 살면서 사람들은 자신이 성공한 존재임을 즐거워한다.

속담에 병 주고 약 준다는 말이 있는데, 자본주의야말로 그렇다. 차이를 억압하는 자본주의는 차이와 실존을 대신하는 기호적인 차이를 상품으로 제공하면서 영원히 무너지지 않는 소비의 제국에 이르게 되었다. 억압된 차이에의 욕망은 끝없이 기호적인 상품 사이에서 유동하므로 소비는 한없이 계속되는 것이다.

기표 작용

하나의 상품이 기호가 되는 메커니즘은 무엇인가? 보드리야르는 기표 작용에 주목한다. 구조주의에서 나온 용어인데, 하나의 기표는 다른 기표와 일정한 체계 속에 들어 있어야 비로소 의미를 지닐 수 있다는 뜻이다. 어떤 기표가 의미를 지닌다면 체계적인 관계 속에 있는 다른 기표를 전제하고 있다.

내가 청바지를 입는다면 기호 가치, 곧 의미가 무엇일까? 청바지를 자체로만 본다면 의미를 알 수가 없다. 청바지는 양복이나 한복과 일정한 체계 속에 들어 있다. 기표들의 체계를 고려해 보면 청바지는 샐러리맨도, 노인도 아닌 청년을 의미한다.

기표 작용의 측면에서 분석해 본다면 하나의 상품 소비는 단일한 개인의 행위가 아니다. 다른 사람의 소비 행위를 전제로 한 집단적인 행위이다. 양자는 일정한 기표 체계로 서로 묶여 있다. 집단적인 소비 행위는 개별적으로 본다면 개인의 선택이다. 개인의 선택은 타자와의 차이이며, 실존적인 선택이다. 그러나 어떤 개인의 선택도 전제된 기표 체계를 벗어날 수 없다. 모든 사람들의 선택은 동일한 기표 체계 위에서 일어나는 한 모방적인 행위에 불과하다.

50대가 된 내가 한복을 입고 나타나면 청년들이 청바지를 입는 습관에 맞서 나의 차이를 주장하는 것이다. 한복은 나의 실존성이라는 기표이다. 나는 한복을 입은 나의 고유성에 자부심을 느낀다. 나는 청바지를 입은 청년과 신사복을 입은 샐러리맨에 대립한다. 나의 행위는 청바지냐, 신사복이냐, 한복이냐 하는 기표 체계 속에서 규정된다. 청년이나 샐러리맨도 마찬가지이다. 셋은 모두 동일한 기표 체계 위에서 유희를 전개한 셈이다. 결국 청년들이 청바지를 입는 행위를 모방해서 나는 한복을 입었다고 말할 수 있다. 나의 실존적인 선택은 사실 모방 행위에 불과하다.

최소 한계 차이

보드리야르는 소비 사회에 '최소 한계 차이'라는 개념을 도입한다. 경제학에서 나온 한계 효용이라는 개념에 빗대어 일종의 패러디로 제시된 개념이다. 경제학에서는 양이 추가되면서 효용도 증가한다. 이 비율은 점차 둔화된다. 처음에는 일정량이 추가되면 효용의 일정 단위가 증가한다. 나중에는 같은 양이 추가되어도 효용이 그만큼 증가하지 않는다. 이것이 한계 효용의 법칙이다.

소비에도 한계 소비의 법칙이 있다. 한계 효용의 법칙이 '양→질'의 관계라면, 한계 소비의 법칙은 '질→양'의 관계이다. 소비에서 일정한 질적 차이를 불러일으키기 위해서는 소비량의 일정한 증가가 요구되는데, 그 비율은 날로 증가한다. 높은 수준의 소비에 이르려면 소비의 화폐 가치를 그전보다 대폭 증가해야 한다. 이 법칙은 귀족적인 소비품이 질적 차이에 비해 기하급수적으로 가격 차이가 증가하는 이유를 설명해 준다.

한계 소비의 법칙은 부의 위계에 따라 사회적인 신분들이 배열되게 만든다. 각각의 사회적인 신분은 자기에 적합한 소비 수준이 있다. 그것을 보드리야르를 따라 각 신분의 최소 한계 차이라 규정할 수 있을 것이다.

마술적 자연화

상품을 통해 얻어지는 차이는 진정한 의미의 차이가 아닌 사이비 차이에 불과하다. 기호적 차이는 근원적인 특이성인 실존의 차이에 절대 도달할 수 없다. 정신분석학에서 무의식적인 욕망과 대체적 만족인 증상 사이에 근본적인 단절이 있는 것처럼 양자 사이에는 근본적인 단절이 있다. 그런데도 기호적인 차이, 사이비 차이에 불과한 것을 가지고 사람들은 실제 자신의 진정한 차이를 얻었다고 생각한다. 보드리야르는 마술적 자연화의 효과라고 한다.

사람들은 그린 소주를 마신다. 그린이라는 이름은 소수점 이하에 불과한 아스파라긴산 덕에 붙었다. 나머지는 양조주가 아닌 희석식 소주에 불과하다. 그런데도 그린 소주를 먹으면서 뭔가 시원하다는 느낌을 받는다. 숲을 밀어내고 황량한 시멘트 아파트를 지으면서도 이름은 녹색 도시이다. 주요한 것은 시멘트 안에 앉아서 사람들이 녹색 지구를 실제로 꿈꾼다는 점이다. 도대체 마술적 자연화의 효과는 어디서 나올까?

마술적 자연화의 효과를 이루는 기초는 역시 정신분석학적으로 설명될 수밖에 없다. 자기 욕망의 근원적인 대상인 어머니가 긴 머리칼을 가졌다면, 다른 모든 차이에도 불구하고 단지 긴 머리칼을 가졌다는 이유만으로 어떤 여인을 사랑할 수 있다. 그 여인은 자기 어머니의 대체물이다. 마찬가지로 밑바닥에 억압된 욕망의 힘이 분출하면서 기호적인 대상을 통해 흘러간다면, 기호적인 대상은 굳이 근원적인 욕망과 직접적인 관계를 가질 필요는 없다. 상품은 실제 내용과 무관하게 억압된 욕망의 기호가 될 수 있다. 마술적 자연화는 이처럼 억압된 것이 분출하는 힘에 의존한다.

물리적으로 억압의 힘이 강하면 분출하는 힘도 강할 것이다. 강하게 억압된 것은 더욱 무관한 것까지 멀리 날아갈 수 있다. 소주에 든 아스파라긴산을 먹으면서 그린을 느끼는 것은 그만큼 '그린'에 관한 욕망이 깊게 억압되었다는 뜻이 아닐까?

반소비

과거 졸부들은 최소 한계 차이를 증대시켜 자신의 차이를 표시하려 했다. 그것이 과소비 현상이다. 오늘날 일부 귀족들은 되레 검소한 생활을 즐기기 시작했다. 처음 입어도 오래된 듯한 양복, 낡고 곳곳이 찢어진 청바지 등 반소비 현상, 반과시적인 소비 현상은 귀족 신분들이 자신을 겸허하게 민중 수준으로 낮추는 심적인 태도의 전환을 의미하는 것으로 칭찬받기도 한다.

보드리야르의 날카로운 비판의 시선은 기만을 꿰뚫고 지나간다. 보드리야르는 기호 차이의 개념을 통해 현대 귀족 계급의 반과시적인 소비 현상을 설명하려 한다. 하나의 기표가 기표 체계

속에서 비로소 의미를 지닌다고 한다면, 아무런 기표를 지니지 않는다는 것은 기표가 있다는 것과 구분되는 하나의 기표가 될 수 있다. 반소비는 자신의 차이를 드러내는 또 다른 기호 차이의 소비 현상이다. 일부 귀족 계급은 자신을 부르주아 졸부와 구분하고 싶어 한다. 졸부들의 삶이 최소 한계 차이라는 측면에서 자기들과 더 이상 구별되지 않는다면 차이를 드러내는 방식은 무엇이겠는가? 보드리야르는 이것이 바로 기표를 거부하는 반과시적인 소비 현상의 의미라고 한다.

순응과 나르시시즘

각자는 일정한 기표 체계에서 특정 기표를 선택한다. 특정 기표의 선택은 각자를 하나의 집단으로 묶어 준다. 청소년들은 청바지를 입고 특정한 음악을 들으면서 서로가 공통 집단임을 확인한다. 록 페스티벌에서 함께 열광하는 청소년들을 보면 집단 의지를 느낄 수 있다.

기호 차이를 통한 집단화 현상은 진정한 사회 연대를 의미하지 않는다. 사회 연대라면 서로가 인격적으로 만나는 것을 말한다. 사회 연대를 통해 공동의 이상을 위해 헌신한다. 때로는 자신을 희생하기도 한다. 사회 연대 개념과 기호 차이를 통한 집단화는 거리가 멀다. 집단 속에서 그들은 익명이다. 결코 서로 인격적으로 만나는 법이 없으며, 공동의 이상도 존재하지 않는다. 그들을 묶어 주는 것은 오직 공통되는 기표일 뿐이다. 그들은 록 페스티벌에서 함께 열광한 다음 다시 뿔뿔이 흩어질 뿐이다.

개별자로서 실존도 아니며, 그렇다고 집단적인 유대도 아닌 대중은 이미 '익명의 고독한 대중'이라는 개념으로 널리 알려져 왔다. 보드리야르의 분석은 대중 개념을 독특한 기호 차이의 소비를 통해 더욱 분명하게 규정한다. 그의 분석에서 나르시시즘과 순응은 대립하지 않는다. 나르시시즘이 순응 현상이며, 거꾸로 순응은 나르시시즘으로 나타난다.

시뮬라크르와 특이성

소비 사회에서 차이의 기호에 대한 보드리야르의 분석은 시뮬라크르simulacre 개념으로 전개된다. 모든 사회가 기호적이다. 근원적인 욕망과 기호적인 증상 사이의 구별이 가능하다는 것은 진실과 허위의 구별이 가능하다는 것을 전제로 한다. 진실과 허위조차 구별되지 않는다면, 그래서 모든 것이 하나의 기호적인 증상이라면 어떻게 될 것인가? 이 지점이 실존 철학과 보드리야르가 갈라지는 지점이다.

실존 철학이 어디까지나 근원적인 것에 도달하려는 진리에의 의지로 가득 차 있다면, 보드리야르는 이미 절망적이다. 더 이상 그는 진리의 의지를 인정하지 않는다. 보드리야르는 시뮬라크르라는 개념을 도입한다. 시뮬라크르는 원본과 복사본의 구분이 이루어지지 않고, 나아가서 원본이라고 할 만한 것이 더 이상 존재하지 않으며, 심지어 복사본이 원본보다 더 원본처럼 보이는 것을 말한다. 보드리야르는 파생 실재hyper-reality라는 개념도 도입한다. 실재보다 더 실재적이라는 의미이다. 시뮬라크르는 파생 실재에 해당한다.

자기 얼굴을 본 적이 있는가? 거울을 보면 자기 얼굴이 비치지 않느냐고? 거울상을 보는 것은 결국 자기이다. 그는 자신에 대한 이미지에 따라 거울상에서 자기 모습을 볼 것이다. 그렇다면 자기가 보기 이전의, 적어도 거울상의 물리적인 모습은 객관적이지 않을까?

평판 위에 반사된 것은 진짜 모습인가? 사람의 눈은 양안 지각이어서 일정하게 상을 왜곡한다는 점에서 일안 렌즈와 구분된다. 그러면 일안 렌즈에 찍힌 모습이 진짜인가, 아니면 사람의 눈이 진짜인가? 이것을 판단하지 못한다면 평판 위의 모습이 진짜인지, 아니면 오목 거울에 비친 상이 진짜인지 구분할 수 없을 것이다.

어떻든 사람들은 자기 얼굴을 보지만 어느 것이 진짜인지 알지 못한다. 각자는 자신의 이미지를 미리 가지고 있다. 거울을 통해서 보든, 다른 무엇을 통해서 보든 자신의 이미지만 보는 것이다. 자신의 이미지가 파생 실재로서 시뮬라크르가 아니겠는가?

진리에의 의지

시뮬라크르의 세계에서 사람들은 진리에의 의지조차 가장한다. 도처에 진실 게임이 존재한다. 아이들은 몰래 카메라에 빠져 있고, 어른들은 남의 진실을 엿보는 드라마에 빠져 있다. 그들의 진실에 대한 의지는 진정한 의지일까?

보드리야르는 닉슨 대통령 탄핵이라는 문제를 거론한다. 닉슨은 재선을 위해 야당인 민주당의 워터게이트 전당 대회를 도청했다. 그는 사실을 은폐하려다 발각되어 탄핵 직전에 사임하지 않을 수 없었다. 보드리야르는 미국 정치가 중에서 닉슨만이 거짓말쟁이인가를 묻는다. 미국 정치가 중 거짓말을 일삼지 않는 정치가는 어디 있는가? 어쩌면 정치가의 본질 중 하나가 거짓말이 아닐까? 그런데도 정치가들이 의회에서 닉슨을 탄핵하려 했던 이유는 무엇인가? 보드리야르는 반문한다. 거짓말쟁이를 제거해 버리려는 의도가 아니라, 닉슨을 진짜 거짓말쟁이로 만들어 자신은 거짓말쟁이가 아니라는 알리바이를 만들려고 했던 것이 아닐까?

일찍이 니체가 인간의 진실 의지를 회의한 적이 있다. 니체는 근대인에게서 나타나는 진실 의지에 주목했다. 그는 진실 의지를 나약한 생의 의지 표현으로 보았다. 돌다리도 두들겨 보고 지나가라는 조심스러운 의지에서 진실 의지가 출현한다고 한다.

보드리야르도 진실 의지를 회의한다. 그는 지배자의 권력의지와 결합하여 설명했다. 모든 것이 기호라면, 그리하여 시뮬라크르가 지배한다면 권력 행사는 정당화될 수 없다. 권력이란 사람들을 갈라서 누구는 지지하고 누구는 억압하는 게임이다. 이 게임은 항상 진리와 허위의 구분으로 치장된다. 진리이므로 지지하고 허위이므로 억압한다면서 권력은 자기를 정당화한다. 권력의 정당화를 위해 진리와 허위의 구분이 필요한 것이다. 진리는 권력자들이 자기 정당성을 기만하기 위한 수단일 뿐이다.

보드리야르의 현대 사회 비판은 신랄하다. 기호 차이의 소비 사회, 시뮬라크르의 세계에 대한 설명 끝에 보드리야르가 제시하는 세계는 무엇인가? 보드리야르가 추구하는 것은 특이성이다. 어떤 누구도 아닌 나만의 고유함은 기호 체계 밖에 있을 수밖에 없다. 기호 체계 안에서의 특이성은 진정한 특이성이 아니기 때문이다.

라캉 식으로 말한다면, 기호 세계란 상징계를 말한다. 상징계는 소쉬르의 규정처럼 언어가 교환되는 언어계이며, 레비스트로스의 규정처럼 여자가 교환되는 친족 체계이다. 또한 상징계는 마르크스가 말한 대로 노동의 산물이 교환되는 자본주의 사회이

다. 특이성의 세계란 언어와 친족, 자본주의를 넘어선 밖에 존재
하는 세계이다.

제4장

20세기 말의
포스트모더니즘 이후

들뢰즈와
초월 사유

한편으로 본다면 진리는 세계를 생산하는 것이어서
세계를 너머 있다. 다른 한편으로 본다면 진리는 생
산된 세계에 내재한다. 진리는 초월적 내재이다.

✳

　미노타우로스의 미궁이란 것이 있다. 한번 들어가면 누구나 길을 잃어버린다. 반인반수인 황소가 있어 길을 잃은 사람들을 잡아먹는다. 아테네의 영웅 테세우스는 아리아드네 공주의 도움을 받아 미궁에 들어오며 실을 풀어 간신히 빠져나왔다.

　아마도 현대 프랑스의 철학자 들뢰즈 앞에 선 철학도의 심정이 이와 같지 않을까 한다. 세이렌의 노래처럼 미노타우로스의 미궁에 들어가고 싶은 유혹을 견딜 수 있는 철학도는 없을 것이다. 일단 미궁에 들어간 다음 무사히 빠져나와 흰 깃발을 올린 철학도는 아직 보이지 않는다. 미궁을 빠져나올 아리아드네 실꾸리는 과연 있기나 할까?

　필자는 들뢰즈 철학에 들어가기도 전에 빠져나갈 궁리부터 한다. 아마 그의 책을 한 번이라도 읽어 본 사람은 심정을 짐작할 것이다. 필자의 감각이라는 거미줄에 들뢰즈의 욕망 개념이 잡혀 파드득거린다. 들뢰즈 철학의 아드리아네 실꾸리가 욕망 개념에 있지 않을까 생각하면서 동굴 속으로 들어가려 한다.

　들뢰즈의 욕망 개념이 처음 등장하는 것은 초기 저서《앙띠 오

431

이디푸스》이다. 들뢰즈가 이 책을 발표했을 당시 프랑스는 68혁명의 열기에 들떠 있었다. 68혁명은 학생, 지식인들을 중심으로 한 혁명이며, 근본적으로 관료제적 억압에 대항하는 혁명이었다. 68혁명은 계급 투쟁적인 성격을 지녔던 20세기 초 사회주의 혁명과는 근본적으로 성격을 달리했다. 지식인들은 68혁명을 추진하는 의지를 계급 이해라는 마르크스주의 개념이 아닌 다른 곳에서 찾아야 했다. 《앙띠 오이디푸스》에서 들뢰즈가 인간의 욕망 개념을 재해석하려 한 의도도 시대적인 과제와 연관되는 것으로 보인다. 들뢰즈는 인간 본연의 욕망에서 혁명을 추구하는 힘을 발견하려 했다.

생산으로서의 욕망

들뢰즈는 지금까지 모든 이론들은 욕망을 결핍으로 해석한다고 주장한다. 결핍이 의미하는 것은 욕망이 어떤 지향성을 지니고 있다는 것을 전제로 한다. 지향성은 대상을 내포하고 있으며, 욕망의 실현이란 지향 대상을 충족하는 것이다. 욕망 자체에 아직 대상 지향성이 충족되지 않았다는 점에서 욕망은 결핍된 것이다.

들뢰즈는 결핍으로서 욕망 개념이 서구 철학을 지배해 왔다고 본다. 결핍으로서 욕망 개념은 플라톤에서 출발했다. 칸트는 결

들뢰즈

핍된 욕망이 현실적인 대상이 아니라 환상적인 대상으로 충족
될 수도 있다고 보면서 욕망 개념을 한층 업그레이드했다. 욕망
개념의 연장선상 끝에 라캉이 등장한다고 들뢰즈는 보고 있다.

라캉은 환상 대상의 개념을 절대화하여 현실적으로 도저히 도
달할 수 없는 대상으로 설정하였다. 말하자면 결핍의 절대화이
며, 욕망 대상은 초월적인 존재로 규정된다. 지향성을 지니는 주
관, 끝에 결코 도달할 수 없는 초월적인 대상이 전통적인 욕망 개
념인 결핍으로서 욕망 개념의 골격이다.

이런 욕망 개념에 대립하여 들뢰즈가 제시하는 것은 생산으로

서의 욕망 개념이다. 생산이란 어떤 의미인가? 필자가 보기에 두 가지 의미 층을 지니고 있다. 하나의 의미 층은 운동량이라는 개념이다. 운동량 개념은 라이프니츠가 발견하였다. 라이프니츠는 원래 역학에서 유래하는 운동량 개념에서[55] 유추하여 모든 물체 내부에 자기를 제곱하는 힘이 존재한다고 보았다. 라이프니츠에 앞서 스피노자는 이를 역능力能이라는 개념으로 제시했다. 자기를 제곱하는 힘인 역능이라는 개념은 독일 고전 철학자인 셸링, 헤겔 등이 받아들였고, 니체에 이르면 권력의지라는 개념으로 발전했다. 권력의지란 자기 힘을 제곱으로 확장하려는 의지를 말한다. 들뢰즈는 철학사적인 맥락에서 욕망 역시 자기를 제곱하는 힘으로 규정한다.

들뢰즈의 욕망 개념은 철학적인 기초 말고도 정신분석학에서 밝혀진 욕망 현상과 연결된다. 정신분석학에서 욕망은 자신이 추구하는 대상에 다가가는 순간 다시 멀어진다. 이를 되풀이하면서 대상을 중심으로 끊임없는 순환 속에 사로잡혀 있다. 욕망은 순환 속에서 자기를 무한히 증폭시킨다. 자기 증폭적인 욕망을 정신분석학은 충동이라 부르기도 한다. 충동의 순환성이 들뢰즈로 하여금 욕망을 생산으로 규정하게 만든 근거라고 생각된다.

생산으로서 욕망 개념은 또 하나의 의미 층을 가지고 있다. 거시적인 결과는 미시적인 차원의 적분 결과라는 과학적인 원리이다. 쉬운 예로 빛을 보자. 빛은 직진한다. 빛을 입자로 간주하는 일차적인 이유이다. 빛이 파동이라는 사실이 밝혀진 후 호이겐스Christian Huygens는 무수히 많은 빛의 파동을 적분하여 빛이 직진한다는 사실을 입증했다.

호이겐스의 적분 원리는 오늘날 광범위하게 사용되고 있다. 고등학교 시절 배웠던 광합성에 관한 설명을 상기해 보자. 광합성은 거시적으로 보면 물과 탄소, 빛의 결합으로 나온다. 실제로는 거시적인 과정에 인과 관계가 없다. 실제 과정을 보면 요소들 사이를 매개하는 효소들의 순환적인 치환 과정을 거쳐서 단백질이 생산된다. 미시적인 과정은 기계적이고 인과적이다. 들뢰즈는 미시적인 과정이 거시적인 과정의 기초가 될 때를 생산이라 한다.

들뢰즈는 욕망도 마찬가지로 미시적인 차원을 가지고 있다고 한다. 들뢰즈가 제시한 미시적인 차원에서의 욕망(충동)은 프로이트가 1905년 《성욕에 관한 세 편의 에세이》에서 밝혔던 유아기 성욕에 토대를 둔다. 프로이트는 남근기 이전에 유아기에서 서로 다른 이질적인 욕망(구순 욕망, 항문 욕망, 성기 욕망)들이 혼재한다고 본다. 이 욕망들은 각기 고유한 대상을 지니는데, 곧 부분 대상들이다. 부분 대상들은 단일한 인격체로 통합되기 이전의 신체 한 조각을 말한다. 예를 들어 구순 욕망의 대상은 어머니의 젖꼭지다. 부분 대상들은 특정한 인격체(아이의 특정한 어머니)와 무관하며, 다른 인격체의 동일한 부분들로 대체하는 것이 가능하다.

프로이트에서 욕망은 유아의 성장에 따라 단계적으로 발전한다. 남근기에 이르면 이질적인 욕망들은 성기 욕망을 중심으로 체계화되면서 성기 욕망에 종속된다. 이와 동시에 욕망은 통합적인 인격 대상을 지향하게 되며, 단일한 욕망 주관이 출현한다. 들뢰즈는 욕망의 통합적인 발전을 인정하지 않는다. 모든 욕망은 자연 상태에서는 언제나 이질적인 욕망들이 혼재하는 상태 속에 있다고 한다.

미시적인 차원의 욕망들은 앞에서 말한 것처럼 충동적이다. 자기를 재생산하며 증폭한다. 욕망들은 자체로는 주관도 대상도 가지지 않는다. 미시적인 차원에서 주관과 대상이라 볼 만한 것이 있다면 충동이 지니는 운동 벡터와 같으며, 출발점과 도착점에 불과하다.

미시적인 차원의 욕망들이 적분된다고 하자. 적분은 단순한 더하기 계산이 아니다. 여기에는 미적분학에서 말하는 적분법이 적용된다. 적분 결과 거시적인 욕망이 등장한다. 욕망은 이제 주관을 가진 것처럼 보이고, 결핍 속에서 지향적인 대상을 지닌다. 욕망은 구체적인 성질을 지니게 된다. 어떤 욕망은 식욕이고, 어떤 욕망은 성욕이다. 결국 거시적인 욕망이란 들뢰즈가 볼 때 미시적인 충동의 생산물에 불과한 것이다.

사회적인 억압의 개념

미시적인 욕망들의 적분에 의해 등장하는 거시적인 욕망은 고정적인 것이 아니다. 다시 미시적인 욕망들로 해체되면서 또 새로운 거시적인 욕망으로 적분된다. 미시적인 욕망들을 매개로 해서 거시적인 욕망은 끊임없이 변화한다.

욕망의 변화 과정에 사회적인 억압이 개입한다. 그러면 일정한 거시적인 욕망이 고착되어 더 이상의 변화가 사라져 버린다. 일정한 욕망 구조와 사회적인 구조 사이에 연관 관계가 성립한다. 들뢰즈는 자본주의 사회 구조와 오이디푸스 욕망 구조 사이에도 그러한 연관이 성립된다고 본다.

마르크스가 말했듯이 자본주의 사회에서 자본은 노동력 착취를 통해 자기를 확대 재생산한다. 자본주의 사회가 유지되기 위해서는 노동력을 판매하는 임금 노동자가 계속 재생산되어야만 한다. 노동력의 재생산은 일반적으로 알려진 것처럼 노동력을 물리적으로 재생산하는 데 그치지 않으며 노동자를 사회적으로 충원하는 데 그치지도 않는다. 근본적으로 인간 내부의 생산적인 욕망이 교환 가능한 추상적인 노동력으로 변형될 필요가 있다. 추상적인 노동력은 결핍으로서의 욕망, 목적 지향적인 욕망에 바탕을 두고 있다. 이런 욕망이 성립하기 위해서는 먼저 생산적인 미시적 욕망이 거시화되어야 한다.

욕망으로부터 노동력을 재생산할 수 있는 것이 심리적인 차원에서 오이디푸스 구조이다. 프로이트는 욕망의 발달 단계에서 오이디푸스 국면을 설정한다. 거세 위협을 통해 어머니와의 동일화를 가로막고 아버지와의 동일화를 추진한다. 들뢰즈는 오이디푸스 구조를 받아들인다. 오이디푸스 구조는 일단 거시적으로 형성된 욕망의 구조를 고착시킨다. 구조의 힘에 의해 생산적인 욕망은 억압되고 결핍으로서의 욕망으로 전환된다. 전환과 더불어 자본주의 사회가 유지되는 데 필수적인 노동력이 재생산된다.

욕망이 억압받으면 변질이 일어난다. 들뢰즈는 변질된 욕망의 특징을 세 가지로 나누어서 설명한다.

첫째, 변질된 욕망은 통합된 대상을 지향한다. 이 대상은 특정한 인격체를 지향한다. 아이의 욕망 대상은 통합적인 인격체로서 어머니이다.

둘째, 욕망 대상의 통합과 더불어 욕망 대상에 대립하여 욕망의 주관이 분화된다. 이것이 프로이트가 말하는 거세이다. 분화의 반대 효과도 발생한다. 역학에서 작용이 있으면 반작용이 있듯이 주관의 분화에 대립해서 욕망 대상에 대한 주관의 지향적인 운동이 발생한다. 다시 말해 프로이트가 말하는 근친상간의 욕망이다.[56]

셋째, 욕망 대상과 주관의 분화와 더불어 동질적인 주관들 사이에 무리지음이 일어난다. 반대로 비동질적인 주관들은 동질적인 주관으로부터 배제된다.

자본주의 사회의 억압 구조와 욕망의 억압 구조 사이의 연관성을 통해 들뢰즈는 어떤 물음에 답하려 한다. 왜 자본주의 사회의 노동자는 혁명 투쟁에 나서지 않는가 하는 물음이다. 68혁명에서 노동자들이 지식인들의 투쟁을 배반하면서 결국 혁명이 실패로 돌아간 쓰라린 경험에서 발생한 물음이었다.

　　들뢰즈는 노동자의 욕망 자체가 억압되어 있었기 때문이라고 말한다. 욕망이 억압되어 있으니까 사회적인 억압 기제가 사라지더라도 도리어 억압 기제의 회복, 즉 자본주의 질서의 재정립을 소망하게 된다는 것이다. 그러면서 들뢰즈는 욕망의 해방을 말한다. 욕망의 심적인 억압 구조를 제거하여 변질된 욕망 자체도 제거하는 것이다. 욕망의 해방으로 원래 생산으로서의 욕망을 되살려야 한다. 그것은 사회 혁명을 위한 필수적인 출발점이다.

표현의 논리

　　사회적인 억압에 대해 본연의 생산적인 욕망을 대립시키는 들뢰즈의 정치 이론은 이 정도로만 정리해 두자. 그가 세계를 전체적으로 어떻게 재해석하는가 하는 문제로 논의를 돌려 보자.

　　생산으로서 욕망과 미시적인 욕망을 거시적으로 종합한다는 개념은 들뢰즈로 하여금 계열화의 논리와 표현의 논리를 구분하게 했다. 설명을 위해 수학에서 미적분 개념을 빌려 오자.

어떤 이차 함수가 있다. 곡선 함수는 표면적으로만 본다면 그저 개별 점들의 계열이다. 이차 함수는 점들의 계열을 규정한다. 함수의 각 점은 운동량을 지닌다. 각 점에서 접선 방향으로 움직이는 벡터량이다. 각 점에서 접선 벡터량은 변화한다. 벡터량의 변화를 규정하는 함수가 미분 함수이다. 미적분 이론에 따르면 미분 함수는 본래 함수보다 한 차원 낮게 규정된다. 이차 함수의 미분 함수는 일차 함수인 직선이다.

하나의 점에서 다른 점으로의 운동을 규정하는 두 가지 방식이 있다. 하나는 본래 함수에 의해 규정된다. 이것이 표면에 나타나는 공간 이동으로서의 운동 방식이다. 함수 위의 두 점 사이에 실제로 인과적인 관계가 존재하는 것은 아니다. 또 하나의 방식은 미분 함수에 의해 규정된다. 뒤의 점의 값은 앞의 점의 값에다 앞의 점에서 나타나는 순간적인 벡터량을 더한 것이다. 미분 함수를 통해 보자면 하나의 점에서 운동한 결과가 그다음 점이며 인과 관계가 존재한다. 물론 단순한 일차적인 인과 관계는 아니다. 이미 앞의 점 자체가 앞의 앞의 점에서 나온 것이기 때문이다. 이자 계산을 가지고 비유하자면 일종의 복리 계산이다. 수학적으로는 적분법이라고 하는 계산이다. 적분은 표면 운동의 심층에 존재하는 생산적인 운동이다.

들뢰즈는 위의 예에서 나타나는 것처럼 사물들의 표면적인 질서를 계열화라 한다. 계열화된 각 개체적인 사물은 하나의 기호이다. 그것의 의미는 개체를 성립시킨 심층의 생산적인 운동이다. 들뢰즈는 표면적인 것에서 내재하는 의미를 찾아내는 작업을 의미의 논리라 한다. 미적분으로 말하자면 미분 계산이다.

나의 사랑, 들뢰즈의 사랑, 소크라테스의 사랑은 시대나 공간을 달리하는 사랑의 개별적인 현상들이다. 개별 현상들을 시공간을 횡단해서 이어 보면 하나의 계열이 형성된다. 모두 사랑이라는 잠재적인 힘의 현상들이다. 잠재적인 사랑의 힘은 시공간에서 자기를 현실화한다.

개별적인 사랑들에서 잠재적인 힘인 사랑을 찾아들어 가는 과정은 일종의 미분 과정이다. 미분 계산에서 곡선 위 한 점에 접선 방향을 작용하는 운동량이 미분값이다. 접선 방향에서 작용한다는 점을 들뢰즈는 표면(접선)에서 생기(운동)한다고 말한다. 들뢰즈는 이런 의미를 찾는 논리를 생기, 또는 발생의 논리라고 한다.

계열화를 실질적으로 생산하는 것은 질서의 밑바닥에 있는 운동량, 곧 생산적인 욕망이다. 표면의 계열화를 내재하는 힘이 생산한 결과로 볼 때를 표현의 논리라 한다. 표현의 논리, 생산의 논리는 의미의 논리에 거꾸로 관계한다.

보통 표현이란 주관의 의도인 의미가 객관적인 매체 속에 집어넣어지는 것을 말한다. 사람들은 어떤 시를 보고 참으로 작가의 '사랑'이 잘 '표현'되어 있다고 말한다. 표현은 주관의 의도를 전달한다.

표현의 또 다른 의미가 있다. 생산과 연관되는 표현이다. 북소리는 사람의 마음을 울렁거리게 한다. 북소리는 울렁거리는 마음을 단순히 연상시키는 것이 아니다. 북소리는 실제로 마음의 울렁거림을 생산한다. 이 생산은 하나의 사건이다. 일어나는 것이지, 생각나는 것이 아니다. 이때 사람들은 북소리를 통해 울렁거림이 표현된다고 말한다. 생산과 연관되어 표현 개념이 가장 자주 쓰이는 곳이 음악이어서 음악적인 표현 방식이라고 한다.

음악적인 표현 방식은 음과 음 사이의 차이를 이용한다. 차이가 크면 '강'이라 하자. 차이가 작으면 '약'이라 하자. 차이들을 일정한 방식으로 배열하면 리듬이 생긴다. '강약약 강약약'이라는 삼박자 리듬은 한국인이 좋아하는 트로트 리듬이다. 리듬은 이제 감정을 생산한다. 트로트 리듬은 멜랑콜리한 감정을 생산한다.

리듬이 감정과 맺는 생산 관계는 적분 관계에 비유될 것이다. 하나의 음과 이어지는 음 사이의 차이는 음의 운동 곡선에서 운동의 벡터로 규정할 수 있다. 차이들의 연속은 미분 함수에 해당된다. 차이의 연속에 의해 어떤 감정이 생산된다면 적분 과정이다.

의미의 논리와 표현의 논리, 발생의 논리와 생산의 논리[57]는 서로 반대 방향이다. 전자가 미분 과정이라면 후자는 적분 과정이다. 양자는 항상 함께한다. 의미는 함축되어 있고, 표현은 전개한다. 태극무늬에 비유해 보자. 주변은 중심으로 감아 들어가고, 중심은 주변으로 펼쳐 나간다. 전자를 함축implication이라 한다면 후자는 전개explication이다. 함축과 전개는 서로가 서로의 꼬리를 물고 이어지는 과정이다.

들뢰즈는 표현 개념을 통해 우리가 상식적으로 생각하는 세계의 모습을 뒤집어 본다. 우리는 일상적으로 어떤 대상이 다양한 성질을 담지한다고 본다. 문장에서 주어, 술어의 관계를 통해 세계를 본 것이다. 대상이란 주어에 해당하고, 성질이란 술어에 해당한다. 책상은 네모난 형태, 매끈한 나무의 성질, 평평한 바탕 등의 성질을 담지한다.

들뢰즈의 경우 대상과 성질의 관계가 전복된다. 각각의 대상이란 성질의 표현이다. 각 대상을 이어 본다면 일정한 계열화가 나타난다. 이를 하나의 그래프로 그려 볼 수 있다. 반면 성질이란 계열화된 점들을 생산하는 힘이다. 말하자면 미분적인 운동량이다. 예를 들어 사랑이 있다. 사랑이란 어떤 생산적인 힘이다. 이 힘은 자기를 표현하여 김소월의 사랑, 들뢰즈의 사랑, 소크라테스의 사랑이 발생한다.

그렇게 보면 전혀 다른 세계가 우리 앞에 펼쳐진다. 이전의 세계는 개체 중심의 세계이다. 개체를 중심으로 모든 것이 방사선처럼 펼쳐 나간다. 나중의 세계는 성질이 자기를 표현하는 세계이다. 시공간을 뛰어넘으면서 자기를 표현한다.

필자가 좋아하는 영화로 〈디 아워스The Hours〉라는 영화가 있다. 영화는 20세기 초《댈러웨이 부인》이라는 소설을 쓴 작가 버지니아 울프의 삶과 1950년대 미국 중산층의 결혼한 여자의 삶, 1980년대 해방된 여성의 삶이 교차 편집되어 있다. 여인들의 삶은《댈러웨이 부인》에 나오는 주인공 여자의 삶과도 대비된다.

소설 속의 여인이 꽃을 보면 1980년대 여인이 꽃을 보고, 이어서 중산층 여인도 꽃을 보며, 다시 버지니아울프도 꽃을 본다. 시공간적으로 다른 양상으로 나타나지만, 네 동작은 모두 '꽃을 본다'는 동일한 동작을 표현한다. 네 여인의 삶은 개체 중심적인 세계에서 본다면 전혀 무관하다. 들뢰즈처럼 술어 중심적인 세계에서 보면 동일한 힘의 표현들이다. 들뢰즈는 이처럼 술어적인 힘을 중심으로 시공간적인 대상들이 연결되는 것을 '횡단'이라는 말로 규정한다.

개념적인 사유

생산적인 힘으로서 욕망, 이 힘의 표현으로서 세계라는 들뢰즈 철학은 자연히 표현적인 예술로 향하게 된다. 들뢰즈가 예술에 관심을 가지는 이유는 예술이 진리에 대한 사유가 될 수 있지 않을까 하는 소망 때문이다.

들뢰즈는 우선 전통적인 사유를 비판한다. 전통적인 사유는 어떤 공통된 이미지 위에 세워져 있다. 들뢰즈는 칸트가 철학을 분석함으로써 전통적인 사유의 바탕에 있는 이미지를 폭로한다. 칸트는 인간의 인식 능력인 감성과 지성은 상상력을 매개로 하여 서로 합치한다고 본다. 들뢰즈는 여기에 공통 감각이라는 이미지가 전제되어 있다고 한다. 감성과 지성이 서로 조화하면서 통일을 이룰 때 이른바 전통적인 개념 사유가 출현한다.

개념 사유는 감성적으로 경험된 것을 기초로 한다. 경험은 개별적인 것이다. 사유는 지성을 통해 작용한다. 사유는 경험적인 개별자들 속에 있는 차이를 제거하고 보편적인 것을 발견한다. 보편적인 것들이 곧 개념이다. 개별적인 것이 현상이라면 보편적인 개념이 사물의 본질이고 진리이다.

개념 사유를 통해 세계는 유와 종의 질서에 따라서 체계화된다. 마치 진리의 나무처럼 가지를 뻗으면서 세계를 덮는다. 밑바닥에는 가장 숭고한 보편적 존재인 신이 존재한다. 진리 나무의 가지 끝에는 미천한 개별자들이 존재한다.

진리의 나뭇가지가 시간적으로 전개되면 역사가 성립한다. 역사는 마침내 진리에 도달하기 위한 여정, 진보이다. 역사의 출발점은 어떤 개별자이지만, 개별자 속에는 장차 도달할 진리가 감추어져 있다. 역사의 종말에 이르러 진리가 실현된다.

들뢰즈는 전통적인 사유를 회의한다. 그는 우선 전통적인 사유의 바닥에 있는 공통 감각의 이미지부터 부정한다. 들뢰즈에 의하면 칸트는 근대 자연 과학을 논증 없이 타당한 인식으로 승인한다. 칸트는 거꾸로 자연 과학이 가능하려면 무엇이 필요한가를 생각해 보고, 이를 마치 모든 인식에 전제된 것처럼 가정했다. 이렇게 전제된 것이 감성과 지성의 조화라는 공통 감각의 이미지였다.

들뢰즈는 조화로운 사유 이미지가 사실인가 의심한다. 지성으로 규정되지 않는 감각 경험이 실제로 있지 않을까? 들뢰즈는 숭고의 경험이 그런 것이라 말한다. 대상의 경험이 무한히 지속하기에 하나의 개념으로 묶어 버릴 수 없는 것이 숭고한 것이다.

감각 경험에서 대상을 찾을 수 없는 지성 개념도 있지 않은가? 지성에 의하면 사물을 구성하는 가장 근본적인 원소가 존재해야 한다. 원소는 경험을 통해서는 도저히 찾아낼 수가 없다.

경험과 지성이 서로 어긋날 가능성도 있다. 가능성을 제쳐 놓고 미리 승인한 자연 과학 때문에 지성과 감성이 서로 조화한다고 가정한다면 월권이다. 전통적인 사유는 기초 자체가 부실한 사유에 지나지 않는다. 기초의 부실함은 개념 사유 자체에 벌레처럼 들어 있으면서 개념 사유 자체를 내부에서 붕괴시킨다. 부실한 개념 사유는 순환 논증의 오류를 범한다.

어떤 개별자들이 있다. 개별자들을 분석해서 보편적인 개념을 찾는다. 보편적인 개념은 개별자들의 일정한 범주를 전제로 한다. 하지만 이런 개별자는 이미 특정한 방식으로 선택된 개별자이다. 보편자란 특정 범주의 개별자들을 선택하는 순간 이미 결정되어 있었다. 이런 사유는 결국 자기가 미리 부여한 것을 되찾아 오는 속임수이다. 왜 특정한 개별자들만 선택했는가? 그것은 전혀 증명되지 않고 독단적으로 전제될 뿐이다. 이처럼 자기가 부여한 것을 다시 찾아오는 게임이 개념 사유이다.

구체적인 예로 성욕 개념을 살펴보자. 인간이 경험하는 다양한 쾌감들이 있다. 그중 일정한 쾌감들은 성욕이라는 범주로 포괄된다. 어떤 쾌감들이 포함될까? 당연히 남녀 간 성기의 교접을 통해 얻어지는 쾌감이 포함될 것이다. 그렇다면 성기의 교접이 없는 육체적 접촉을 통한 쾌감, 키스나 애무를 통한 쾌감은? 물론 들어갈 것이다. 다시 그러면 자위는? 이성 간이 아닌 동성 간의 다양한 쾌감은? 동성 친구들끼리 손잡고 가면서 느끼는 쾌감은? 당신이 생각하는 성욕의 범주는 어디까지 포함하는가? 당신은 이미 특정한 성욕 개념을 전제했을 것이다. 성욕 개념을 분석하기도 전에 당신은 성욕 개념을 알고 있는 것이 아닌가?

감각적인 사유와 예술

전통적인 개념 사유는 진리를 사유하는 데 한계가 있다. 진정으로 진리에 도달할 사유는 어떤 사유여야 할까? 개념 사유가 전제된 진리를 승인하는 순환 논증적인 사유라면, 대안으로 등장하는 사유는 진리를 실제로 생기하는, 발생적 사유여야 하지 않을까? 개념 사유가 자기가 부여한 것을 다시 찾는 동일성의 철학이라면, 진정한 사유는 처음 출발점과 다른 것에 도착하는 사유, 차이의 사유여야 하지 않을까?

철학은 진리에 도달하려 한다. 들뢰즈는 철학에 이르기 위해 예술로 되돌아간다. 20세기 초 아방가르드 예술가들도 전통적인 철학 사유에 실망했다. 그들은 예술이 무언가 진리를 전달할 수 있다는, 아니 오직 예술만이 진리에 도달할 수 있다는 신념을 가지고 있었다. 그들의 신념은 들뢰즈의 소망과 일치했다. 들뢰즈도 예술에서 가능성을 찾으려 시도했다.

들뢰즈가 눈을 돌렸을 때 발견한 예술은 리얼리즘적인 예술이 아니다. 그는 20세기 초 아방가르드 예술에 주목했다. 리얼리즘적인 예술은 대상을 재현하는 데 목표가 있다. 20세기 초 모더니즘 예술은 대상의 재현을 포기한다. 구체적 대상은 예술 매체의 기본 요소로 환원된다. 이것이 곧 추상 작업이다. 추상적인 요소들의 구성을 통해 어떤 정신을 표현한다. 연상이 아니다. 오히려 실제로 어떤 정신을 우리 마음속에 생산하는 것이다. 예술이 정신을 생산한다면 예술에서 진리가 발생할 수도 있지 않을까? 이런 가능성을 좇아서 철학자 들뢰즈는 예술에 탐닉한다.

들뢰즈가 예술에서 관심을 가지는 것은 감각이다. 무릇 모든 예술이 감각에서 출발한다는 것은 잘 알려졌지만, 들뢰즈가 특히 감각을 강조할 때는 나름대로 생각이 있다. 우선 그가 말하는 감각은 가장 원초적인 감각을 말한다. 인간의 마음이 대상과 직접 부딪치면서 생겨난 감각이다. 그런 의미에서 감각은 이미지와 같다.[58]

이미지란 흔히 생각하듯 대상의 재현된 형체로 보면 안 된다. 들뢰즈가 말하는 이미지는 대상과 마음이 직접 충돌하면서 등장하는 것이다. 대상의 부분적인 조각들이어서 파편에 가깝다. 각각의 파편 조각들은 서로 이질적인 것들로, 하나의 전체 형체를 이루지 못하고 산만하게 부유한다. 그런 파편 조각들은 피카소의 촉각적인 이미지와 닮았다.

더욱 주요한 것은 이미지들이 사물의 단순한 조각이 아니라 운동하는 힘을 함축한다는 점이다. 앞에서 설명한 욕망 개념에서 혼재하는 이질적인 욕망들이 자체적으로 생산적인 힘인 것과 같다. 따라서 감각 이미지는 역동적이다.

감각 이미지, 그 이미지의 촉각적이며 역동적인 성격 등은 베이컨Francis Bacon의 추상화나 영화 이미지들에서 구체적인 예를 찾아볼 수 있다. 들뢰즈는 베이컨의 초상화가 대상의 형태가 붕괴되면서 나타나는 촉각적인 이미지라 설명한다. 누벨바그 영화들에서 각각의 숏들 사이에는 연속성이 발견되지 않는다. 서로 불연속적이며 어떤 공통분모로도 나누어지지 않는다는 점에서 무리수적이라고 규정된다.

들뢰즈는 베이컨의 그림이나 누벨바그 영화들에 나타나는 무한의 이미지에 주목한다. 전자에서 무한의 이미지는 형상의 바탕이 되는 단색이다. 후자에서는 끝없는 하늘이나 형체가 보이지 않는 안개의 이미지들을 통해 나타난다. 무한의 이미지들은 평면화되어서 정적인 것처럼 보인다. 오히려 그렇기 때문에 내부에서는 무한을 향한 약동이 뛰쳐나올 수 있다.

감각기호

순수하게 파편적이며 역동적인 감각에 도달하기 위해 들뢰즈는 다양한 기호들을 구분한다. 일반적으로 기호와 의미의 상관관계는 약정적이다. 사회적으로 미리 약속되어 있다는 것이다. 우리는 사회생활을 통해 기호의 약정된 의미를 배운다. 들뢰즈는 사교계의 기호를 예로 들어 보인다. 귀부인이 부채를 들어 가슴에 대면 사랑한다는 의미이다. 왜 이 동작이 사랑을 의미하는가? 그저 사회적인 약정이다. 우리는 생활 속에서 익혀야 한다. 사유가 필요 없다.

약정 기호보다 더욱 발전된 것이 사랑의 기호이다. 사랑의 기호는 이차적 차원에서 성립하는 기호이다. 어떤 여자가 나를 보고 미소를 짓는다면 나에게 자신의 마음을 전하려는 목적이 아니다. 나에게 미소 짓는 그녀의 모습을 숨어 있는 타자에게 보이기 위함이다. 나에 대한 미소가 일차적인 의미라면 숨어 있는 타자의 시선에 비친 미소가 이차적인 의미이다.

일차적인 의미는 약정 의미인데, 사랑의 기호는 약정 의미를 깨뜨리고 기호의 의미를 무의미하게 만들어 버린다. 사랑의 기호에 사로잡힌 사람은 의미를 알기 위해 안달한다. 그는 진짜 의미, 이차적인 의미가 무엇인지 알고 싶어 미쳐 간다.

그러나 그는 결코 의미를 알 수가 없다. 기호를 바라보는 타자의 시선이 누구의 시선인지 알 수 없기 때문이다. 오직 미소를 짓는 그녀만이 알고 있다. 그는 의미를 지성을 통해 추측하려 한다. 그의 추측은 사랑하는 자의 눈동자 속에 있는 심연에 가로막힌다. 결국 영원히 알 수 없는 것을 알도록 강제당하는 것이 사랑의 고통이다. 사랑을 모르는 자는 사유할 줄 모른다. 사랑하는 자는 아직 사유를 모른다. 그는 여전히 지성을 통해 의미를 추측하기 때문이다.

사교계의 기호, 사랑의 기호를 넘어서서 우리에게 사유하는 법을 가르치는 새로운 기호가 등장한다. 감각의 기호이다. 감각 기호에 관해 들뢰즈는 프루스트의 소설《잃어버린 시간을 찾아서》에 나오는 과자 마들렌의 맛을 예로 들고 있다. 주인공은 어느 날 마들렌의 맛을 통해 콩브레에서 보낸 유년기 시절의 기억을 되살린다. 과자의 맛이라는 감각은 유년기 기억을 환기하는 기호이다.

감각 기호가 야기하는 기억은 일반적인 의미에서의 기억과는 구분된다. 후자는 수의적인 기억, 의식적으로 다시 상기될 수 있는 기억이다. 감각 기호가 야기하는 기억은 불수의적인 기억이다. 의식적인 노력에 의해서는 기억을 할 수 없다. 그 기억은 낯선 손님처럼 외부에서 불쑥 찾아드는 우연한 기억이지만, 오랫동안 기다려 왔다는 듯이 나타난다. 순간 되살아나는 과거의 기억을 결코 회피할 수 없다. 이 기억은 필연적이다. 우연하면서도 필연적인 기억이 불수의적인 기억이다. 들뢰즈는 이를 '기호의 폭력'으로 규정하기도 한다.

감각 기호는 우리에게 사유하도록 강제한다는 측면에서 사랑의 기호가 발전한 것이다. 사랑의 기호에서 진정한 의미는 상대적이다. 그 의미가 무엇인지는 미소짓는 여인에 달려 있다.

감각 기호는 일종의 알레고리이다. 과거의 기억과 현재의 감각 사이에는 객관적인 연관성이 없다. 상징적인 은유 관계도, 물리적인 환유 관계도 없다. 오직 어떤 사람의 기억을 통해서 연관되는 알레고리 관계만이 존재한다. 알레고리 관계를 통해 감각 기호는 주어진 맥락에서 벗어나 파편화를 겪게 된다. 파편화는 프로이트가 꿈의 해석에서 적절하게 보여주었다.

꿈을 해석하기 위해서는 전체적인 연관을 무시하고 특정한 한 부분에서 연결된 기억을 자유 연상을 통해 끄집어내어야 한다. 한 부분이 전체와의 연관성을 벗어나 독자적으로 자기 밖의 다른 어떤 것과 연결되어 버릴 때를 파편화라 한다.

감각 기호는 이런 파편화의 가능성을 보여 준다. 파편화의 가능성은 현실 세계의 전체적인 연관을 벗어나 초월하는 곳에 진정한 의미가 있음을 말한다. 결국 감각 기호는 파편적인 기호이며, 우리는 현실을 초월하는 곳에 진리가 존재할 것이라는 암시를 얻는다. 감각 기호는 우리에게 초월적인 사유를 가르친다.

예술 기호

감각 기호와 더불어 우리는 감각 세계로 들어왔다. 들뢰즈는 감각 기호는 아직 개인의 주관적인 기억 세계에 관련된 것이라 한다. 오브제 예술에서 어떤 오브제가 지닌 가치는 기억과 관련된 것과 같다. 여기서는 여전히 연상이 주요하다. 물론 불수의적인 자유 연상이지만 말이다.

감각 기호를 넘어서 예술 기호가 등장한다. 예술 기호야말로 감각 기호 가운데 가장 근원적이다. 앞에서 설명했듯이 역동적이며 촉각적인 이미지들이다. 근원적인 감각 기호인 예술 기호는 표현주의 음악에서 보듯이 자체로 존재하지 않고 다른 기호들과의 차이에 의해서만 존재한다. 예술 기호는 고유한 오브제로서 성격을 상실하고 다른 기호와의 차이의 기호로만 존재한다.

음악에서 도, 미, 솔은 음의 고유한 성질을 의미하지 않고 다른 음과의 차이를 표시하는 기호이다. 미술에서 빨간색은 색깔이 주는 느낌과 무관하게 다른 색깔과의 차이를 표시하는 기호이다. 들뢰즈는 예술 기호는 차이의 기호이므로 근본적으로 비물질적이라 한다.

예술 기호들이 드러내는 차이란 비유하자면 한 점에서 접선 방향으로 작용하는 곡선 함수에서의 벡터이다. 벡터량이 곧 생산하는 표현의 힘이다. 차이의 연속이 미분 함수이며, 이로부터 정신이 생산된다. 예술 기호로부터 정신의 발견은 사유를 통한 추론이나 계산은 아니다. 이런 발견은 예술 기호들의 차이가 마음속에서 직접 생산하는 것이다. 예술 기호에 관해 들뢰즈는 아주 아름다운 음악의 한 소절을 예로 든다.

"연주하는 사람들이 소악절을 연주하고 있다기보다는 소악절의 강요에 의해서 소악절이 모습을 나타내는 데 필요한 의식을 거행하고 있기라도 한 것 같았다."[59]

들뢰즈가 강조하는 것은 예술 기호 속에서는 어떤 본질이 스스로 나타난다는 점이다. 소악절이 자기 모습을 나타내도록 강요한다는 것이다. 이처럼 예술 기호는 정신을 생산한다. 들뢰즈는 예술 기호를 잠에 비유한다.

"잠든 사람은 자기 둘레에 시간의 실을, 세월과 세계들의 질서를 둥글게 감고 있다. 잠 속에서의 이 기묘한 자유는 오로지 잠에서 깨어날 때 …… 끝나게 된다. 잠자는 사람과 마찬가지로 예술가로서 주관은 본질 자체 속에 감싸여 있는 복합적인 근원적 시간에 대한 계시를 가지고 있다."[60]

발생적인 사유

들뢰즈 철학은 실제 세계를 잠재적인 힘의 표현으로 본다. 생산적인 힘이 들뢰즈 철학에서 진리이다. 개념 사유는 진리를 세계의 한 조각, 가장 내밀하거나 단순한 한 조각으로 본다. 진리는 세계의 공통적인 보편 개념이기 때문이다. 들뢰즈 철학에서 진리는 세계의 한 조각이 아니다. 진리와 세계는 서로 차원이 달라서 전적으로 구분된다. 이차 함수는 곡선인데 미분인 일차 함수는 직선인 것과 같다. 세계가 곡선의 세계라면 진리는 직선의 세계이다.

구분되면서도 양자는 따로 구별되어 존재하는 것은 아니다. 적분 함수인 이차 함수의 내부에 미분 함수인 일차 함수가 들어 있는 것처럼 진리는 세계에 내재한다. 한편으로 본다면 진리는 세계를 생산하는 것이어서 세계를 넘어 있다. 다른 한편으로 본다면 생산된 세계에 내재한다. 진리는 초월적 내재이다.[61]

들뢰즈에서 사유는 이제 진리에 이르러야 한다. 사유는 실제의 세계에서 출발한다. 사유는 예술 기호와 동일하다. 예술 기호는 가장 근원적인 감각이면서 그 속에 초월하는 힘을 감추고 있다. 예술 기호가 초월적인 힘을 드러내는 것은 차이의 기호였기 때문이다. 차이가 곧 초월하는 힘이었다. 마찬가지로 들뢰즈에서 사유는 실제 사물들의 차이에 주목한다. 차이를 통해 초월하면서 차이를 생산하는 근원적인 힘에 도달할 수 있다.

예술에서 기호로부터 기호를 초월하면서 기호를 생산하는 힘에 이르는 길이 발생의 길, 생기의 길이다. 철학 사유 역시 진리에 이르는 생기의 길이며 발생의 길이다.

지젝과
환상 가로지르기

환상은 비록 존재하더라도 의미가 해석된다면
더 이상 주관을 포박하는 힘을 상실한다. ……
환상의 가로지르기란 선불교에서 말하는 깨달
음과 연관되지 않을까?

✳

지젝Slavoj Žižek은 정말 다채로운 철학자이다. 그는 온갖 다양한 사상과 문화를 게걸스럽게 보일 정도로 먹어 치운다. 그의 책 앞에 서면 정신이 아득해질 정도이다. 수많은 관심 가운데서도 지젝 철학의 본령에 해당하는 것이 있다면 무엇일까?

유럽에서 지젝은 칸트, 헤겔 같은 독일 고전 철학 해석가로 널리 알려져 있다. 책에 담긴 내용만 가지고 본다면 그는 문화 비평가나 이데올로기 비판가에 더 가까워 보인다. 그의 많은 책은 한편으로는 영화나 대중 소설 같은 대중문화를 다루고, 다른 한편으로는 보스니아 내전이나 이라크 전쟁 같은 실제 정치 현실을 분석한다. 그는 다양한 현상 속에 깔린 이데올로기를 파악해서 비판적으로 해결하려 한다. 그런 점에서 마르크스주의 비판 이론가의 전통을 이어 간다.

지젝의 이데올로기 개념은 정신분석학, 특히 라캉 이론의 환상 개념과 밀접하게 연관되어 있다. 지젝을 이해하려면 불가불 라캉의 정신분석학을 돌아 우회적으로 접근하지 않을 수 없다. 라캉은 후기 구조주의자들의 대부지만, 후기 구조주의를 넘어서 있다.

지젝

1950년대 프랑스의 지적 전통에서 소외되어 있던 라캉[62]에 주목한 사람이 구조주의적 마르크스주의자 알튀세르였다.

알튀세르는 68혁명 당시 실험 대학인 뱅센 대학에 라캉의 강의를 개설했다. 이후 알튀세르의 후배 푸코는 수련의로 훈련을 받았으며, 수많은 프랑스 지성들이 세미나에 참여해서 라캉 정신분석학의 개념을 끌어내 자기 철학의 기초로 삼았다. 보드리야르와 바타유, 들뢰즈가 대표적으로 라캉의 영향을 받은 철학자이다. 그들에게 라캉은 자기 철학을 전개하기 위한 참고 사항이 었지만, 지젝은 라캉 이론에 대한 해설가로 유명할 정도로 의존도가 높았다. 지젝은 다만 라캉 이론을 문화와 이데올로기 영역에 적용했을 뿐이라는 평가를 받고 있을 정도이다.

라캉의 욕망 개념

프로이트 정신분석학의 법통은 딸 안나 프로이트에게 전해져 미국에서 주로 번성했다. 라캉 역시 프로이트의 제자지만 프랑스 정신 의학의 전통과 구조주의 방법론을 통해 프로이트를 재해석하게 되었다.

프로이트에 대한 라캉의 재해석에서 결정적인 것은 욕망[63] 개념이다. 프로이트는 개체적 욕망과 성적 욕망이 있다고 보았다. 전자는 자기 보존의 욕망이고, 후자는 종의 재생산을 위한 욕망이다. 후자에는 리비도적인 활력이 부여되어 전자인 단순한 욕망과 구별된다. 프로이트는 두 가지 욕망이 모두 생물학적으로 본능적인 것으로 간주한다.

라캉은 성적 욕망 외에도 식욕 같은 것도 리비도적 활력을 지닐 수 있다고 본다. 그는 단순한 욕구(식욕, 성욕 등)와 리비도적 활력이 부여된 욕망을 구분한다. 전자는 생물학적인 것이고, 후자는 타자와의 관계에서 발생하는 타자적인 욕망이라고 한다. 타자적인 욕망이란 무엇인가? 왜 타자적인 욕망이 리비도적 활력을 부여할까? 라캉은 아래와 같이 설명한다.

욕망은 생물학적인 욕구를 토대로 하지만 욕구와는 구별된다고 한다. 인간은 태어나면서부터 혼자서는 무기력하다. 부모와 같은 양육자(대타자)의 도움 없이는 욕구를 충족시킬 수 없다. 인간은 대타자의 관심과 보호를 기대하는 일정한 요구를 가진다. 생물학적인 욕구의 충족이 대타자의 보호와 관심, 즉 요구의 징표로 간주할 때가 욕망이다. 이때 욕망의 충족은 생물학적인 만족 이상의 쾌락인 잉여 쾌락(향유)을 준다. 이런 잉여쾌락이 리비도적 활력을 준다.

어머니의 젖꼭지를 문 아이를 보자. 젖꼭지를 통해 아이는 욕구를 충족시킨다. 이때 젖꼭지는 그 이상의 의미를 지닌다. 어머니의 관심과 보호를 약속하는 대상이다. 어머니의 젖꼭지는 욕망의 대상이 되며, 잉여 쾌락을 불러일으킨다. 이처럼 욕망이 대타자의 보호와 관심에 대한 요구를 깔고 있는 욕구라는 점에서 라캉은 타자적인 욕망이라 한다. 라캉은 타자적인 욕망의 대상이 되는 것을 부분 대상이라고 이름 붙인다.

라캉 이론의 핵심이 욕망의 타자성인데, 일상적인 경험을 통해 어느 정도 이해할 수 있을 것이다. 많은 학생들은 사실 자기가 원하는 삶이 아니라 부모가 원하는 삶을 살아간다. 부모가 원

461

하는 것을 자기가 원하는 것처럼 원한다면 학생의 소망은 타자적이라 볼 수 있다.

어느 욕구나 타자적 욕망이 되어 리비도적 활력을 가질 수 있다. 라캉은 성적 욕망 외에도 식욕이나 심지어 지각적 욕구조차 타자적 욕망이 될 수 있다고 말한다.

무엇보다도 주요한 것은 성적인 욕망이 두 가지 대립하는 욕망의 상호 작용으로 이루어진다는 것이다.[64] 쾌락을 추구하는 리비도적 충동과 자기 파괴를 추구하는 죽음 충동이다. 두 가지 충동은 모두 앞에서 설명했듯이 잉여 쾌락적인 측면을 지닌 충동이다.

라캉의 주장은 프로이트가 말년에 주장했던 죽음의 본능 개념을 충실히 받아들인 결과이다. 대부분의 프로이트 제자들은 죽음의 충동 개념을 받아들이기를 거부했다. 반면 라캉은 이 개념을 충실히 반영하여 자기가 프로이트의 유일한 제자라고 자부했다.

두 가지 욕망의 관계가 흥미롭다. 프로이트에게서 이미 그 관계가 설정되지만, 분명하게 제시되지 않는다. 라캉은 그 관계를 체계화한다. 리비도적 욕망이 쾌락을 추구하는 반면 죽음의 욕망은 고통을 추구한다. 두 가지 욕망은 상반된 목표를 추구한다. 서로 독립적인 힘을 가지고 독립적으로 존재한다. 양자는 서로 밀접하게 연관되어 나타나기도 한다. 잉여적인 쾌락을 추구하는 리비도적 욕망이 동시에 고통을 동반하며, 고통을 추구하는 죽음의 욕망이 쾌락을 주기도 한다. 두 가지 욕망의 관계는 매우 복잡한데, 욕망을 충족시키는 방식에 따라 상이하다.

상징계

주관이 대타자와 갖는 심리적인(보호와 관심, 사랑) 관계에서 욕
망이 발생한다. 대타자에 대해 주관이 어떻게 관계하는가에 따
라 다양한 형태의 욕망 충족 방식이 발생한다. 라캉은 세 가지 방
식을 구분한다. 상징계와 상상계, 실재계이다.

라캉은 사회 현실을 상징계라 이름 붙였다. 상징계란 언어적인
질서로 구성된 세계라는 의미이다. 라캉의 주장은 레비스트로스
가 친족 체계 속에 여성의 교환 체계가 존재한다는 연구를 기초
로 한다. 자본주의 사회가 상품 교환의 체계라고 주장한 마르크
스와도 연결된다. 라캉의 주장은 프로이트가《꿈의 해석》에서 꿈
이 언어적으로 구성되어 있음을 밝힌 것을 근거로 한다. 잘 알다
시피 프로이트는 꿈은 억압과 전치, 은유와 환유라는 구조를 통
해 구성된다는 사실을 밝힌 바 있다.

라캉에 따르면, 각 개인의 주관은 상징계 속에서 형성된다. 원
근법적 그림이 시선이 들어설 자리를 마련해 놓듯이(소실점의 반
대 끝) 상징계는 주관이 들어설 자리를 마련해 놓는다. 관객이 그
림 속 시선의 위치에 들어서면서 그림은 평면 위에 그려진 색깔

이 아니라 살아 있는 가상 현실이 된다. 마찬가지로 상징계가 마련해 놓은 자리에 주관이 들어서면서 상징계는 살아 있는 현실이 된다. 상징계의 자리에 들어서면 주관은 자신이 세계의 중심이 된 것처럼 생각한다. 실상 그를 중심으로 만들어 놓는 것은 상징계 자체이다.

상징계에서 인간의 욕망은 어떻게 충족되는가? 라캉은 억압이라고 말한다. 억압이란 인간의 대타자적인 욕망이 자체로 추구되지 않고 다만 간접적으로 추구된다는 의미이다. 상징계는 언어의 질서, 환유와 은유라는 질서로 이루어진다. 따라서 욕망은 환유를 통해 인접되는 것으로 전이하든가, 은유를 통해 유사한 것으로 옮겨 간다. 욕망 이행은 끝없이 계속된다. 결코 본래 대타자적인 욕망이 그대로 추구되지 못한다. 간단히 말해 억압이란 욕망이 무한히 다른 것으로 이동하는 방식으로 충족된다는 것이다. 욕망의 억압은 상징계의 언어적 질서가 유지되고 있다는 것을 전제로 한다.

욕망이 억압되면서 무한히 이동하는 것을 지질학적인 습곡에 비유할 수 있겠다. 평평한 지층이 압력을 받으면 지층의 습곡이 일어난다. 욕망이 이동하는 모습이 이런 습곡을 닮았다. 지층이 마그마를 누르고 있어 용암으로 넘쳐흐르지 않는 것은 욕망의 억압을 비유적으로 보여 준다.

그럼 욕망을 억압하는 힘은 무엇인가 ? 직접 충족하지 않고 무한히 이동하게 만드는 힘 말이다. 프로이트는 사회적 금기인 근친상간 금기에서 힘의 원천을 찾았다. 라캉은 사회적 금기가 아니라 욕망이 지닌 두 대립하는 힘의 관계에서 설명하려 한다. 욕망은 한편으로 리비도적인 욕망이지만, 다른 한편으로는 죽음의 욕망이다. 전자의 욕망은 충족을 얻으려 하고 대상에 다가가려 한다. 후자의 욕망은 대상이 오히려 회피된다. 그것은 줄에 묶인 공이 인력과 척력이라는 대립하는 힘이 작용하면서 공이회전하는 것과 같다.

두 힘의 대립으로 회전하는 공의 회전 경로가 곧 상징계이다. 상징계라는 구조가 굳건하게 버티고 있을 경우 리비도적 욕망의 힘은 상징계의 질서 즉 환유와 은유의 질서에 따라 이동한다. 이런 이동이 곧 억압이고 그 이동은 무한히 유동적이다. 이것이 상징계에서 욕망을 충족시키는 방식이다.

욕망 충족의 이와 같은 방식은 신경증 유형에서 전형적으로 나타난다. 신경증의 유형에 속하는 강박증이나 노이로제, 히스테리는 서로 구별되지만, 공통적으로는 억압된 욕망이 대체적인 방식으로 충족된다.

욕망이 대체, 지연되는 가운데 마침내 어느 한 지점에 이른다. 상징계의 구조적 연관이 붕괴하는 지점이다. 그 지점을 넘어서면 상징계 밖이다. 이 지점은 현재의 상징계로는 도저히 해석하거나 설명할 수 없는 사건이 일어나는 지점이다. 라캉은 이를 상징계의 균열, 또는 구멍이라 규정한다. 욕망은 이 지점에서 더 이상 억압의 방식으로 유지될 수 없다. 새로운 욕망 충족 방식이 등장하는데, 그것이 상상계와 실재계이다.

상상계

상상계란 라캉이 거울 단계라 불렀던 현상을 말한다. 6개월에서 18개월 사이의 아이는 거울 앞에 서면 자기 모습에 환호한다. 라캉은 이 현상이 어머니와 연관이 있다고 한다. 어머니는 자주 아이를 안고 거울 앞에 선다. 아이는 어머니가 없더라도 자기 모습 뒤에서 어머니의 모습을 발견한다. 이 과정을 통해 아이는 자기 모습이 곧 어머니가 관심을 가지고 보호하는 대상이라고 믿으면서 잉여적인 쾌락을 느낀다.

라캉은 거울 단계를 일반화하여 상상계라 이름 붙인다. 상징계에서 타자적인 욕망은 대체되는 다른 대상으로 이동한다. 반면 상상계에서는 자신이 타자적인 욕망의 대상이라고 확신한다. 타자인 어머니가 욕망하는 것이 자신이라는 것이다. 타자가 욕망하는 '나'가 바로 자아이다. 이 자아가 거울 단계에서 거울을 통해 발견하는 자기 모습이다.

이것은 일종의 간사한 지혜이다. 자신을 대타자가 욕망하는 대상으로 만들어 대타자의 관심과 보호를 자신에게 묶어 두는 것이다. 타자적 욕망의 대상인 자아는 주관에게 이상적인 자아[65]로 간주되면서 자아에 잉여 쾌락을 느낀다.

상상계에서 대타자와 자아의 관계는 자아의 분신(대타자와 구분하여 소타자)이 개입하면서 이중화된다. 상상계에서 대타자가 욕망하는 대상이 자신이라고 믿는 한 주관은 쾌감을 느낀다. 만일 대타자가 욕망하는 대상이 자신이 아닌 자아의 분신이라고 생각한다면, 주관은 분신에 대타자의 보호와 관심을 빼앗겼다고 생각하면서 분신을 파괴하려는 공격성을 드러낸다. 어린아이가 자기 동생을 질투하는 현상이 전형적 예이다. 아이는 동생에게 어머니의 사랑을 빼앗겨 질투한다는 것이다.

상상계는 근본적으로 이중적인 관계로 이루어진다. 한편으로 자신에게 쾌감을 느끼면서 한편으로 자아의 분신에 증오감을 느낀다. 리비도적 욕망과 죽음의 욕망이라는 이중적 관계가 상상계에서는 자아에 대한 욕망과 분신에 대한 증오의 관계로 표현된다.

라캉은 이중적 관계를 부인否認이라는 개념으로 설명하기도 한다. 자신에게 더 이상 대타자의 욕망 대상(예를 들어 남근)이 존재하지 않는다는 것을 발견하였을 때, 이를 현실적으로시인하면서도 상상적으로 부인하는 것을 부인이라 한다. 더 이상 실재하지 않는 남근이 상상 속에서 자기에게 여전히 존재한다고 오인된다. 시인과 부인은 끝없이 교체한다. 사랑에 빠진 사람이 나뭇잎

을 한 장씩 뜯으며 연인이 자기를 사랑할까, 아닐까를 반복하는
것과 같다. 나뭇잎을 아무리 뜯어도 결론이 나지 않는 물음이다.

라캉은 부인을 도착증에 해당하는 여러 가지 증상에서 발견한
다. 사디즘과 마조히즘이라든가, 관음증, 전시증 등이 부인의 메
커니즘으로 설명된다.

실재계

실재계란 상징계를 구성하는 언어적 질서가 완전히 붕괴한 경
우를 말한다. 상징계에 메울 수 없을 정도로 큰 구멍이나 틈이 생
긴 경우이다. 구체적으로는 정신분열증이나 편집증에 걸린 경우
이다. 이 경우 주관은 전적으로 자신을 해체하고 대타자에 종속
된다. 라캉은 폐제廢除[66]라는 개념으로 설명한다.

폐제는 마땅히 형성되어야 할 주관이 형성되지 못하거나 해체
되었다는 의미이다. 그 이유는 주관을 구성하는 상징계가 무너졌
기 때문이다. 주관은 대타자의 욕망(프로이트가 이드라고 한 것) 속에
함몰되어 버렸다. 상상계에서도 상징계에서 수립된 주관은 해체
되지만, 상상계에는 적어도 자아라는 것이 있다. 상상계는 대타
자가 욕망하는 대상이 자아라고 믿는다.

실재계에서는 이런 자아조차 없다. 그는 대타자가 욕망하는 것

에 전적으로 종속한다. 그러면서도 폐제된 주관을 형성하려는 움직임이 출현한다. 그에게 주관을 형성해 주는 상징계가 현실적으로 확립되지 못하고 환상적으로 실현된다. 그 결과 초자아라는 환상이 출현한다. 초자아는 환상적인 존재지만 대타자 속에 함몰되어 있는 자기를 처벌하려 한다.

라캉에 의하면, 실재계에서 초자아의 지배는 상징계에서 억압과는 다르다. 실재계에서 초자아의 처벌은 엄격하다. 그것은 가혹한 지배이며 순간순간 변덕스럽게 일어난다. 초자아의 지배는 배후에 이드에 대한 충동을 깔고 있다. 초자아의 공격성 자체가 잉여 쾌락을 담고 있다. 초자아는 잉여 쾌락을 담은 무서운 지배자, 외설적인 대타자이다.

여기서도 욕망은 이중적이다. 한편으로 대타자의 욕망에 포박되어 있으며(이드), 다른 한편으로 자기를 처벌한다(초자아). 이드와 초자아가 공존하여 쾌락을 느끼면서도 고통을 느낀다. 쾌락과 고통이 중첩되면서 고통의 향유가 출현한다.

실재계에서 이드의 욕망과 초자아의 억압이 상호 작용하면서 욕망은 충동이라는 형식으로 나타난다. 욕망은 순환한다. 욕망은 자신의 대상에 다가가지만, 결코 다가가지 못하고 물러선다. 물러섰더라도 결코 떠나지 못하고 다시 대상에 다가간다. 물러남과 다가감을 되풀이하면서 순환하는 욕망을 충동이라 한다. 실재계에서 욕망은 곧 충동이다.

지젝의 환상 개념

이상에서 설명한 상징계, 상상계, 실재계의 개념들은 라캉의 정신분석학에서 기초가 되는 개념이다. 아울러 지젝의 이데올로기 비판 이론에서 출발점이 된다.

먼저 지젝은 라캉이 말한 상징계의 균열, 구멍이라는 개념을 끌어들인다.[67] 구멍을 넘어서면 주관은 해체된다. 지젝은 상징계의 구멍, 균열에서 다양한 환상이 출현한다고 말한다. 지젝의 환상 개념은 일반적으로 환상 개념에 대립한다.

일반적으로 환상은 현실에 없는 것을 대신하여 소망을 채워 주는 것이다. 환상은 일종의 소망 충족의 대상이다. 환상은 실제적인 만족은 아니지만, 그에 상당하는 대리 만족을 준다. 지젝에게 환상이란 상징계의 균열과 구멍을 메우기 위해 출현한 것이다. 환상은 균열과 구멍에서 나오는 욕망 충동과 죽음에의 충동을 막아 주는 역할을 수행한다.

지젝은 환상 개념을 개념적으로 규정하면서 '외밀성ex-timate'으로 규정한다. 외밀성이란 '내밀한intimate'이란 말과 '외부의exterior'라는 말이 결합한 것이다. 외부에 있는 것이 가장 내부에 있는 근거, 기초라는 의미이다. 상징계의 끝에 존재하는 환상이 사실은 상징계의 구멍과 균열을 메워 상징계의 기초가 되니, 이를 외밀성이라 한 것이다.

지젝은 외밀성 개념을 다시 헤겔 변증법의 도움을 받아 설명한다. 개별자들을 포괄하는 보편자 역시 하나의 개별자라고 본다. 이때 두 개의 차원이 분리된다. 개별자를 포괄하여 보편자에 이르는 차원과 보편자를 하나의 개별자로 보는 차원으로 구분된다. '학생대표'는 개별적인 학생들을 포괄하는 보편자이다. 한편 '대표 학생'은 개별 학생들의 단순한 종합이 아니라 고유한 독자성을 지닌다.

헤겔의 '개별적인 보편자' 개념은 환상 개념을 설명하는 데 도움이 되기도 한다. 환상이란 어떤 것들 전체의 끝에 존재하는 개별자다. 그렇지만 모든 것의 기초가 된다. 기초가 된다는 점에서 보편자다. 그것은 모든 개별자들의 끝에 존재하는 한 하나의 개별자다.

상징계의 균열로부터 발생하는 다양한 환상은 다양한 형태로 등장한다. 지젝은 환상의 다양한 형태들을 대중문화나 영화에서 구체적으로 확인해 본다.

상징계에서 균열이 일어나면 욕망 충동이 느껴지고, 충동을 막아 서면서 환상이 출현한다. 환상은 균열된 상징계를 다시 봉합한다. 거꾸로 본다면 환상은 상징계의 한 부분으로서 실재계에서의 쾌락을 제공하는 부분 대상이 된다. 신경증에서 증상이 이런 상징계의 환상에 해당한다.

지젝은 상징계 환상의 구체적인 예로 패트리샤 하이스미스 Patricia Highsmith의 소설《검은 집》을 들고 있다. 검은 집은 실제로는 아무것도 없는 텅 빈 집이다. 마을 사람들은 검은 집에서 각기 다양한 비밀스러운 쾌락을 느낀다. 어떤 이방인이 마을 사람들에게 검은 집이 텅 빈 집이라는 것을 폭로하자 그를 살해하고 만다.

상상계에서 주관은 자신을 대타자의 욕망 대상이라고 오인한다. 대타자를 조종할 수 있는 자신의 상상적인 자아가 상상계에서의 환상이다. 도착증에서 다양한 물신fetishism이 여기에 속하는 환상이다. 지젝은 상상계의 환상을 '실재의 한 조각'이라 한다. 지젝은 역시나 패트리샤 하이스미스의 소설《단추》를 예로 들고 있다.

작고 뚱뚱한 기형의 아이를 둔 아버지에 관한 이야기이다. 그는 아이를 참을 수 없다. 아이를 자신의 부조리한 운명의 상징으로 여긴다. 어느 날 그는 이유 없이 술 취한 사람과 싸우다 죽이고 만다. 그는 싸움 도중에 상대의 외투에서 뜯어낸 단추를 소중히 간직한다. 단추는 그에게 운명의 부조리를 상징하는 물건이다. 동시에 운명을 지배할 수 있다는 가능성의 한 조각이다. 단추는 운명(대타자)을 조종할 수 있다는 그의 자아를 의미한다.

실재계에서 실재, 즉 이르는 주관이 시간을 소급하여 만들어 놓은 원초적인 환상이다. 주관은 이런 실재계의 환상에 잉여 쾌락을 느낀다. 실재계 환상의 구체적인 예로 지젝은 패트리샤 하이스미스의 소설《연못》을 들고 있다.

이혼한 여인이 아들을 데리고 깊고 어두운 연못이 있는 시골집으로 이사 온다. 연못에 자라는 이상한 뿌리들에 둘러싸여 아들이 익사한다. 그녀는 뿌리들을 제거하고자 하나 실패한다. 어느 날 그녀는 미친 듯이 뿌리들을 잘라 내지만, 더욱더 단단하게 뿌리들의 함정에 사로잡힌다. 마침내 그녀는 저항을 포기한다. 뿌리 속에서 죽은 아이가 부르는 소리가 들려온다. 연못은 그녀가 반복적으로 충동을 느끼는 대상이다. 여기서 들려오는 아이의 소리는 실재계의 환상이다. 지젝은 이런 환상을 증환症幻[68]이라고 부른다.

실재계에는 또 하나의 환상이 있다. 초자아라는 환상이다. 지젝은 이 환상을 Φ로 표시하는데, 외설적인 대타자를 의미한다. 구체적인 예로 지젝은 패트리샤 하이스미스의 소설《미스터리의 공동묘지》에 나오는 이미지를 들고 있다.

오스트리아의 작은 마을에서 의사들이 환자들을 대상으로 방사능 실험을 한다. 어느 날 환자들이 묻힌 공동묘지에서 이상한 일이 벌어진다. 붉은 스펀지 조형물이 엄청난 크기로 성장을 멈추지 않은 채 묘지 위로 돌출한다. 돌출한 조형물은 폐제된 대타자, 다시 말해 아버지의 이름에 대한 환상, 초자아를 의미한다.

이데올로기 개념

이상에서 지젝의 환상 개념을 설명했다. 지젝은 환상 개념을 이데올로기 개념으로 연결한다. 이데올로기란 개념은 마르크스주의 전통에서 핵심적인 개념이다. 마르크스는 허위의식이지만 개인적인 것이 아니라 사회적으로 발생하는 것을 이데올로기라고 말한다. 허위의식은 주어진 사회를 역사적으로 형성된 사회가 아니라 자연적으로 존재하는 사회처럼 보이게 한다.

루카치는 물신화를 이데올로기의 기초로 설명한다. 원래 인간이 만든 성질을 사물의 본래의 성질로 간주하는 것이 물신화이다. 자본주의 시장은 인간들 사이의 교환 관계의 산물이지만, 자율적으로 움직이면서 인간을 지배하는 힘처럼 나타난다. 이것은 이데올로기적으로 만들어진 가상이다.

마르크스주의의 이데올로기 개념을 한 단계 발전시킨 것이 알튀세르의 이데올로기적인 호명呼名이라는 개념이다. 라캉의 상징계 개념에 따르면, 상징계의 구조와 그 구조 속에 들어선 자를 상징계 자신의 주체로 만든다. 이와 마찬가지로 이데올로기 국가는 사람들을 국가가 호명하는 자리로 불러온다. 시민은 자유롭게 주관적으로 활동하지만, 사실은 국가에 의해 그렇게 활동하게 만들어진 이데올로기적인 주관이다.

기호학자 롤랑 바르트Roland Barthes는 어떤 기호가 지시하는 다른 대상의 성질이 기호 자체에 본래 있는 성질로 전가되면 이데올로기적이라 말했다. 농민들이 먹던 막걸리가 농민적인 속성을 지닌다고 생각해서 지식인들이 농민을 느끼기 위해 막걸리를 마시는 것과 같다.

지젝은 전통적인 이데올로기 개념에서 공통으로 등장하는 '자연화', 또는 '물신화'의 개념을 받아들인다. 자연화를 가능하게 하는 방식은 다른 이데올로기 이론가와 구분된다. 그에게 이데올로기는 사회 내부에 존재하는 근본적인 균열과 구멍을 은폐하는 환상이다. 환상은 대체로 내부의 균열과 구멍에서 발생하는 것을 외부로부터 다가오는 위험이나 혼란으로 치환한다. 즉, 이데올로기는 사회적인 문제를 자연적인 문제로 돌리거나, 내부의 모순을 외부에 있는 적의 침투로 제시한다.

지젝은 유럽 사회에서의 반유태주의를 전형적인 이데올로기 형성물로 본다. 유럽 자본주의의 내적 모순을 통해 사회적인 혼란이 발생하면 자본가들은 유럽의 주변부에서 떠도는 유대인이 침투하여 일어난 혼란으로 설명한다. 이런 도치는 무의식적으로 일어난다. 사람들은 유대인의 침투로 혼란이 벌어지는 것을 끊임없이 경계하며 유의한다. 유태인의 침투라는 생각 자체가 잉여적인 쾌락 대상이 된다.

스탈린 시대에 정치범들은 터무니없는 반혁명의 죄를 뒤집어쓰고도 기꺼이 처형당하기를 선택했다. 지젝이 이런 정치범들의 이데올로기적인 기만도 같은 방식으로 설명한다. 사회주의 혁명가들은 하나의 도착적인 환상을 즐기고 있었다는 것이다. 혁명가들은 자신을 역사나 이성의 수단으로 간주한다. 실제로는 공산주의 사회의 내부 모순으로 혼란이 발생해도 혁명가들은 자신의 책임으로 여긴다. 자신이 역사와 이성의 지시를 제대로 따르지 못해서 혼란이 발생했다는 것이다. 혁명가들은 역사와 이성 앞에서 죄의식을 느끼며, 자기를 스스로 처벌한다.

환상의 가로지르기

지젝은 자주 '환상을 가로지르다'라는 표현을 사용한다. '가로지르다'라는 말은 정신분석학의 해석 개념과 연관된다. 알다시피 진리에 이르는 여러 방법이 있다. 자연 과학이라면 경험에 기초하여 논리적인 추론에 의존한다. 추론은 동일성의 논리에 따른다. 반면 인간 과학은 의미를 해석하려 한다. 해석은 행위의 의도를 밝혀서 도달된다.

정신분석학의 작업은 매우 독특한 작업이다. 궁극적으로는 어떤 증상의 의미를 해석하는 작업이다. 의미 해석은 주관적인 의도의 지향성에 의존하지 않는다. 주관의 의도는 증상의 의미를 은폐할 뿐이다. 프로이트는 정신분석학에서 의미 해석의 방법론을 상세하게 규정했다. 그의 해석은 두 단계 과정을 통과한다.

하나는 전체를 파편화하여 이차적인 억압에서 일어나는 합리화를 제거하는 것이다. 합리화는 주로 시각적인 형상화로 일어난다. 파편화란 시각적인 형상의 분해를 의미한다. 다른 하나는 일차적인 억압을 통해 일어난 압축과 전위를 헤쳐서 그 안에 감추어진 진정한 욕망을 찾아내는 것이다. 압축과 전위는 단어 표상들 사이에서 일어난다. 프로이트는 자유 연상이라는 독특한 방법론을 사용한다. 《정신분석 강의》에서 프로이트는 아주 흥미로운 예를 보여 주었다.

어느 날 프로이트는 리비에라 해안에 있는 나라의 이름이 생각나지 않았다고 한다. 처음 머리에 떠오른 '몬테카를로'에서 여러 도시의 이름이 연상되었다. '피에몬테', '알바니아', '몬테비데오', '콜리코' 등. 그중에 '알바니아'가 눈에 띄었다. 곧이어 '몬테네그로'라는 이름이 떠올랐다고 한다. 프로이트는 '알바니아'가 흰색을 의미함을 깨달았다. 이어서 나머지 이름에는 흑색을 의미하는 '몬'이라는 동일한 음절을 포함한다는 사실을 알게 되었다. 비로소 잊어버린 나라의 이름이 '모나코'임이 떠올랐다는 것이다.

이 과정에서 자유 연상의 핵심 고리는 '알바니아'에 있다. 나머지가 모두 흑색을 의미하는데, '알바니아'만 흰색을 의미하면서 거꾸로 다른 이름이 흑색이라는 점을 깨닫게 해 주었다. 나머지 네 개의 이름 사이에는 연속성이 존재한다. 결국 '알바니아'라는 이름에 이르러 갑자기 단절이 일어났고, 비로소 원래 기억과 연결되는 것이다. 연속성의 배후에 있는 것을 연상을 이끌어 간 '몬'이라는 단어였다.

연상의 끝에서 다른 것과 단절되면서 거꾸로 다른 것의 연속성을 드러내 주었다. 그렇게 하여 연속성의 배후를 지배하는 기억에 도달했다. 이 연상의 방법이 환상을 가로지르는 방법의 핵심이다. 환상의 가로지르기를 통해 얻어진 결과는 무엇인가? 환상을 가로지르면 환상은 완전히 사라지는가?

인간 세계에서 완벽한 상징계는 영원히 구축되지 않았다. 인간은 항상 환상을 지니고 살아갈 수밖에 없다. 환상을 내던져 버린다면 남는 것은 정신증과 도착증이다. 정신증과 도착증을 안고 살아갈 수도 없다. 환상은 비록 존재하더라도 의미가 해석된다면 더 이상 주관을 포박하는 힘을 상실한다. 환상의 의미 해석을 통해 환상에 대한 거리 두기가 이루어진다.

환상의 가로지르기란 선불교에서 말하는 깨달음과 연관되지 않을까? 선불교도 집착을 끊어 인간을 자유롭게 한다고 한다. 집착은 언어도단, 즉 언어를 넘어서는 길이라고 한다. 언어도단이란 앞에서 말한 프로이트의 자유 연상법과 유사하지 않을까?

아감벤과
호모 사케르

아감벤이 도래하는 공동체로 기대하는 것은 촛불 시위와 같은 공동체이다. 아감벤이 68 혁명 세대로서 무정부주의적인 신념을 가지고 있음을 보여 준다. 아감벤은 무차별적 특이성, 비본질적 공통성이라는 개념이 국가 권력의 지배에 가장 적절히 저항하는 무기가 될 수 있다고 생각한다.

✳

아감벤Giorgio Agamben은 이탈리아의 철학자이다. 그는 9.11테러 이후 외국인 여행자의 지문 날인을 강요하는 미국에 항의하여 미국 방문을 일절 거부한 철학자이다. 클린턴 시대를 풍미했던 포스트모던 자유주의자들이 부시의 이라크 전쟁에 묵시적으로 동조했다는 사실과 비교해 본다면 그의 강경한 항의가 돋보인다.

아감벤은 청년기에 하이데거를 연구하기도 했지만, 독일 철학자 벤야민에게서 하이데거 철학의 해독제를 찾았다고 한다. 그는 철학적으로 공동체의 문제에 깊은 관심을 가져 바타유, 장 뤽 낭시Jean Luc Nancy와 함께 토론을 벌이기도 했다. 토론을 위해 쓴 책이《도래하는 공동체》인데, 무정부주의에 대한 신념이 단적으로 표현되어 있다.

아감벤의 이름을 세상에 널리 알린 책은《호모 사케르》이다. '호모 사케르Homo sacer'란 라틴어 뜻대로 하자면 신성한 인간이라는 뜻이지만, 의미상 법질서 밖에 놓인 존재를 뜻한다. 그는 호모 사케르라는 주제를 여러 가지로 변주하여 지금까지 많은 책을 발간했다.

아감벤은 복잡한 논리를 전개하기보다는 풍부한 사실이나 역사적인 예들을 통해 어쩌면 매우 단순한 자기주장을 반복적으로 전개한다. 그의 풍부하고 흥미로운 사실들과 예들을 모두 소개할 수 없어 유감이다.

도래하는공동체

1990년 초 사회주의 진영이 몰락하면서 과학적이며 현실적인 공산주의 운동이 무위로 돌아가 버렸다. 그 후 많은 사상가들은 자본주의적 개인주의에 기초를 둔 포스트모더니즘으로 전환했지만, 여전히 공동체의 꿈을 가진 철학자들이 있었다. 그들은 과학과 현실이 아닌 윤리와 유토피아적 희망에 기초한 새로운 공동체 개념을 모색했다.

철학자 바타유는 라캉의 정신분석학을 기초로 상징계를 벗어난 실재계에서 개체가 타자와 완전한 혼융을 이루는 공동체를 모색했다. 하이데거의 영향을 받은 낭시는 개체의 현존을 근본적으로 뒤흔드는 무와 죽음을 통해 초월의 세계에서 서로 만나는 무위無爲의 공동체를 제시했다. 바타유와 낭시의 개념에 맞대응하면서 아감벤도 새로운 공동체 개념을 구축하려 했다.

아감벤의 공동체 개념은 방법론적으로 서로 대립하는 두 개념의 대립을 해소하려는 시도에서 출발한다. 그는 주체와 객체, 가능성과 현실성 등 전통 논리학에서 대립하는 개념을 서로 매개시키려 했다. 그는 이른바 '속을 뒤집어서 꺼내는' 방법을 사용한다. 어떻게 보면 그의 방법은 하나의 개념 속에 이미 대립하는 개념이 침투하고 있다는 헤겔의 변증법적 방법과 유사해 보인다.

아감벤은 자신의 방법을 통해 개인과 공동체라는 대립 개념을 화해시켜 독특한 두 가지 개념을 제시하게 된다. 하나는 '무차별적 특이성whatever singularity' 개념이며, 다른 하나는 '비본질적 공통성inessential commonality' 개념이다.

우선 무차별적 특이성이라는 개념을 보자. 그는 사랑이라는 현상에서 그 예를 발견한다. 내가 누군가를 사랑한다면 그가 지닌 어떤 성질(코가 높다거나, 친절하다거나)을 사랑하는 것은 아니다. 마찬가지로 인간 일반성에 대한 사랑인 인류애와도 구분된다. 나는 그 사람 자신을 사랑하며, 그 사랑을 다른 사람에 대한 사랑으로 대체할 수 없다. 그 사람의 것이라면 어떤 성질이라도 기꺼이 사랑한다. 심지어 연인이라면 바보스럽게 흘리는 침조차 넋이 나간 채 바라보는 것이 사랑이다. 이와 같이 사랑의 대상이 지닌 다양한 개별 성질은 특이한 것이지만, 차별 없이 사랑스러운 성질이된다는 점에서 무차별적 특이성이다.

거꾸로 공통성이란 일반적으로 추상적인 개념이나 본질과 연관된다. 개별자들이 지닌 우연성과 개별성을 제거하고 남은 것이 공통성이다. 아감벤은 이와 다른 공통성인 비본질적인 공통성을 제시한다. 아마도 비트겐슈타인Ludwig Josef Johann Wittgenstein의 '가족 유사성' 개념에 연원을 두고 있는 것으로 보인다.

형제자매들은 어딘가 서로 닮은 바가 있다. 어디에 가도 형제 자매라는 점이 금방 드러난다. 하지만 잘 보면 그들 사이에 추상적인 공통성은 존재하지 않는다. 이러한 유사성을 비트겐슈타인은 '가족유사성'이라 했다. 아감벤의 비본질적 공통성도 가족 유사성 개념과 닮았다.

구체적인 예를 들자면 촛불 시위를 들 수 있다. 촛불 시위에 참여한 사람들은 서로 공통적인 무엇에 속한다는 느낌을 가졌다. 하지만 그들이 거리에 들고 나온 이슈나, 모이게 된 과정, 거리에서 행하는 방식에 추상적인 공통성은 없었다. 서로 이질적이면서도 공통적인 것에 속하는 촛불 시위가 아감벤이 말하는 비본질적 공통성이다.

비본질적 공통성은 앞에 든 무차별적 특이성과 쌍을 이루면서 뫼비우스의 띠처럼 안과 밖이 연결되어 있다. 비본질적 공통성의 이면이 무차별적 특이성이며, 무차별적 특이성의 이면이 비본질적 공통성이다. 두 개념의 관계는 무정부주의자가 자주 제시하는 코뮌의 특징을 보여 주기도 한다. 무정부적 코뮌은 협업 관계를 기본으로 하는데, 자주 자본주의적인 분업과 비교된다. 분업이 전문화를 전제로 한다면 협업 관계는 서로 협력하지만 전

문화를 거부한다. 일을 나누되 서로 돌아가면서 맡는 관계이다.

아감벤은 무차별적 특이성, 비본질적 공통성이라는 개념이 국가 권력의 지배에 가장 적절히 저항하는 무기가 될 수 있다고 생각한다. 국가 권력은 항상 분할하여 통치하는 것이 기본이지만, 무차별적 특이성이나 비본질적 공통성은 어디서 어디까지 분할해야 할지 알 수 없기 때문이다. 너무 가까이 분할하면 자기편이 다치고, 너무 멀리 분할하면 적이 살아남는다.

호모 사케르

아감벤은 1990년대 중반 윤리적이며 유토피아적인 공동체 구상에서 더 직접 정치학의 문제에 접근해 들어간다. 그의 정치학적 연구에서 핵심이 되는 개념이라면 아무래도 '호모 사케르'라는 말이다. 말 그대로 번역하자면 '신성한 인간'이라고 해야 하겠다. 대신 말의 의미를 살리자면 '벌거벗은 생명'이라는 말로 번역하는 편이 좋을 것 같다. '신성한'이라는 뜻인 이탈리아어 'sacro'와 영어 'sacred'와 관련된다. 원래 고대 로마법에 나오는 말이라 한다.

"호모 사케르란 사람들이 범죄자로 판정한 자를 말한다. 그를 희생물로 바치는 것은 허용되지 않으며, 그를 죽이더라도 살인죄로

처벌받지 않는다."(페스투스의 논집《말의 의미에 대해》에서)**69**

아감벤은 '신성한'이란 표현은 일반적 의미와는 반대로 '희생물로 바칠 수 없을' 만큼 저주받았다는 의미를 지닌다고 한다. '신성한 자'는 법의 보호 밖으로 추방된 자를 말한다는 것이다. 호모 사케르를 죽인다고 하더라도 법을 위반한 것이 아니다. 호모 사케르는 아리스토텔레스가 자연적인 생명zoe과 시민적인 생명bios을 구분한 데서 흔적을 찾을 수 있다. 호모 사케르는 자연적 생명을 갖지만, 시민적 생명은 갖지 못한다. 호모 사케르는 현재에도 다양한 형태로 존재한다. 흔한 예를 들자면 나치 시대 유대인이나 우리나라의 종북 세력이라 할 것이다. 둘 다 법의 보호 밖에 놓여 있다는 점에서 공통적이다.

아감벤이 호모 사케르라는 말에 주목하는 이유는 호모 사케르를 추방하는 힘이 법을 제정하고 유지하는 주권의 작용이기 때문이다. 주권에 의해 법이 제정되면서 어떤 존재자들은 법의 보호 속으로 받아들여지고 어떤 존재자들은 법의 보호로부터 배제됐다. 권력의 원초적인 작용은 생명을 판단하는 것, 즉 호모 사케르를 추방하고 시민적 생명을 생성하는 일에 있다. 아감벤은 이와 같은 권력 작용을 푸코의 개념을 차용하여 생명-권력이라고 규정했다.

법의 보호에서 배제된다면 그는 법의 세계(그리스어로 '노모스No-mos'라 한다)와 무관한 존재가 된 것일까? 법의 세계와 그 밖의 세계는 전적으로 독립된 상호 무관한 두 세계일까? 아감벤은 상식과 반대로 생각한다. 그는 배제의 역설을 강조한다. 배제된 것은 배제되는 방식으로 배제하는 것에 포함된다는 것이다. 학생들이 어떤 학생을 왕따 하면 왕따 당한 학생은 자유로운 것이 아니다. 왕따 당한 학생은 왕따라는 방식으로 왕따 하는 학생들에게 종속된다. 마찬가지로 배제된 자들은 배제하는 주권에 종속된다. 그들은 배제되는 방식으로 법의 세계에 포함된다. 배세뇌면서도 주권의 힘에 종속된 존재를 '예외 상태'라고 말한다.

벌거벗은 생명을 배제하는 주권은 법 위에 존재이다. 나치 법학자 칼 슈미트Carl Schmitt는 법을 제정하는 권력인 주권은 법을 초월한다고 한다. 법을 제정하는 권력을 법으로 심판할 수는 없다. 슈미트는 구체적으로 혁명이든 쿠데타든 일단 법을 제정하면 더 이상 심판 대상이 되지 못한다고 했다. 소위 성공한 쿠데타는 처벌할 수 없다는 논리다.

주권과 벌거벗은 생명은 서로 닮은꼴이다. 둘 다 법 밖에 놓여 있다. 그러면서도 법 속에 포함된다. 주권은 법의 제정자로, 벌거벗은 생명은 배제의 방식으로 포함된다. 그들의 자리는 서로 반대이다. 주권은 벌거벗은 생명을 배제하는 능력이다. 대립하는 양자는 거울에 비친 상처럼 서로를 비춘다.

예외 국가

아감벤은 주권과 호모 사케르 사이의 관계가 현대에 들어오면서 새로운 단계로 발전했다고 말한다. 바로 수용소이다. 수용소는 곧 나치의 수용소이며, 9·11 테러 이후 미국이 설치한 관타나모 수용소이기도 하다.

수용소란 배제된 예외 상태를 외부로부터 내부로 끌어들인다. 예외 상태에서 주권은 호모 사케르를 배제하지만 관리하지는 않는다. 반면 수용소의 세계에서 주권은 호모 사케르를 철저하게 관리한다. 예외 상태에서 호모 사케르는 마음대로 죽일 수는 있지만, 실제로 죽일 수는 없다. 그는 다만 방임될 뿐이다. 수용소의 세계에서 호모 사케르는 방임되지 않는다. 그는 주권의 힘에 절대로 복종한다. 주권은 그를 실제로 죽일 수도 있고, 살릴 수도 있다.

수용소의 세계에서 작용하는 주권은 법에 따라 작용하는 권력이 아니다. 주권자의 인격과 합치된 권력, 주권자가 자의적으로 판단하는 대로 결정되는 권력이다. 아감벤은 권력과 인격의 결합체를 독재자라고 부른다.

주권자의 자의에 지배되는 수용소의 재소자는 어떤 생산성도, 어떤 욕망도, 어떤 진리에의 의지도 지닐 수 없다. 아감벤은 수용소에서 생명의 정치란 차라리 죽음의 정치라고 할 수 있다고 한다. 주권자의 자의적 권력 앞에서 죽음에 직면한 수용소 재소자는 우울증을 느끼며, 마침내 자신에 대한 죄책감에 빠진다. 영화 〈쉰들러 리스트〉에서 관리 책임자인 중위의 변덕스러운 권력 앞에 노출된 유대인들이나, 관타나모 수용소에서 희희낙락하는 미군에게 끌려다니는 무표정한 아랍인들을 생각해 보면 아감벤의 주장이 잘 이해될 것이다.

독재자가 지배하는 국가는 국민 중 주변적 존재를 수용소에 집어넣고 다른 국민과 구별하는 것에 그치지 않는다. 독재자는 법 자체를 무한정한 시기 동안 정지시킨다. 나치는 파멸될 때까지 11년간이나 바이마르 공화국 헌법을 폐지하지 않고 단순히 정지시켜 놓았다. 결과적으로 수용소 안과 수용소 밖이 구분되지 않아서 모든 영역이 수용소가 되었다. 모든 국민이 독재자의 인격이 내리는 자의적인 판단에 의해 지배된다. 이러한 예외 상태가 일반화된 국가가 예외 국가이다.

아감벤은 독재자가 지배하는 예외 국가와 민주 국가 사이의 차이는 종이 한 장 정도라고 한다. 민주 국가에서도 항상 예외 상태가 존재한다. 다만 독재와 다른 형태로 나타날 뿐이다. 그는 오늘날 민주 국가에서 낙태, 안락사 등이 일반화되고 있다는 사실을 증거로 제시한다. 낙태와 안락사를 결정하는 것은 법적인 규정이 아니다. 의사의 자의적인 판단이다. 그러니 죽음의 정치는 이미 일상화되어 있다.

어디 그뿐인가? 미국에서는 총기 사고가 부지기수로 일어나며,

못지않게 우리 사회에서는 자살이라는 형태로 나타나는 타살이 매 시각 발생하고 있다. 아감벤은 현대 사회가 독재이든 민주이든 간에 죽음의 정치가 사회 전체를 수용소로 전락시키고 있다고 주장한다. 죽음의 정치는 현대인들이 지닌 이유 없는 우울증과 자책감을 설명하는 데 무척 도움이 된다. 나치의 수용소, 관타나모의 수용소가 확대되는 현상은 도처에서 확인된다.

황야의 늑대

아감벤의 논리는 현대 사회에서 날로 확산되는 수용소, 죽음의 정치를 확인하는 데 많은 도움을 준다. 그러면 수용소를 우리는 어떻게 벗어날 수 있는가? 아감벤의 입장은 확고하다. 《호모 사케르》를 다시 참조해 보자.

우선 호모 사케르가 법이 '내버린 존재'임을 이해해야 한다. 법이 내버린 존재에게 법은 더 이상 의미가 없다. 그는 법에 구속되는 것이 아니라 법을 결정하는 주권의 자의에 종속하기 때문이다. 법은 의미는 없으면서도 유효하게 작동하는 좀비 법이 된다. 이를 전제하고 아랫글을 읽어보자.

"우리 시대가 사유에 위임한 과제는 의미 없지만 유효한 법의 극단적이며 침해 불가능한 형태를 파악하는 것에 그치지 않는다. 자신의 과제를 그것만으로 한정시킨 모든 사유는 우리가 앞서 주권의 역설로 규정한 바 있는 존재론적 구조를 단지 반복할 따름이다. 주권이란 결국 우리를 내버린 '법 너머의 법', 즉 노모스의 전제적 권력이다. 그리고 모든 법이념을 초월해 내버려짐을 사유할 수 있을 때에만 우리는 주권의 역설에서 벗어나 모든 추방령에서 자유로운 정치로 나갈 수 있을 것이다."[70]

아감벤이 주장하는 것은 모든 법을 초월하자는 것이다. 다시 말하자면 법에 의해 버려지기 전에 우리가 스스로 법 밖으로 나가는 것이다. 우리는 법에 의해 추방되면서도 법 주변에 기생하는 '개'가 아니라 자유로운 황야를 떠도는 황야의 늑대가 되어야 한다고 한다.

'황야의 늑대'의 세계는 어떤 세계일까? 기원의 신화가 상정한 자연의 상태이다. 아감벤은 정확하게 규정하지는 않는다. 적어도 《호모 사케르》에서 더 이상의 언급은 발견하기 어렵다. 하지만 그가 예외의 논리를 제시했을 때 이미 자연 상태를 전제로 하고 있었다. 자연 상태에 주권의 결단이 적용되면서 법의 세계와 예외 상태로 분할된 것이다.

자연 상태는 예외 상태와 동일한 상태는 아니다. 법의 세계와 예외 상태로 나누어지기 이전에 전제된 것이다. 모든 법과 법을 결정하는 주권의 지배를 벗어나면 우리가 다시 회복하는 것이 자연 상태가 된다. 자연 상태에서 우리는 진정으로 자유롭다.

아감벤의 주장은 낭만적이다. 하지만 근대 계약론자 홉스가 설정한 것처럼 자연 상태가 '만인의 만인에 대한 투쟁의 세계'가 되지는 않을까? 둘 사이에는 차이가 있다. 홉스의 세계는 사실 법에 의해 설정된 예외 상태이다. 홉스는 예외 상태를 자연 상태와 동일시하는 오류를 범했다. 반면 아감벤의 입장에서 자연 상태는 법을 넘어설 뿐만 아니라 예외 상태도 넘어서는 상태일 것이다. 자연 상태는 아감벤은 분명하게 말하지 않았지만 코뮌주의자들이 상정하는 원초적인 공동체 사회일 것이다. 아감벤은 이 지점에서 다시 도래하는 공동체라는 초기 사상으로 되돌아가는 것으로 보인다.

주 註

1. 〈인민의 외침〉의 논설 '축제', 노명식,《프랑스 혁명에서 빠리 코뮌까지》, 까치, 284쪽 재인용.

2. 빌리 하스Willy Haas는 당시를 '좋은 시대'라고 규정하였다. 빌리 하스,《세기 말과 세기 초 − 벨 에포크》, 김두규 역, 까치, 참조.

3. 토마스 크로우Thomas Crow, 〈시각예술에서의 모더니즘과 대중문화〉,《현대미술과 모더니즘론》, 이영철 편역, 시각과 언어, 348쪽에서 재인용. 토마스 크로우는 초기 인상주의를 '부르주아의 나른한 시선'이라고 평하고 있다.

4. 니체,《짜라투스투라는 이렇게 말했다》, 최승자 역, 청하, 211쪽 참조.

5. 여기서 권력이란 타인을 지배하는 권력이라는 의미가 아니다. 자기를 제곱한다는 것을 수학에서 '멱冪'이라 하는데, 힘을 의미하는 영어 'power'의 번역이다. 니체의 생에의 의지는 자기를 초극하면서 확대하는 의지로서의 의지여서 자기를 제곱하는 힘이다. 니체는 독일어로 'Macht'라 하였다.

6. 낭만주의의 순수의지 개념은 쾌락의 원리를 따르는 무의식적 충동(이드)이라는 프로이트의 개념에 흔적으로 남아 있다.

7. 니체,《즐거운 지식》, 권영숙 역, 청하, 290쪽.

8. 애덤 스미스는 원래 윤리학자였다는 것만은 기억해 둘 필요가 있다.

9. 아래 표를 참조하라.

	자본주의	코뮌연합
경제	분업	협업
정치	민주	자치

10. 민주주의에서 정부는 혼합적으로 구성된다. 정부가 아닌 거의 모든 민주적 조직이 사실상 마찬가지이다. 임명된 자와 선출된 자는 서로 집행권을 나누어 가진다. 상대적으로 누가 우위인지, 실질적으로 누가 지배적인지에 따라 자치인가 아닌가가 결정된다. 전문 관료 집단이 존재하는 경우 대부분 선출된 관리자는 무력화된다. 우리나라 정부가 그럴 것이다. 엄밀한 의미에서 자치 정부라 하기 어렵다.

11. 레닌은 현실적으로도 자본주의 국가를 프롤레타리아 대중이 장악할 수 없다고 보았다. 부르주아 민주주의에 다양한(보이지 않는 것까지 포함하여) 제한들이 있기 때문이다. 어떤 구절에서 레닌은 일반 민주주의를 환영하고 있다. 레닌은 일반 민주주의가 된다면 평화적 이행이 가능하다고 보았던 것일까? 레닌은 민주주의가 지역 선거이고 시장을 토대로 하는 한 불가능하다고 보았다. 물론 코뮌 연합이라는 사회적 토대가 발생하면 일반 민주주의는 새로운 사회 형식이 된다.

12. 레닌,《국가와 혁명》, 문성원 안규남 역, 돌베개, 28쪽.

13. 레닌, 앞의 책, 136쪽.

14. 레닌, 앞의 책, 148쪽.

15. 인도의 배화교에 영향을 받아 블라바츠키Helena Petrovna Blavatsky가 신지학협회를 설립했고, 슈타이너Rudolf Steiner 박사의 심령 과학에 의해 확산되었다. 사실 신지학적 경향은 낭만주의 시대부터 존재했다. 낭만주의 시대의 동물 자기

설animal magnetism 등은 인간 정신이 매우 미묘하고 유동적인 물질(자기)로 이루어져서 접촉 없이 세계의 움직임에 감응할 수 있다고 보았다.

16. 칸딘스키, 《예술에서의 정신적인 것에 대하여》, 권영필 역, 열화당, 24쪽.

17. 칸딘스키, 앞의 책, 42쪽.

18. 룩셈부르크, 리프크네히트 등이 만든 노동자의 전투적인 혁명 조직. 1919년 베를린에서 공산주의 혁명을 위해 봉기했으나 실패로 돌아갔다.

19. 로버트 휴즈Robert Hughes, 《새로움의 충격》, 최기득 역, 미진사, 66쪽 재인용.

20. 카발리즘의 어원인 카발라kabbālāh는 히브리어로 '전승傳承'이라는 뜻이다.

21. 하이데거는 데리다의 해체주의에도 영향을 미치면서 포스트모더니즘 사상의 원류로 평가받는다는 점도 주목해야 한다.

22. 의식이 지향성을 지니고 있다고 주장하여 현상학 이론을 세웠다. 그에게서 하이데거, 사르트르, 메를로퐁티에 이르는 일련의 현상학적인 철학이 출현했다.

23. 영어로 초월적이란 transcendent이고 선험적이란 transcendental이다. 어원이 동일하다는 것은 초월이 곧 선험이라는 사실을 잘 말해 준다.

24. 탈자라는 말은 어려운 철학 개념으로, 자기를 벗어난다는 뜻이다. 현재라는 순간을 보자. 현재라고 하자마자 어느새 흘러서 과거가 되어 있다. 한 번도 자기에게 머무르지 않고 끊임없이 자기를 벗어나는 것이 탈자이다.

25. 메를로퐁티는 세계의 주시vision를 쓴 적이 있다. 하이데거의 작품에서 드러나는 존재 개념과 얼마나 유사한가. 나중에 라캉에 의해 사물의 응시라는 개념으로 전환했다.

26. Heidegger, Holzwege, Vittorio Klostermann, S. 22~23. 번역은 진중권, 《현대 미학 강의》, 아트북스, 69쪽 참조.

27. 반 고흐, 《반 고흐, 영혼의 편지》, 신성림 역, 예담, 112쪽.

28. Heidegger, 앞의 책, S. 31. 번역은 역시 진중권, 위의 책, 75쪽 참조. 필요에 따

라 약간 변형했다.

29. 모더니티modernity는 모더니즘이나 포스트모더니즘이란 말과 구별해야 한다. 이것은 근대 계몽주의의 계획을 의미한다. 기능적으로 분화되어 효율적으로 재구성된 체제이다. 1960년대 사회는 이런 의미에서 모더니티가 완성된 사회이다.

30. 포드-테일러 시스템은 노동 과정을 기능에 따라 분석하여 과학적으로 재조직하고 기계적으로(벨트 컨베이어 시스템처럼) 통제하는 것을 말한다. 노동 생산성을 고도로 증대시키는 대신 노동 강도를 강화한다. 더욱이 대량 생산된 상품은 대중의 소비가 없이는 판매될 수 없다. 필수 조건으로 노동자의 구매 능력 증대와 생활 안정이 있어야 한다. 전쟁 전에는 이런 조건이 결여되어 포드-테일러 시스템은 실패하고 말았다. 전후에 국가의 도움으로 조건이 구비되어 포드-테일러 시스템이 확산될 수 있었다.

데이비드 하비David Harvey는 1980년대 이후 전자 자동 제어 장치의 도입으로 새로운 단계의 노동 과정이 출현했다고 말한다. 그는 포드-테일러 시스템에 견주어 유연 축적 체제라 규정했다. 벨트 컨베이어 시스템이 물질적이고 자동 제어 장치가 정보적이기는 하지만, 합리적이고 기계적으로 노동 과정을 통제한다는 의미에서 근본적인 차이는 없어 보인다.

31. 특히 일제 강점기의 우리나라 사회주의 운동에 루카치의 사상이 유행했다. 소위 복본주의複本主義라고 한다. 복본주의는 조선 공산당의 분파로서 M.L파의 주도 이념이 되었다. M.L파는 분리를 통한 단결이라는 주장을 내세워 이론적 투쟁을 전개했다.

32. 루카치는 비극이나 서사시, 소설이라는 장르를 비교하면서 장르의 기본 형식은 주관과 객체의 일치라는 총체성과 관련되고 있다는 것을 밝혀냈다. 개인의 주관과 사회적 객체 사이에 조화와 균형이 유지되고 있던 그리스 사회에서 서

사시와 비극이 출현했다. 서사시는 총체성을 사회적 사건 속에서 그려 냈으며, 비극은 비극적인 영웅이 추구하는 이념 속에서 그려 냈다. 반면 근대에 들어오면서 사회가 총체성을 상실하게 되었다. 개인의 주관과 사회적 객체가 대립하면서 각 개인의 주관이 서로 고립하여 연관을 상실하면서 총체성이 사라지게 되었다. 총체성이 사라지자 소설이 출현했는데, 소설은 총체성이 사라진 파편화된 사회 현실을 반영하는 것이다.

33. 형태를 파괴해 정감을 표현하는 기법을 의미한다. 추상 표현주의가 자유로운 예술적인 행위에 주목한다면 앵포르멜은 얻어지는 정감을 강조한다.

34. 물감을 자유롭게 떨어뜨려서 우연하게 얻어지는 이미지를 추구하는 기법을 말한다.

35. 낯설게 한다는 뜻을 가진다. 원래는 장소를 옮기는 방법을 사용하는데, 이후 우연적인 결합, 거대화 등의 방법도 함께 사용한다.

36. 사르트르, 《구토》, 방곤 역, 세계문학대전집 21, 신영출판사, 159~164쪽.

37. 단순히 고립주의라면 어폐가 있다. 사실 낭만주의자들은 타인이 자기와 동일하다고 믿기에 부잣집 도련님처럼 타인을 항상 너그럽게 인정한다. 반면 사르트르는 타인 앞에서 전율을 느끼고, 도피할 수 없는 고립에 고통스러워했다. 이것은 고립에 미친 듯 갑갑해 하는 고립주의이다.

38. 호는 원의 일부지만 호에서 원이 성립한다. 호를 보면 우리는 원을 알 수 있다. 누군가의 신체적인 자세를 보면 그의 세계가 어떤 모습인지 알 수 있지 않을까?

39. 메를로퐁티, 《현상학과 예술》, 오병남 역, 서광사, 301쪽에서 재인용.

40. 메를로퐁티, 《지각의 현상학》, 류의근 역, 문학과 지성사, 288쪽.

41. 메를로퐁티에게 언사란 언어를 표현하는 물질 기호를 지칭한다. 언어란 언사에 내재하며, 언사란 언어의 표현이다. 언어는 신체 몸짓의 일부이고, 신체 몸

짓의 이해 없이는 언어의 의미가 충분히 이해되지 않으며, 나아가 원초적인 언어는 몸짓이라는 생각을 기초로 한다.

42. 아도르노·호르크하이머,《계몽의 변증법》, 김유동 역, 문예출판사, 15쪽.

43. 김지영,《이상의 시대 반항의 음악》, 문예마당, 22쪽 재인용.

44. 김지영, 앞의 책, 40쪽 재인용.

45. 김지영, 앞의 책, 210쪽 재인용.

46. 대학을 정부나 산업계의 요청에 응하여 지식 공장으로 만들려는 시도. 학생들을 전문 기술 관료로 교육하고, 대학의 연구를 군산 복합체의 기술 발전과 연계하려는 시도였다.

47. 존 덴스모어John Densmore,《도어스》, 김명환 역, 세광음악출판사, 33쪽 재인용.

48. SDS에서 떨어져 나온 급진파이다. 1969년 9월 시카고 '분노의 날'에서 미식축구용 헬멧과 자전거 체인을 들고나온 것으로 유명하다.

49. 존 덴스모어, 앞의 책, 146쪽 재인용.

50. 텍스트의 개념은 의미가 보이지 않고 읽힌다는 점에서 사용된다. 구조주의에 의하면 의미는 변별적인 구조에 의해 결정된다. 의미는 그 자체에서 보이지는 않는다. 구조에 의해 읽힐 뿐이다.

51. 베냐민은《독일 비애극의 기원》에서 17세기 바로크 시대의 예술 양식이 알레고리에 있음을 밝혔다. 그는 알레고리가 당시 루터교에서의 구원 교리와 연관된다고 보았다. 루터교는 지상의 삶은 신의 섭리라고 생각한다. 지상의 삶은 그 자체로서는 허망한데 허망함에서 멜랑콜리라는 느낌이 나온다. 지상의 삶을 섭리의 알레고리로 파악하는 독일 비애극이 출현했다.
헤겔은《정신현상학》에서 17세기 바로크 시대의 허무주의가 루터교를 근거로 하지 않으며, 오히려 루터교의 근거라고 본다. 그러면서 헤겔은 허무주의를 자본주의 세계에서 나타나는 인간의 자기 소외를 통해 설명하려 했다. 근대 자본주의에서 자기 소외는 개인들의 의지가 작용하는 표면 세계와 시장의 가치 법칙이 지배하는 이면 세계로 나뉜다. 두 세계의 분열이 근대 초기 바로크 시대의 멜랑콜리 정신의 기초이다. 헤겔은 자본주의의 자기 분열로부터 진정으로 통일된 세계, 자아가 대상 세계와 통일을 이루는 세계를 피안에 요청했다고 한다.

52. 벤담이 감옥의 개혁을 위해 구상했던 계획에서 나온 말이다. 실제 뉴욕의 아티카 감옥이 같은 식으로 설계되었다. 푸코는 아티카 감옥을 방문하고 나서 《감시와 권력》이라는 책을 구상했다.

53. 자본주의가 형성되는 초기의 과정을 지칭하는 말이다. 자본을 축적하기 위해 강탈과 사기가 횡행했다. 귀족들은 농민들이 전통적으로 땅에 대해 가지던 보유권을 법적인 소유권이라는 이름으로 강탈했다. 상인들은 제한된 시장 조건 하에서 폭리를 취했다. 나라마다 다양하게 전개되었던 이 과정을 원시 축적 과정이라 한다.

54. 레비스트로스는 근친상간 금기가 인류의 친족 체계를 형성하는 근간이라고 한다. 친족 체계는 인류 사회의 가장 기본적인 조직 원리이다. 근친상간 금기는 프로이트에서 오이디푸스 국면에서의 거세 위협과 연관된다. 거세 위협이 욕망을 억압하는 기제이다.

55. 당시 자연 철학자들은 힘의 개념과 에너지의 개념을 혼동해 왔다. 힘은 가속도에 비례하지만, 에너지는 가속도의 제곱에 비례한다. 라이프니츠의 운동량 개념은 힘과 에너지의 개념 혼동 속에 만들어진 개념이다.

56. 프로이트에서 근친상간의 욕망은 거세 위협이 일어나기 위한 전제이다. 들뢰즈는 거세와 근친상간 욕망이 동시에 발생하며, 이는 거시적인 욕망의 작용과 반작용에 해당한다고 한다. 미시적인 욕망에서는 주관과 욕망 대상 사이의 구분이 일어나지 않아서 분화와 통합 모두가 발생하지 않는다.

57. 발생과 생산은 혼동되는 경우가 많다. 양자는 엄격히 다르다. 발생이란 표면에

서 근거로 들어가는 과정이다. 반면 생산이란 근거에서 표면으로 출현하는 과정이다. 작품의 이해는 근거로 복귀하는 운동이라 발생적인 운동이다. 작품의 생산과 대립한다.

58. 이미지 또는 감각은 정신적인 것과 물질적인 것 사이에 존재한다. 들뢰즈는 감각, 이미지가 모든 것의 가장 근본이라고 생각한다. 우리 앞에서 저항하는 돌과 나무들, 물질들은 이미지가 적분 함수처럼 쌓이고 쌓여서 된 것이 아닐까? 우리가 관념이라고 하는 것은 이미지 가운데 분산적이고 파편적인 것을 제외하고 어떤 중심점을 통해 방사형으로 선택된 것만을 말하는 것이 아닐까? 베르그송도 같은 주장을 하였지만, 들뢰즈도 마찬가지로 보인다.

59. 들뢰즈 《프루스트와 기호들》, 서동욱·이충민 역, 민음사, 70쪽에서 재인용.

60. 들뢰즈, 앞의 책, 78쪽.

61. 이 점에서 들뢰즈 철학은 스피노자의 세계와 닮았다. 스피노자를 해석하면서 들뢰즈는 신이 자기를 표현하여 속성이 되고, 속성이 자기를 표현하여 변용이 된다고 한다. 신은 실체, 속성은 보편성, 변용은 개별자를 의미한다. 이런 표현 관계는 곧 생산 관계이다. 신과 개별자 사이는 이중적인 차원에서 이루어진 생산 관계이다.

62. 전통적으로 프랑스는 정신 의학의 전통이 강하다. 두뇌의 기질상 손상을 정신병의 원인으로 파악하려 했다. 독일 정신분석학처럼 심리학적으로 정신병을 설명하려는 시도와 대립했다.

63. 프로이트에서 성욕은 자기 보존 본능에 속하는 여러 욕망들과 구분된다. 라캉에게서 모든 욕망은 생물학적인 욕구에 근거를 두지만, 리비도적이며 성적인 의미를 지닌다. 식욕과 같은 것도 성적인 의미를 지닐 수 있다. 거식증이 그렇다.

64. 원래 프로이트에서 욕망은 자기 보존 본능과 성욕으로 구분되었다. 1923년 프로이트는 반복 강박과 우울증을 연구하면서 자기를 공격하는 본능을 도입한

다. 그러면서 리비도적인 성욕은 결합을 추구하는 에로스로, 반면 자기 공격 본능은 결합을 해체하는 본능으로 규정한다. 이후 정신분석학자들 사이에 두 본능의 관계에 많은 논란이 있었다. 라캉은 프로이트의 1923년도 입장에 충실하면서 두 본능이 각자 독립적이면서도 상호 작용하는 관계에 있다고 규정한다.

65. 이상적인 자아를 라캉은 남근이라는 기호로 상징한다. 아이들은 자기 남근이 어머니가 바라는 것이라 보고 자아로 삼는다. 오이디푸스 국면에서 아이가 거세 위협을 느끼는 것은 이상적인 자아로서 남근이 박탈당하지 않을까 하는 위기감이다.

66. '용납되지 않는 생각을 그 정동情動과 함께 송두리째 거부하는 것'을 말한다. 전혀 그런 것이 존재하지 않았던 것처럼 보이게 한다. 반면 억압은 생각을 없애 버리지만 정동은 남아 있어 다른 것과 결합한다. 슬픈 사람이 정신을 차려 슬픔은 잊었지만, 눈물 자국이 남아 있는 경우가 억압이다. 눈물 자국조차 없애고 쾌활함을 보여 주는 사람도 있다. 그런 사람의 경우가 폐제이다.

원래 쾌활한 사람과 모든 것을 지워 버리고 쾌활한 사람은 무언가 차이가 있다. 슬픔을 감추려고 쾌활한 사람은 아무도 보이지 않는 밤에는 혼자서 눈물짓는다. 마찬가지로 폐제된 것은 환상 속에서 되돌아온다. 이런 환상 때문에 없었던 것이 아니라 폐제된 것임을 안다. 라캉은 실재계에서 상징계적인 질서에 해당하는 것, 또는 그것을 대표하는 아버지의 이름이 폐제된다고 말한다. 아버지의 이름은 환상 속에 돌아온다. 그것이 초자아이다. 상징계의 질서가 폐제되면 발화 주관도 폐제된다.

67. 프로이트가 자유 연상 끝에 무의식적인 기억이 출현하는 지점이라고 했던 것을 라캉이 재해석한 것이다.

68. 생톰sinthome : 증상과 환상의 결합어.

69. 아감벤,《호모 사케르》, 박진우 역, 새물결, 156쪽 재인용.

70. 아감벤, 앞의 책, 138쪽.